SINIRLAR

KORİDOR YAYINCILIK - 111
ISBN: 978-605-4188-17-8

YAYINEVİ SERTİFİKA NO: 16229
MATBAA SERTİFİKA NO: 29547

Sınırlar

Dr. Henry Cloud & Dr. John Townsend

Özgün Adı: ***Boundaries***

Yayın yönetmeni: Erdem Boz
Editör: Zübeyde Abat
Çeviren: İpek İbik
Kapak ve sayfa tasarımı: İlknur Muştu
Baskı : S.E.M Matbaacılık Sezgin Arslan, İstanbul

S.E.M MATBAACILIK SEZGİN ARSLAN
Maltepe Mah. Davutpaşa Cad. Emintaş San. Sit. No: 101/33
Zeytinburnu/İstanbul
Cilt : Umut Matbaacılık, İstanbul

1. baskı: Koridor Yayıncılık, İstanbul 2009

KORİDOR YAYINCILIK
Maltepe Mah. Davutpaşa Cad. MB İş Merkezi
No: 14 Kat: 1 D: 1 Zeytinburnu / İstanbul
Tel.: 0212 – 544 41 41 / 544 66 68 / 544 66 69
Faks.: 0212 – 544 66 70
www.koridoryayincilik.com.tr
info@koridoryayincilik.com.tr

SINIRLAR

Dr. Henry Cloud & Dr. John Townsend

İngilizceden Çeviren: İpek İBİK

KORİDOR

İçindekiler

Üçüncü Kısım

Sağlıklı Sınırlar Oluşturmak

Teşekkür

Kitabın vizyonunu yakalayan Scott Boliner ve Bruce Ryskamp Michigan Gölü'nde bir toplantı yeri ayarladı ve burada diğer Zondervan ekibi üyelerine bu vizyonu iletmeyi başardık.

Sandy Vander Zicht yazı işlerini yönetti ve Lori Walburg ile birlikte taslakta gerekli değişiklikleri yaparak kitabı çok daha zarif, kolay okunur ve kolay anlaşılır hale getirdiler. Dan Runyon ise kitabı kullanışlı bir formata dönüştürdü.

Dave Anderson kitabı video dizisi haline getirdi.

Sealy Yates bütün bu zaman içerisinde, sözleşmeye imza atılmasından kitabın son haline kadar bizi destekledi ve yüreklendirdi.

Birinci Kısım

Sınır Nedir?

Birinci Bölüm

Sınırların Olmadığı Yaşamda Bir Gün

06:00

Saatin alarmı çaldı. Gözleri uykusuzluktan kıpkırmızı olan Sherrie, gürültücü aleti kapayıp yatağın yanında duran ışığı yaktı ve yatağında doğruldu. Boş gözlerle duvara bakıyor, kendine gelmeye çalışıyordu.

Tanrım, neden böyle bir gün yaşamak zorundayım? Güzel bir hayatım olacağını vaat etmemiş miydin bana?

Kafasındaki kuruntuları atan Sherrie, gününün neden kötü geçeceğini hatırladı: Saat 16:00'da üçüncü sınıfa giden Todd'un öğretmeniyle görüşecekti. Telefon konuşmasını hatırladı: "Sherrie, ben Jean Russell. Seninle Todd'un dersleri ve... davranışlarıyla ilgili olarak konuşmak istiyordum."

Todd yerinde duramayan bir çocuktu ve öğretmenlerini dinlemiyordu. Sherrie ile Walt'u bile dinlemiyordu. Başına buyruk bir çocuktu, ancak Sherrie onu sindirmek istemiyordu. Bu derslerinden daha önemli değil miydi?

"Bunun için endişelenmeye vaktim yok," dedi kendi kendine ve otuz beş yaşındaki bedenini yataktan kaldırıp duşa gitti. "Bütün gün yetecek kadar derdim var zaten."

Duşun altında Sherrie'nin aklından başka düşünceler geçmeye başladı. O gün yapacaklarını zihninde sıralıyordu. Çalışan bir anne olmasaydı bile, dokuz yaşındaki Todd ve altı yaşındaki kızı Amy'yle uğraşmak yetiyordu.

"Bakalım... kahvaltıyı hazırla, öğlen yemeklerini ayarla, Amy'nin okul gösterisinde giyeceği kostümün dikişini bitir. Bu biraz zor olacak – okul servisi 07:45'te gelecek, ondan önce kostümü bitirmem lazım."

Sherrie geçen akşamı düşündükçe üzülüyordu. Özel becerilerini kullanarak Amy'nin kostümünü bitirmeyi ve o günü kızı için özel kılmayı planlamıştı. Ama annesi beklenmedik bir şekilde gelivermişti. Sherrie'nin aldığı terbiye iyi bir ev sahibi olmasını söylemiş ve bir akşamı daha geçip gitmişti. Zamanını kurtarma çabaları pek işe yaramamıştı.

Nazik olmaya çalışan Sherrie annesine, "Habersiz gelişlerinin ne kadar hoşuma gittiğini anlatamam anne! Acaba diyorum ki, ben bir yandan Amy'nin kostümünü dikerken sohbet etsek olur mu?" Annesinin vereceği tepkiyi doğru tahmin eden Sherrie, içten içe korkarak büzülmüştü.

"Sherrie, biliyorsun ki ailenle geçireceğin vakti çalacak en son kişi benim." Sherrie'nin annesi on iki yıldır duldu ve dul kalmasını neredeyse şehitlik ile bir tutuyordu. "Yani, baban öldüğünden beri o kadar çok boş vaktim var ki. Ailemizi özlüyorum. Seni de bundan nasıl mahrum ederim?"

Eminim bir yolunu bulursun, diye düşündü Sherrie içinden.

"Bu yüzden de artık Walt'u ve çocukları beni görmeye neden eskisi kadar sık getirmediğini anlayabiliyorum. Tek başıma ne kadar eğlenceli olabilirim ki? Ben sadece bütün hayatını çocuklarına adamış yaşlı bir kadınım. Kim benimle vakit geçirmek ister?"

"Hayır anne, öyle değil, hayır, hayır!" Sherrie hemen annesiyle yıllardır sürdürdükleri duygusal dansa katıldı. "Ben asla öyle bir şey demek istemedim! Yani senin burada olman çok güzel bir şey. Tanrı biliyor ya, daha sık ziyaretine gelmek isterdik ama yapamıyoruz. Bu yüzden senin gelmen çok hoşuma gitti!" *Tanrım bu küçük yalan için beni cezalandırma*, diye dua etti içinden.

"Aslına bakarsan kostümü başka zaman da yapabilirim," dedi Sherrie. *Bu yalan için de beni affet*. "Ee, ne dersin kahve içer miyiz?"

Annesi iç çekti. "Tamam, madem ısrar ediyorsun. Ama vaktini alıyorsam çok üzülürüm."

Bütün akşam birlikte oturdular ve iyi vakit geçirdiler. Annesi gittiğinde Sherrie tamamen çıldırdığını düşünüyordu, ancak bunun iyi bir nedeni olduğuna karar verdi. *En azından yalnız geçecek bir gününe renk kattım*. Sonra rahatsız edici bir ses duydu. *Madem ona yardımcı oldun, niye giderken hâlâ yalnız olduğundan şikayet ediyordu?* Sesi duymazdan gelen Sherrie yatmaya gitti.

06:45

Sherrie geçen geceyi düşünmeyi bırakmış, bulunduğu ana geri dönmüştü. "Ziyan olan vaktin arkasından ağlamanın faydası yok sanırım," diye mırıldanırken siyah elbisesinin fermuarını kapatmaya çalışıyordu. En sevdiği elbisesi de diğerleri gibi daralmıştı. *Orta yaş kiloları bu kadar çabuk mu geldi?* diye düşündü. *Bu hafta ciddi ciddi diyete girip spor yapmaya başlamalıyım.*

Sonraki saati, her zamanki gibi felaketti. Çocuklar uyandırıldıkları için sızlanıyor, Walt da şikayet ediyordu, "Çocukları sofraya zamanında oturtamaz mısın?"

07:45

Çocuklar mucizevi bir şekilde servislerine yetiştiler, Walt ise arabasıyla işe gitti. Arkasından çıkan Sherrie kapıyı kilitledi ve derin bir nefes alarak sessizce dua etti, Tanrım, bugünden hiç umudum yok. Bana umutlanacak bir şeyler ver. Arabasıyla çevre yolunda giderken makyajını tamamladı. *Tanrı'ya şükürler olsun ki trafik var.*

08:45

Moda danışmanı olarak çalıştığı McAllister'daki ofisine aceleyle girerken saatine baktı. Sadece birkaç dakika geç kalmıştı. Belki de iş arkadaşlarından bazıları işe geç kalmanın onun yaşamının bir parçası olduğunu anlamıştı ve zamanında gelmesini beklemiyorlardı bile.

Sherrie yanılıyordu. Haftalık yönetim toplantısına onsuz başlamışlardı. Sherrie içeri girerken ses çıkarmamaya çalıştı, ama masasına otururken bütün gözler ona çevrilmişti. Etrafına bakıp hafifçe gülümsedi ve bir şeyler mırıldandı. "Çok trafik vardı."

11:59

Sherrie günün kalanını iyi geçirdi. Yetenekli bir moda tasarımcısıydı ve şık kıyafetleri gördüğünde asla yanılmazdı, bu da onu McAllister için iyi bir çalışan yapıyordu. Sabah yaşadığı tek aksaklık öğle yemeğinden hemen önce meydana geldi.

İş telefonu çaldı. "Ben Sherrie Phillips."

"Sherrie, şükürler olsun oradasın! Öğle yemeğine çıkmış olsaydın ne yapardım bilmiyorum!" Sesin sahibinin kim olduğunu biliyordu. Sherrie, Lois Thompson'ı ilkokuldan beri tanırdı. Gergin ve sinirli bir kadın olan Lois'in hep sorunları olurdu. Sherrie her zaman Lois'in yanında olmaya, ona destek olmaya çalışırdı. Ancak Lois asla Sherrie'nin ne yaptığını sormazdı. Sherrie kendi dertlerinden bahsettiğinde, Lois ya konuyu değiştirir ya da bir yere gitmesi gerektiğini söylerdi.

Sherrie Lois'i gerçekten seviyordu ve sorunları için endişeleniyordu, ancak Lois bir arkadaştan çok müşteri gibi davranıyordu. Lois ile arkadaşlıklarında bir dengesizlik olduğunu hisseden Sherrie öfkeleniyordu. Her zaman olduğu gibi, Lois'e duyduğu öfkeden ötürü kendisini suçlu hissetti. Sherrie dine bağlılık duyuyor, sevgi ve dayanışmanın önemini biliyordu. *Gene başladık,* dedi kendi kendine. *Başkalarından önce kendimi düşünüyorum. Lütfen Tanrım, Lois'e elimden geldiğince cömert olmama ve bencilce davranmamama izin ver.*

Sherrie Lois'e sordu, "Ne oldu, Lois?"

"Felaket, felaket şeyler oldu," dedi Lois. "Bugün Anne'i okuldan eve gönderdiler, Tom'u işyerinde terfi ettirmediler ve yolda arabam bozuldu!"

Benim her günüm böyle! diye düşündü Sherrie kendi kendine, yine içinde öfke hissetmeye başlamıştı. Gene de, sadece "Lois, yazık sana! Tüm bunlarla nasıl başa çıkıyorsun?" diye sormakla yetindi.

Lois Sherrie'nin sorusunu büyük bir zevkle ayrıntılarıyla cevapladı – o kadar çok ayrıntı verdi ki, Sherrie arkadaşını dinlerken öğle arasının yarısı kaçmıştı bile. *Eh,* diye düşündü, *fast-food yemektense hiç yememek daha iyi.*

Sherrie tavuklu sandviçinin gelmesini beklerken hep Lois'i düşündü. *Yıllardır onu dinliyorum, yardımcı olmaya çalışıyorum, tav-*

siyelerde bulunuyorum. Bütün bunların bir faydası dokunsaydı, yaptıklarımın bir kıymeti olurdu. Ama Lois hâlâ yirmi yıl önce yaptığı hataların aynılarını yapıyor. Bunu neden kendime yapıyorum?

16:00

Sherrie'nin öğleden sonrası olaysız geçti. Öğretmenle buluşmak üzere ofisten çıkarken, patronu Jeff Moreland durmasını işaret etti.

"Seni yakaladığıma sevindim, Sherrie," dedi. MacAllister'daki başarılı isimlerden biri olan Jeff, tam bir iş bitiriciydi. Ancak sorun şu ki, "iş bitirmek" için hep başkalarını kullanırdı. Sherrie, aynı nakaratı yüzüncü kez duyar gibiydi. "Başımı kaşıyacak vaktim yok,' diyen Jeff, Sherrie'ye bir kağıt yığını uzattı. "Bunlar Kimbrough hesabı için gelen tekliflerin son hali. Sadece biraz yazılıp biraz da düzeltilmesi gerekiyor. Eminim sen halledersin." Sempatik olmaya çalışarak gülümsedi.

Sherrie paniklemişti. Jeff'in "düzeltme" işleri efsaneydi. Ağır kağıt yığınını zorlukla elinde tutan Sherrie, en az beş saatlik işi olduğunu tahmin etti. *Bu kağıtları ona üç hafta önce vermiştim!* diye düşündü kızarak. *Bu adam kendi işlerini bana yaptırarak kendini nasıl kurtarıyor?*

Sherrie hemen sakinleşti. "Tabii, Jeff. Hiç sorun değil. Umarım yardımcı olabilirim. Ne zamana gerekiyor?"

"Dokuz iyi olur. Ve... teşekkür ederim, Sherrie. Başım sıkıştığında ilk aklıma gelen sen oluyorsun. Sana çok güveniyorum," diyen Jeff hızlı adımlarla uzaklaştı.

Güvenilir ... dürüst ... vefalı, diye düşünüyordu Sherrie. *Benden bir şey isteyen insanlar hep beni böyle tanımlıyor. Sanki iyi bir eşeği tanımlar gibi.* Birden tekrar vicdan azabı hissetti. *İşte başladık, gene öfkelendim. Tanrım, "dikildiğim yerde çiçek açmama izin ver."* Ancak birden başka bir saksıya dikilmek istediğini hissetti.

16:30

Jean Russel bir çocuğun sorunlu davranışlarının altında yatan karmaşık nedenleri anlayabilen pek çok meslektaşından biriydi ve yetenekli bir öğretmendi. Todd'un öğretmeniyle görüşmeleri önceki görüşmelerde olduğu gibi Walt'suz başladı. Todd'un babası işyerinden izin alamamıştı, böylelikle iki kadın konuşmaya başladı.

"Todd kötü bir çocuk değil, Sherrie," dedi Bayan Russell. "Parlak ve enerjik bir çocuk. Dikkatini verdiğinde sınıftaki en eğlenceli çocuklardan biri oluyor."

Sherrie kötü haberi duymayı bekliyordu. *Sadede gel, Jean. "Sorunlu" bir çocuğum var, değil mi? Benim için yeni bir şey değil. Hayatım da "sorunlu" zaten.*

Sherrie'nin rahatsızlık duyduğunu anlayan öğretmen, asıl konuya geçti. "Sorun şu ki, Todd kendisine konulan sınırlara yeterince yanıt veremiyor. Örneğin, etüt saatinde çocuklar ödevlerini yaparken Todd büyük zorluk yaşıyor. Masasından kalkıyor, diğer öğrencileri rahatsız ediyor ve hiç susmuyor. Davranışlarının doğru olmadığını söylediğimde deliye dönüyor ve bana kafa tutuyor."

Sherrie tek oğlunu savunmaya geçmişti. "Belki de Todd'un dikkat eksikliği vardır veya hiperaktiftir, böyle bir şey olabilir mi?"

Jean Russell başını salladı. "Todd'un ikinci sınıf öğretmeni geçen yıl bunu merak ettiğinde birtakım testler uygulamış ve testler sonucunda böyle bir sorunu olmadığı ortaya çıkmıştı. Todd konuyla ilgiliyse kendisine verilen görevi yerine getiriyor. Ben terapist değilim, ama gördüğüm kadarıyla oğlun kurallara uymaya alışkın değil."

Sherrie, oğlunu korumaya çalışmaktan vazgeçmiş, kendini korumaya çalışıyordu. "Yani bunun evle ilgili bir sorun olduğunu mu söylüyorsun?"

Bayan Russel bu sorudan dolayı rahatsız olmuşa benziyordu. "Dediğim gibi, ben danışman değilim. Sadece şunu biliyorum ki üçüncü sınıfa giden çoğu çocuk kurallara direnir. Ama Todd'un yaptığı direnmekten de fazlası, gerçekten sınırları zorluyor. Ne zaman yapmak istemediği bir şeyi yapmasını söylesem, sınıfta Üçüncü Dünya Savaşı çıkıyor. Bütün zihinsel ve bilişsel testleri normal çıktığına göre, evde her şeyin yolunda olup olmadığını merak ediyorum."

Sherrie gözyaşlarını daha fazla tutamadı. Yüzünü ellerinin arasına alıp dakikalarca ağladı, her şeyden yorulmuştu.

Sonunda ağlaması kesildi. "Özür dilerim... Kötü bir gün geçirdim, ondan böyle oldu herhalde." Sherrie peçete bulmak için çantasını karıştırıyordu. "Hayır, hayır ondan da fazlası var. Jean, sana karşı dürüst olacağım. Todd'la yaşadığın sorunlar benimkiler ile aynı. Todd'a söz dinletmek için Walt'la çok çaba harcıyoruz. Oyun oynadığımızda veya konuştuğumuzda Todd gördüğüm en harika çocuk. Ama ne zaman onu disiplin altına almak istesem, o kadar öfkeleniyor ki, onunla başa çıkamıyorum. O yüzden sana önerebileceğim bir çözüm yok maalesef."

Jean hafifçe başını salladı. "Sherrie, Todd'un evde de sorun yaşadığını bilmek benim için gerçekten çok önemli. En azından artık kafa kafaya verip bir çözüm yolu aramaya başlayabiliriz."

17:15

Sherrie akşam üstü trafiğinden dolayı şaşırtıcı derecede mutluydu. *En azından benimle uğraşan kimse yok,* diye düşündü. Eline geçen vakti akşam yaşayacağı sorunları planlamakla geçirdi: çocuklar, akşam yemeği, Jeff'in projesi ... ve Walt.

18:30

"Dördüncü ve son kez söylüyorum, yemek hazır!" Sherrie bağırmaktan hiç hoşlanmıyordu, ama başka hiçbir şey işe yaramıyordu. Çocuklarla Walt ne zaman isterlerse o zaman sofraya oturuyorlar, herkes sofraya toplandığında çoğu zaman yemekler soğumuş oluyordu.

Sherrie sorunun ne olduğu hakkında en ufak bir fikre sahip değildi. Yemeklerinde bir sorun olmadığını biliyordu, çünkü iyi bir aşçıydı. Üstelik, masaya oturan herkes birkaç saniyede yemekleri silip süpürürdü.

Amy dışında herkes. Kızının sessizce oturup tabağındakileri kurcalamasını izleyen Sherrie endişeleniyordu. Amy çok sevecen ve hassas bir çocuktu. Neden bu kadar içine kapanıktı? Amy hiçbir zaman sosyal bir kız olmamıştı. Vaktini okuyarak, resim yaparak ya da sadece odasında oturup "bir şeyler düşünerek" geçiriyordu.

"Tatlım, ne tür şeyler bunlar?" diye sorardı Sherrie.

"Bir şeyler işte," diye yanıt verirdi kızı genellikle. Sherrie, kızının dünyasına dahil olamadığını hissediyordu. Anne kız sohbetlerini, sadece "kız kıza" konuşmaları, alışverişleri hayal ediyordu. Ancak Amy'nin kimsenin girmesine izin vermediği, kendine ait gizli bir yeri vardı. Sherrie, kızının kalbindeki bu erişilemez yere dokunamadığı için üzülüyordu.

19:00

Akşam yemeğini henüz yarılamışlardı ki, telefon çaldı. *Yemek yerken çalan telefonları cevaplayacak bir telesekreter almamız gerekiyor,* diye düşündü Sherrie. *Artık ailece birlikte geçirmek için az vaktimiz var ve bu vakit çok değerli.* Sonra, sanki sıraya girmiş gibi, hemen aşina olduğu başka bir düşünce aklına geldi. *Belki de bana ihtiyacı olan biri arıyordur.*

Sherrie her zaman olduğu gibi kafasındaki ikinci sesi dinledi ve telefonu cevaplamak için sofradan kalktı. Telefonun öbür ucundaki tanıdık sesi duyduğunda umutsuzluğa düştü.

"Umarım rahatsız etmiyorumdur," dedi Phyllis Renfrow. Phyllis, kilise kadın kolları başkanıydı.

"Tabii ki rahatsız etmiyorsun," diyen Sherrie tekrar yalan söylüyordu.

"Sherrie, çok güç durumdayım," dedi Phyllis. "Marge toplantılarımızın faaliyet yöneticiliğini yapacaktı, ancak görevini bıraktı. 'Evle ilgili yapması gerekenler' varmış. Yardımcı olma şansın var mı?"

Toplantılar. Sherrie kilise kadınlarının yıllık toplantısının bu hafta sonu olduğunu neredeyse unutuyordu. Walt'la çocukları bırakıp iki günlüğüne o güzelim dağlık bölgede yalnızca kendisiyle baş başa kalmayı dört gözle bekliyordu. Aslında Sherrie'ye göre yalnız kalmak, önceden planlanmış grup faaliyetlerinden daha iyi olacaktı. Marge'ın faaliyet yöneticiliği görevini devralmak, o çok değerli yalnız kalma fırsatını tepmesi anlamına geliyordu. Hayır, bunu istemiyordu. Sherrie diyecekti ki...

İkinci ve farklı bir düşünce otomatik olarak araya girdi. *Tanrı'ya ve bu kadınlara hizmet etmek bir ayrıcalıktır, Sherrie! Hayatının küçük bir kısmını feda ederek bencil olmayı bırakabilir ve bu kadınların hayatlarında değişiklik yaratabilirsin. Tekrar düşün.*

Sherrie'nin tekrar düşünmesi gerekmiyordu. İyi tanıdığı bu sese sorgulamadan yanıt vermeyi öğrenmişti, tıpkı annesinin, Phyllis'in sesine yanıt verdiği gibi. Ses her kime aitse, göz ardı edilemeyecek kadar güçlüydü. Her zaman olduğu gibi alışkanlık galip geldi.

"Yardımım dokunacaksa elbette çok mutlu olurum," dedi Sherrie Phyllis'e. "Marge'ın yaptıklarını yolla, devamını getiririm."

Phyllis iç çekti, sesinden rahatladığı belli oluyordu. "Sherrie, fedakarlıkta bulunduğunu biliyorum. Ben de her gün birçok fedakarlıkta bulunuyorum. Ama dini böyle yaşamak gerekiyor, öyle değil mi? Hep fedakarlık etmek."

Eğer öyle söylüyorsan, diye düşündü Sherrie. Ama "iyi" kısmının ne zaman geleceğini merak etmekten kendini alamadı.

19:45

Akşam yemeği nihayet bitmişti. Sherrie, Walt'un futbol maçı izlemek üzere televizyonun karşısına geçmesini izledi. Todd eline telefonu almış, arkadaşlarının oyun oynamak için eve gelip gelemeyeceklerini soruyordu. Amy ise kimseye fark ettirmeden odasına geçti.

Tabaklar masanın üzerinde duruyordu. Aile üyeleri henüz ortalığı toparlamaya yardım etmeye başlamamışlardı. Belki de çocuklar bu iş için biraz fazla küçüktü. Sherrie masadaki tabakları toplamaya başladı.

23:30

Yıllar önce Sherrie hiç zorlanmadan sofrayı toplayabilir, çocukları zamanında yataklarına yatırabilir ve Jeff'in projesini tamamlayabilirdi. Yemekten sonra bir fincan kahve içer ve işlerin yarattığı krizin getirdiği adrenalin ve insanüstü bir çabayla her işin üstesinden gelebilirdi. Ona boşuna "Süper Sherrie" demiyorlardı!

Ancak son günlerde her şey zor gelmeye başlamıştı. Stres eskiden olduğu gibi işe yaramıyordu. Gün geçtikçe konsantre olmakta güçlük çekiyor, tarihleri ve iş teslim zamanlarını unutuyor, pek de önem vermiyordu.

Her halükarda, yapılacakların büyük kısmını büyük bir iradeyle tamamlamıştı. Jeff'in projesi belki biraz niteliksiz olmuştu, fakat bu konuda kendini kötü hissedemeyecek kadar öfkeliydi. *Ama Jeff'e ben olur dedim,* diye düşünüyordu. *Bu onun hatası değil, benim hatam. Niye bu işi bana yıkmasının adil olmadığını söylemedim ki?*

Şimdi bunları düşünmenin zamanı değildi. Asıl yapmayı planladığı şeyi yapması gerekiyordu: Walt'la konuşacaktı.

Walt'la ilişkisinin ve evliliğinin ilk yılları güzel geçmişti. Ne zaman kafası karışık olsa, Walt onun yerine karar verirdi. Ne zaman kendini güvensiz hissetse, Walt güçlü olurdu. Bu, Sherrie'nin evliliklerine katkıda bulunmadığı anlamına gelmiyordu. O da Walt'un duygusal olarak bağlanma konusundaki eksikliklerini görüyor, ilişkileri için gereken sevgi ve sıcaklığı sağlama görevini üstleniyordu. *Bizden iyi bir ikili oldu,* diye düşünürdü. *Walt'ta liderlik, bende ise sevgi var.* Bu düşünce, Walt'un duygularını incittiğini anlamadığında ve kendisini yalnız hissettiğinde yardımcı oluyordu.

Ancak yıllar geçtikçe Sherrie ilişkilerinin eskisi gibi olmadığını fark ediyordu. İlişkileri yavaşça değişmeye başlamış, zamanla bu değişiklik iyice gözle görünür bir hal almıştı. Bir şeyden şikayet ettiğinde, Walt'un sesindeki alaycı tondan anlayabiliyordu bunu. Eşinden daha fazla destek beklediğini söylediğinde, gözlerindeki saygı duymayan ifadeden anlıyordu. Walt bazı şeyleri onun yaptığı gibi yapmasında ısrar ettikçe ilişkilerindeki değişimi daha çok hisseder olmuştu.

Hele o öfkesi. Belki iş stresinden kaynaklanıyordu, belki de çocuklardan. Nedeni her neyse, Sherrie evlendiği adamın ağzından o kırıcı, öfke dolu sözlerin çıkabileceğini düşünemezdi bile. Walt'un öfkesini uyandırmak için çok fazla bir şey yapmasına gerek de yoktu – ekmeklerin yanması, kredi kartı limitinin aşılması veya benzin deposunu doldurmayı unutmak – bunlardan biri bile Walt'un sinirlenmesine yetiyordu.

Hepsi aynı kapıya çıkıyordu: Evlilikleri artık bir takım oyunu olmaktan çıkmıştı, eskiden öyle olmuş olsa bile artık değildi. Bir ebeveyn-çocuk ilişkisine dönmüştü ve Sherrie yanlış tarafta olduğunu hissediyordu.

İlk başlarda bazı şeyleri uydurduğunu düşünüyordu. *Gene başladım, harika bir yaşantım olmasına rağmen kendi kendime sorun yaratıyorum,* diyordu kendi kendine. Bu düşünce bir süreliğine de olsa işe yaradı – ta ki Walt'un bir sonraki sinir nöbetine kadar. O zaman da, Sherrie'nin incinmiş duyguları ve üzüntüsü, beyninin kabul etmek istemediği gerçekleri itiraf etti.

Sonunda, Walt'un kontrolü elinde tutmayı seven biri olduğunu anlayan Sherrie, suçu kendinde buldu. *Benim de birlikte yaşadığım insan bir işe yaramayan bir saksı gibi dursaydı, ben de öyle olurdum,* diye düşünüyordu. Beni bu kadar eleştirmesinin ve kızgın olmasının sebebi benim.

Bu düşüncelerden yola çıkan Sherrie bir çözüm bulmuştu ve yıllardır uyguluyordu: "Walt'u Severek Öfkesini Uzaklaştırmak." Bu yöntem ilk başlarda şöyle işe yaramıştı: Öncelikle Sherrie, Walt'un beden dilini, konuşmasını ve sinirlenmesini gözlemleyerek onun duygularını okumayı öğrendi. Hangi durumlarda huysuzluk çıkardığını öğrendi ve özellikle onu sinirlendiren şeylerle ilgili hassasiyet kazandı: Geç kalması, kocasıyla aynı fikirde olmaması ve kendisinin de sinirlenmesi gibi durumlardı bunlar. Ancak kendi tercihleri biçimde baş göstermeye görsün, kendi başının da kesilme tehlikesi doğuyordu.

Sherrie Walt'un içini okumayı hızla öğrenmişti. Duygusal bir çizgiyi geçtiğini hissettiğinde, "Walt'u Sevmek" yönteminin ikinci aşamasına geçiyor, yani hemen başladığı yere geri dönüyordu. Aslında öyle olmasa da, eşinin bakış açısını paylaşıyor, çenesini tutarak sessizliğini koruyor, hatta "birlikte yaşanması zor" biri olduğu için doğrudan özür diliyordu.

"Walt'u Sevmek" yönteminin üçüncü aşaması, onu sevdiğini göstermek için özel şeyler yapmaktan oluşuyordu. Evdeyken daha özenli giyinmek veya haftada birkaç kere en sevdiği yemekleri pişirmek gibi. Herkes böyle bir eş olunması gerektiğini söylemiyor muydu?

"Walt'u Sevmek" bir süre işe yarasa da, Sherrie'nin bulduğu huzur çok geçmeden sona ermişti. "Walt'u Severek Öfkesini Uzaklaştırmak" yöntemini uygulayan Sherrie, Walt'un öfke nöbetlerini yatıştırmaya çalışmaktan ölesiye yorulmuştu. Walt'un öfkesi daha uzun sürüyor, bu durum da Sherrie'yi kocasından uzak tutuyordu.

Kocasına olan sevgisi tükeniyordu. Daha önceleri, bir şeyler ne kadar kötü giderse gitsin sevgilerinin zorlukları aşmalarına yeteceğini düşünürdü. Ancak son birkaç yıldan beri, aralarındaki ilişkide sevgiden çok sorumluluk hissi vardı. Kendine karşı dürüst olabildiği zamanlar, Walt'a karşı hislerinin kırgınlık ve endişeden öteye gidemediğini kabul ediyordu.

Bu akşam tam olarak bunlardan konuşmak istiyordu. Artık aralarındaki ilişkinin değişmesi gerekiyordu. Bir şekilde, ilk sevgilerinin ateşini yeniden canlandırmaları gerekiyordu.

Sherrie oturma odasına girdi. Televizyondaki komedyen programını yeni bitirmişti. "Tatlım, konuşabilir miyiz?" diye tereddüt ederek sordu.

Cevap gelmedi. Walt'a yaklaşan Sherrie nedenini anladı. Walt koltukta uyuyakalmıştı. Kocasını uyandırmayı düşündü, ancak son "duyarsız" davrandığında Walt'un söylediği iğneleyici sözleri anımsadı. Televizyonu kapatıp ışıkları söndürdü ve boş yatak odasına geçti.

23:50

Yatağına uzanan Sherrie, hangisinin daha büyük olduğunu bilmiyordu, yalnızlığı mı yorgunluğu mu? İlkinin ağır bastığına karar veren Sherrie yatağın yanındaki komodine uzanıp İncil'i eline aldı. Beni umutlandıracak bir şey ver Tanrım, lütfen, diye mırıldandı.

Tanrım, kendimi o kadar kötü ve umutsuz hissediyorum ki! diyen Sherrie isyan etti. *Ruhum yoksun. Hayatım, çocuklarım, evliliğim için ağlıyorum. Hassas olmaya çalışıyorum, ama hep eziliyormuşum gibi geliyor. Nerede vaat ettiklerin? Nerede verdiğin ümitler? Neredesin?*

Sherrie, karanlık odada bir yanıt bekledi. Ancak hiçbir yanıt gelmedi. Duyduğu tek ses, yanaklarına düşen gözyaşlarının sesiydi.

Sorun Nerede?

Sherrie hayatını doğru bir biçimde yaşamaya çalışıyor. Evliliği, çocukları, işi ve ilişkileriyle ilgili iyi şeyler yapmak istiyor. Ancak, bir şeylerin yolunda gitmediği çok açık. Hayatı istediği biçimde gitmiyor. Sherrie duygusal ve manevi anlamda ıstırap çekiyor.

İster kadın olalım ister erkek, hepimiz Sherrie'nin içine düştüğü ikilemi biliyoruz – yalnızlığı, çaresizliği, kafa karışıklığını, vicdan azabını ve her şeyden de önemlisi, hayatının kontrolünün ellerinde olmadığı hissi.

Sherrie'nin hayatındaki koşullara yakından bakalım. Yaşantısının bir kısmı, büyük ölçüde sizin yaşantınıza benzeyebilir. Çabalamasını anlamak, sizin hayatınıza da ışık tutabilir. Sherrie için işe yaramayan birkaç yöntemi ise hemen görebilirsiniz.

Öncelikle, *daha çok çabalamak işe yaramıyor*. Sherrie, başarılı bir hayatı olması için çok fazla enerji sarf ediyor. Tembel biri değil. İkincisi, *endişe duyduğu için iyi olmak işe yaramıyor*, etrafındakileri memnun etmeye çalışmak, istediği yakınlığı ve samimiyeti getirmi yor. Üçüncüsü, *başkalarının sorumluluklarını üzerine almak işe yaramıyor*. Başkalarının duygu ve problemleriyle uğraşmakta çok başarılı olan Sherrie, kendi yaşantısının tamamen başarısızlıktan ibaret olduğunu düşünüyor. Sherrie'nin verimsiz enerjisi, endişeli iyiliği ve fazlasıyla sorumluluk sahibi olması onu ana soruna götürüyor: *Sherrie, kendi hayatının sahibi olmakta büyük zorluklar yaşıyor.*

Bizler, belirli görevlerin sorumluluklarını üzerimize almak için yaratılmışız. Sorumluluk almanın veya sahip olmanın bir yanı da, neyin sizin göreviniz olduğunu ve neyin olmadığını bilmektir. Devamlı surette görev alan çalışanlar, sonunda yorgunluktan bitkin düşerler. Neyi yapmamız ve neyi yapmamamız gerektiğini bilmek, akıl ve bilgelik gerektirir. Her şeyi yapamayız.

Sherrie, nelerin kendi sorumluluğunda olduğunu ve nelerin olmadığını ayırt etmede güçlük çekiyor. Doğru olanı yapmayı, ya da başkalarıyla çatışmak istememesi yüzünden, aslında onun için yaratılmamış sorunları üzerine alıyor: Annesinin geçmeyen yalnızlığı, patronunun sorumsuzluğu, arkadaşının bitmeyen sorunları, duygu sömürüsü yapan kilise liderinin kendinden ödün verme mesajı ve kocasının çocukça davranışları.

Sorunlar burada bitmiyor. Sherrie'nin hayır diyememesi yüzünden oğlu okulda doğru davranışlar sergileyemiyor ve haz almayı ertelemeyi öğrenemiyor, belki de bir şekilde, sırf bu nedenle kızı kendisinden uzaklaşıyor.

Hayatlarımızda sorumluluk ve sahiplenme ile ilgili bütün kargaşalar aslında bir sınır sorunudur. Ev sahiplerinin arazilerinin çevresine çit çekmesi gibi, bizim de zihinsel, fiziksel, duygusal ve manevi sınırlar belirleyerek neyin sorumluluğumuz altında olduğunu ve neyin olmadığını belirlememiz gerekmektedir. Sherrie'in sorunlarında da gördüğümüz gibi, doğru insanlara karşı doğru zamanlarda doğru sınırları koyamamamız çok yıkıcı sonuçlara varabilir.

Sınırların olmaması sorunuyla karşı karşıya kalan insanlar, kendi kendilerine aşağıdaki soruları sorarlar:

1. Ben de sınırlar koyup, sevilen bir insan olabilir miyim?
2. Haklı sınırlar nelerdir?
3. Ya birisi benim sınırlarım yüzünden incinir veya üzülürse?

4. Vaktimi, sevgimi, enerjimi veya paramı isteyen birisine nasıl hayır diyebilirim?
5. Neden sınırlarımı belirlerken vicdan azabı duyuyor ve kendimi suçlu hissediyorum?
6. Sınırların itaat etmekle nasıl bir ilişkisi var?
7. Sınırlarımı koymak bencilce bir davranış değil mi?

Yukarıdaki konularla ilgili olarak söylenenlerin yanlış biliniyor olması, sınırların yanlış öğretilmesine neden olmuştur. Yalnızca bununla da kalmamakla birlikte, depresyon, anksiyete, yeme bozuklukları, bağımlılıklar, tepkisel bozukluklar, içe kapanıklık problemleri, panik bozukluklar ve ilişki ya da evlilik sorunları gibi pek çok klinik belirtinin tümünün kökeninde, sınırlarla olan uyuşmazlıklar yatmaktadır.

Bu kitapta sınırların ne olduğu, nasıl koruma sağladıkları, nasıl geliştikleri, nasıl hasar aldıkları, nasıl tamir edilmeleri gerektiği ve nasıl kullanılacakları anlatılmaktadır. Yukarıdaki sorulara ve daha fazlasına cevap verilmektedir.

İkinci Bölüm

Sınır Nedir?

Yirmi beş yaşındaki bir gencin anne babası, sıklıkla karşılaştığım bir istekte bulunmak üzere bana gelmişlerdi: Oğulları Bill'i "düzeltmemi" istiyorlardı. Bill'in nerede olduğunu sorduğumda, "O gelmek istemedi," diye yanıtladılar.

"Neden?" diye sordum.

"Şey, ona göre bir sorunu yok," dediler.

"Belki de haklıdır," dedim. Şaşırmışlardı. "Bana sorunundan bahsedin."

Oğullarının çok genç yaşta yaşamaya başladığı sorunları anlattılar. Bill onların gözünde hiçbir zaman çok iyi biri olmamıştı. Son yıllarda uyuşturucu sorunları ortaya çıkmış, okulunda tutunup bir kariyer sahibi olamamıştı.

Oğullarını çok sevdikleri açıkça görülüyordu, bu nedenle yaşayış tarzı onları çok üzüyordu. Değişip kendi ayakları üzerinde durabilmesi için bildikleri her şeyi yapmışlar, ancak hiçbiri işe yaramamıştı. Hâlâ uyuşturucu kullanıyor, sorumluluk alamıyor ve şüpheli kişilerle arkadaşlık ediyordu.

Çocuklarına ne gerekiyorsa her zaman verdiklerini söylediler. Çalışmak zorunda kalmasın, sosyal yaşantısına ve derslerine yetecek vakti olsun diye okuldayken bol miktarda para veriyorlardı.

Okullardan birinde çuvalladığında veya okula gitmeyi bıraktığında kesinlikle kırılmıyorlar ve "daha iyi olabileceği" başka bir okula gidebilmesi için her şeyi yapıyorlardı.

Bir süre konuştular, anlattıkları bitince "bence oğlunuz haklı. Bir sorunu yok," diye yanıt verdim.

Suratlarında beliren ifadeyi görmeliydiniz, bir dakika boyunca inanamayan gözlerle bana baktılar. Sonunda babası, "Doğru mu duydum? Bir sorunu olmadığını mı söylediniz?" dedi.

"Evet, öyle," dedim. "Bir sorunu yok. Sorun sizde. Ne istiyorsa yapabiliyor, bunda hiçbir sorun yok. Parasını veren sizsiniz, endişelenen, yorulan sizsiniz, onun bir şeyler yapması için enerji sarf eden sizsiniz. Onun bir sorunu yok, çünkü tüm sorunları siz yükleniyorsunuz. Bunların onun sorunu olması gerekir, ama görülüyor ki hepsini siz yüklenmişsiniz. Sorunlarınızı üzerinizden almasına yardımcı olmamı ister misiniz?"

Bana delirmişim gibi baktılar, ancak bazı şeyleri anlamaya başlamışlardı. "Sorunlarınızı üzerinizden alması derken neyi kastediyorsunuz?" diye sordu annesi.

"Şöyle ki," diye açıkladım, "bence bu sorunun çözümü, bazı sınırlar koymanızdan ve hareketlerinin size değil ona sorun yarattığını göstermekten geçiyor."

"Sınırlar derken ne demek istiyorsunuz?" diye sordu babası.

"Şöyle düşünün. O sizin komşunuz ve çimlerini hiç sulamıyor.

Ancak, ne zaman sulama sisteminizi açsanız, çimlerine su geliyor. Sizin çimleriniz sararıp kururken, Bill yemyeşil çimlerine bakıp şöyle düşünüyor 'Bahçem çok iyi durumda.' İşte oğlunuzun hayatı böyle. Çalışmıyor, plan yapmıyor, bir işi yok, ama gene de iyi bir evi, bol miktarda parası var, üstelik bir aile üyesinin sahip olabileceği bütün haklara sahip."

"Mülk sınırlarınızı daha iyi belirlerseniz, yani sulama sisteminizi düzeltip, suların sadece sizin bahçenize gitmesini sağlarsanız, pis bir bahçe içinde yaşayacak ve bir süre sonra bundan hoşlanmayacaktır."

"Şu andaki durum, oğlunuzun sorumsuz ve mutlu olduğu, sizinse sorumluluk sahibi ve mutsuz olduğunuzu gösteriyor. Sınırları belirlemeniz işe yaracaktır. Oğlunuzun sorunlarını bahçenizin dışında tutabilmeniz için çitlere ihtiyacınız var, böylelikle sorunları ait olduğu yerde duracaktır."

"Ona yardım etmeyi birdenbire kesmek biraz zalimce değil mi?" diye sordu babası.

"Yardım etmenin bir faydası dokundu mu?" dedim.

Bakışlarından anlamaya başladığı belli oluyordu.

Görünmez Mülk Sınırları ve Sorumluluk

Fiziksel dünyada sınırların görünmesi kolaydır. Çitler, işaretler, duvarlar, üzerinde timsah resmi olan levhalar, şekil verilmiş çimler ya da çalılardan yapılma çitlerin hepsi fiziksel sınırlardır. Farklı görünümleri olsa da, hepsi aynı mesajı vermektedir: BURADA BENİM MÜLKÜM BAŞLIYOR. Mülkün sahibi, yasal olarak o mülkte olup bitenden sorumludur. Mülk sahibi olmayanlar ise sorumluluk taşımazlar.

Fiziksel sınırlar, kimin tapu sahibi olduğunu gösteren mülk sınırını işaret eder. Adliye sarayına giderek bu sorumluluk sınırlarının nerede olduğunu ve o alanda bir işiniz var ise, kime danışmanız gerektiğini öğrenebilirsiniz.

Manevi dünyada ise sınırlar görünür olan sınırlar kadar gerçektir, ancak bu sınırları görmek daha zordur. Bu bölümün amacı, elle tutulur olmayan sınırlarınızı belirmenize ve bu sınırları, sevginizi artırıp yaşamınızı kurtaran bir gerçek olarak algılamanıza yardımcı olmaktır.

Ben Kimim? Kim Değilim?

Sınırlar kendimizi tanımlar. *Kim olduğumuzu ve kim olmadığımızı belirler.* Sınır, benim nerede bittiğimi ve bir başkasının nerede başladığını görmemi sağlayarak bana sahip olma hissi verir.

Neye sahip olduğumu ve nelerden sorumlu olduğumu bilmek özgür olmamı sağlar. Bahçemin nerede başlayıp nerede bittiğini bildiğimde, istediğimi yapmakta özgür olurum. Hayatımın sorumluluğunu üzerime almak bana pek çok değişik seçenek sunar. Ancak, kendi hayatıma sahip çıkmazsam, karşıma çıkan seçenekler ve çeşitler azalır.

Birisi size "bu mülkü özenle koruman gerekiyor, çünkü burada olanlardan seni sorumlu tutacağım" deyip, mülkün sınırlarının nerede başlayıp nerede bittiğini söylemezse her şeyin ne kadar karmaşık bir hal alacağını düşünün. Veya mülkü nasıl koruyacağını size söylemezse. Böylesi bir durum hem işleri karıştıracak, hem de tehlikeli bir hal almasına neden olacaktır.

İşte duygusal ve manevi anlamda bize olanlar aynen böyledir. Hepimizin kendi içinde yaşayabileceği bir dünya vardır, yani bizi "biz" yapan şeylerden kendimiz sorumluyuz. Kendi ruhlarımızda olan bitenlerle ilgilenmek zorundayız, sınırlar ise ilgilenmek zorunda olduğumuz şeyin ne olduğunu tanımlamamıza yardımcı olur. Bunları bilmiyorsak veya yanlış öğrenmişsek, çok büyük acı çekeriz.

Sınırlar nelerden sorumlu olduğumuzu göstermenin yanı sıra, nelerin mülkümüzde olmadığını ve nelerden sorumlu olmadığımızı da tanımlamamızı sağlar. Örneğin bizler, başkalarından sorumlu değiliz. Hiçbir zaman, "başkalarını kontrol" etmemiz söylenmez, ancak buna rağmen başkalarını kontrol etmek için vaktimizin ve enerjimizin çoğunu harcarız!

Kime Karşı ve Kimden?

Başkalarına *karşı kendimizden* sorumluyuz. İnsanların kendi sorumluluklarının bilincinde olarak birbirlerine yardım etmesi hemen her dinin esasları arasındadır.

Etrafımızdaki kimselerin pek çok zaman taşıyamayacakları kadar ağır "yükler" altına girdikleri görülmektedir. Yeterince güçlü olmayabilirler, yükü kaldırabilmek için yeterli kaynakları ve gereken bilgileri yoktur ve sonuç olarak yardımımıza ihtiyaç duyarlar. İnsanların yapamadıkları şeyleri gerçekleştirmek adına kendimizden ödün vermek aynı zamanda başkalarına karşı sorumluluğumuzu da yerine getirmektir.

Diğer yandan, herkes yalnızca taşıyabileceği kadar sorumluluğa sahiptir. Bunlar, günlük olarak sorumluluğunu almamız gereken kendi "yüklerimizdir." Bazı şeyleri kimse bizim için yapamaz. Hayatımızın kendi "yükümüz" olan belirli taraflarının sorumluluğunu almamız gerekir.

Ağırlık ve *yük* kelimelerinin Yunanca karşılıkları, bu kelimelerin anlamlarını anlamamızı sağlamaktadır. Ağırlık kelimesinin Yunancası, "aşırı ağırlık" veya bizi ezecek kadar ağır yük anlamına gelmektedir. Bu ağırlıklar, büyük kayalar gibidir, bizi ezebilirler. Bir kayayı tek başımıza taşımamız beklenemez, aksi takdirde belimizi büker! Kayaları kaldırırken yardıma ihtiyaç duyarız – işte bu anlar, hayatlarımızda yaşadığımız kriz dolu, üzücü anlardır.

Öte yandan, yük kelimesinin Yunancası "taşınan şey" veya "gündelik işlerin ağırlığı" anlamına gelir. Bu kelime, günlük olarak yapmamız gereken şeyler anlamına gelmektedir. Bu yükler sırta takılan çantalara benzer. Sırt çantalarını taşımak imkansız değildir. Kendi sırt çantalarımızı kendi başımıza taşımamız beklenir. Aynı zamanda, kendi duygularımız, tavırlarımız ve davranışlarımızla olduğu kadar, hepimizin bize verilen sorumluluklarla başa çıkması gerekmektedir, bu her ne kadar çaba sarf etmemizi gerektirse de.

İnsanlar, "kayalar" günlük yükleriymiş gibi davrandıklarında ve yardım almayı reddettiklerinde, ya da "günlük yükleri" taşımak zorunda olmadıkları kayalarmış gibi davrandıklarında sorunlar ortaya çıkmaktadır. Her iki durumun da sonucunda insanlar ya acı çeker, ya da sorumsuzca davranışlarda bulunurlar.

Acı çekmemek ve sorumsuz olmamak için, "ben" kavramının ne olduğunu, sorumlulukların sınırlarının nerede başlayıp nerede bittiğini doğru olarak belirlemek çok önemlidir. Bu bölümün ilerleyen sayfalarında nelerden sorumlu olduğumuzu tanımlayacağız. Şimdilik sınırların doğasına biraz daha yakından bakalı m.

İyilikler İçeri, Kötülükler Dışarı

Sınırlar, sahip olduğumuz mülkümüzü tanımlayarak onunla ilgilenebilmemizi sağlar. "Kalbimizi özenle korumamıza" yardımcı olur. Bizleri besleyecek olanları çitlerimizin içinde, zarar verecek olanları ise dışında tutmamız gerekmektedir. Kısaca *sınırlar, iyilikleri içeride, kötülükleri dışarıda tutmamıza yardımcı olurlar.* Hazinelerimizi içeride tutarak, insanlar tarafından çalınmalarını engellerler. Kıymetli eşyalarımız içeride, hırsızlar dışarıda kalır.

Bazen kötülükleri içeride, iyilikleri ise dışarıda tutarız. Bu durumlarda, sınırlarımızı açıp iyilikleri içeri almamız ve kötülükleri salıvermemiz gerekir. Diğer bir deyişle, çitlerimizin üzerinde kapıların olmasına ihtiyacımız vardır. Örneğin, içimde bir kötülük veya günah olduğunu hissedersem, iyileşebilmek için açılıp başkalarıyla iletişime geçmem gerekir. Acılarımızı ve günahlarımızı itiraf etmek onları çıkarmamıza yardımcı olur, böylelikle bizi içeriden zehirlemeye devam edemezler.

İyilikler dışarıdaysa, o zaman da kapılarımızı açıp iyiliği içeri almamız gerekir. Diğer kimselerin bize verecek iyilikleri vardır, bizim o kimselere açılmamız gerekir. Sıklıkla başkalarındaki iyiliklere karşı sınırlarımızı kapatır, onların iyiliklerinden mahrum kalırız.

Kısacası, *sınırlar duvar değildir.* Aynı toplum içinde insanlarla birlikte olmamız gerekir. Ancak her toplulukta, bütün üyelerin kendi alanları ve mülkleri vardır. Önemli olan şey, sınırların geçişe izin verecek kadar saydam, ancak tehlikeleri uzak tutacak kadar sağlam olmasıdır.

Büyürken istismara uğrayan insanların genellikle sınırların işlevlerini tersine çevirme ve kötüyü içeride tutup iyiyi içeri almama eğilimleri vardır. Örneğin, küçük yaşta babası tarafından istismar edilen Mary, iyi sınırlar oluşturmaya teşvik edilmemişti. Sonuç olarak, kendini kapatıp acısını içeride tutmayı seçmişti, kendini açıp çektiği acıyı ifade edemiyor ve ıstırabını ruhundan atamıyordu. Üstelik kendisini iyileştirmek için dışarıdan gelecek destek ve yardımlara karşı kendini kapamıştı. Ayrıca, sürekli olarak başka kimselerin acılarını ruhuna bırakmasına izin veriyordu. Sonuç olarak, yardım istemek için bana geldiğinde yanında pek çok acı taşıyor, hâlâ istismar ediliyordu ve etrafında dışarıdan gelecek yardımlara ördüğü bir duvar vardı.

Mary'nin sınırlarının işleyiş tarzını tersine çevirmesi gerekiyordu. Kötülükleri dışarıda tutacak kadar güçlü çitlere ve bu çitlerde ruhundaki kötülükleri dışarı çıkarmasına ve umutsuzca ihtiyaç hissettiği iyilikleri içeri almasına yardım edecek kapılara ihtiyacı vardı.

Sınırlara Örnekler

Sınırlar, sizin bir başkasıyla aranızdaki farkı ortaya koymanıza yardımcı olan ve nerede başlayıp nerede bittiğinizi gösteren her şeydir. İşte sınırlara bazı örnekler:

Deri

Sizi tanımlayan en temel sınır, derinizdir. İnsanlar genellikle bu sınırı kişisel sınırlarının ihlal edildiğini anlatmak için kullanırlar: "Gerçekten de sinirlerime *dokunuyor*." İlk olarak fiziksel varlığınız aracılığıyla başkalarından ayrı olduğunuzu öğrenirsiniz. Bebekken size sarılıp sizi seven anneniz ve babanızdan farklı olduğunuzu yavaş yavaş öğrenirsiniz.

Deri sınırı, iyiliklerin içeride, kötülüklerinse dışarıda olmasını sağlar. Kemik ve kanınızı korur, onları bir arada ve içeride tutar. Mikropların girmesine izin vermez ve sizi enfeksiyondan korur. Deri aynı zamanda kapılara sahiptir. Yemek gibi "iyilikleri" içeri alan kapıları, artık madde gibi "kötülükleri" dışarı atan kapıları vardır.

Fiziksel ve cinsel istismara maruz kalmış kimseler genellikle sınırları algılamada zayıftır. Hayatlarının erken evrelerinde, mülklerinin derilerinde başlamadığı öğretilir. Başkaları mülklerine saldırabilir ve istediklerini yapabilirler. Sonuç olarak, hayatlarının ilerleyen evrelerinde sınırlarını oluşturmada güçlük çekerler.

Kelimeler

Maddi dünyada, çit veya başka bir yapı orada bir sınır olduğunu anlatmak için vardır. Ancak manevi dünyada çitler görünmezdir. Buna karşın, kelimelerinizle de çok iyi koruyan çitler yaratabilirsiniz.

Sınırları belirleyen en temel kelime "hayır"dır. Başkalarının, onlardan ayrı olarak var olduğunuzu ve kontrolün sizde olduğunu öğrenmelerini sağlar.

Hayır kelimesi, başkalarıyla yüzleşmemizi sağlayan, çelişen bir kelimedir. Kutsal kitaplar sevdiğimiz insanlarla yüzleşerek, onlara "Hayır, bu davranış doğru değil. Buna dahil olmayacağım," dememizi söyler. Hayır kelimesi, istismara karşı sınırlar koyarken de önemlidir.

Aynı zamanda "isteksizce veya baskı altındayken" başkalarına yardım etmememiz gerekmektedir. Sınırları zayıf olan insanlar, kontrol edilmeye, baskıya, taleplere ve bazen de başkalarının gerçek ihtiyaçlarına hayır demekte güçlük çekerler. Birisine hayır derlerse, o kişiyle olan ilişkilerini tehlikeye atacaklarını düşünür ve bu yüzden isteneni yaparlar, bir yandan da içten içe öfkelenirler. Baskı bazen sizden bir şey yapmanızı isteyen birinden gelirken, bazen de içinizden bir ses o şeyi yapmanız "gerektiğini" söyleyerek sizi baskı altına alır. Dışarıdan ya da içinizden gelen bu baskılara hayır diyemezseniz, kendi mülkünüzü kontrol edebildiğiniz hissini kaybeder ve "öz denetim"in getirdiği sonuçlardan faydalanamazsınız.

Kelimeleriniz aynı zamanda, düşüncelerinizi, duygularınızı veya beğenmediğiniz şeyleri anlatırken başkaları için mülkünüzü tanımlar. Mülkünüzü tanımlayan kelimeler kullanmadığınızda insanların nerede duracaklarını bilmeleri zorlaşır. Kelimeleriniz aracılığıyla, insanlara nerede durduğunuzu anlatır ve bu sayede onların sizi tanımaları için "kenarlarınızı" görmelerini sağlarsınız. "Bana bağırman hoşuma gitmiyor!" cümlesi, sizin ilişkilerinizi nasıl yönettiğiniz hakkında insanlara bir fikir verirken, "bahçenizin" kurallarını da öğrenmelerini sağlar.

Gerçekler

Yaşam ve doğa hakkındaki gerçekleri bilmek, size sınırlar koyarak doğanın sınırlarını görmenizi sağlar. Ne ekersen onu biçersin dendiğinde örneğin, ya kendinizi bu gerçekliğe uygun olarak tanımlarsınız, ya da bu gerçeği görmezden gelip yara almaya devam edersiniz. Doğanın gerçekleri ile iletişim halinde olmak, gerçeklerle iletişim halinde olmaktır ve bu gerçeklere uygun olarak yaşamak hayatınızı güzelleştirir.

İster yaşamın gerçeklerini ister kendi gerçeklerinizi bilin, gerçekler her zaman güvenlidir. Pek çok kişi kendi sınırlarının dışında yaşamaya çalışarak kim oldukları gerçeğini kabul ve ifade etmeyerek dağınık hayatlar yaşarlar. Kim olduğunuz hakkında dürüst olmak size bütünleşme hissi verir.

Fiziksel Uzaklık

Bazen istemediğiniz bir durumdan fiziksel olarak uzaklaşmanız sınırlarınızı korumanıza yardımcı olur. Bu sayede, sınırlarınıza esneklik getirdikten sonra, fiziksel, duygusal ve manevi olarak yenilenebilirsiniz.

Ayrıca tehlikelerden kaçarak kendinizi sakınabilir ve kötülüklere karşı sınırlarınızı koruyabilirsiniz. Uzmanlar, bizi üzmeye devam edenlerden ayrılmamızı ve kendimiz için güvenli bir yer oluşturmamızı söylerler. Kendinizi böyle durumlardan uzaklaştırmanız, aynı zamanda ardınızda bıraktığınız kimsenin bir kişiyi kaybetmesine ve böylelikle davranışlarını değiştirmesini sağlayabilir.

Bir ilişkide taraflardan biri istismar edildiğinde, istismar eden kimseye sınırlarınızın gerçek olduğunu göstermenin tek yolu genellikle o kimse sorunuyla başa çıkana kadar aranıza mesafe koymaktır. Kutsal kitaplar da "kötülüğü engellemek" adına birlikteliği kısıtlama fikrini desteklemektedir.

Zaman

Bir kişi veya göreve zaman harcamayı bırakmak, hayatınızda sınırlarınızı oluşturmanız gereken ve kontrolün elinizden çıktığı durumlarda kontrolü tekrar elinize almanızı sağlayabilir.

Anne ve babalarından duygusal ve fiziksel olarak daha önce hiç ayrılmamış olan yetişkin çocukların sıklıkla kendi başlarına geçirecekleri zamana ihtiyaçları vardır. Bütün hayatlarını ailelerini kucaklayarak ve sarılarak geçirir, sarılmaya kaçınmaktan ve aileleriyle ilişki kurmanın yeni biçimlerini kabul etmeye çalışmaktan korkarlar. Bu çocukların aileleri ile iletişim kurmanın yeni yollarını benimsemeleri ve eski yöntemlere karşı sınırlarını oluşturmaları gerekir, ancak bir süre ailelerine yabancılaştıklarını hissedebilirler. Ailelerinden ayrı geçirdikleri bu zaman genellikle anne babaları ile olan ilişkilerini geliştirir.

Duygusal Mesafe

Duygusal mesafe, kalbinize güvende olmak için ihtiyaç duyduğu alanı veren geçici bir sınırdır ve asla kalıcı bir yaşam tarzı değildir. İstismar edildikleri ilişkiler yaşayan kimselerin duygusal olarak "rahatlamaları" için güvenli bir yerde bulunmaya başlamaları gerekir. Bazen istismar edildiği bir evlilik yaşayan bir kimsenin, karşısındaki kişi sorunları ile yüzleşip dürüst davranmaya başlayana kadar duygusal mesafesini koruması gerekmektedir.

Kendinizi hayal kırıklığı ve acıya hazırlamamalısınız. İstismar edildiğiniz bir ilişki yaşıyorsanız, koşulların gerçekten güvenli olduğuna ve değişim sinyalleri gördüğünüze emin olana kadar beklemelisiniz. Çok sayıda insan, affedici olabilmek adına insanlara güvenmek için erken davranıyor. Sizi istismar eden veya bağımlılığı olan bir kimsenin değiştiğinden emin olmadan önce o kimseye duygusal olarak açılmak akılsızca bir davranıştır. Affedin, ancak kalıcı bir değişiklik görene kadar kalbinizi koruyun.

Diğer Kişiler

Sınırlarınızı oluşturabilmeniz ve koruyabilmeniz için başkalarına güvenmeniz gerekmektedir. Başkalarının bağımlılıklarına veya istismarına maruz kalan, onların kontrolü altında yaşamış olan insanlar, yıllarca "çok sevmek" duygusunu hissetmelerinin ardından kendi sınırlarını oluşturabileceklerini görmektedirler. Bu destek sistemi sayesinde istismara ve kontrol edilmeye hayatlarında ilk defa hayır diyebilecek gücü kendilerinde bulmaktadırlar.

Sınırlarınıza yardımcı olmaları için insanlara ihtiyaç duymanızın iki sebebi var. İlki, hayatınızdaki en temel ihtiyacın ilişki kurmak olmasıdır. İnsanlar yaşadıkları ilişkilerden ötürü çok acı çekmektedirler, çoğu istismar edilmekte ve buna katlanmaktadır, çünkü partnerlerinin kendilerini terk etmesinden ve yalnız bırakmasından korkarlar. Yalnız kalma korkusu ile acı dolu uzun yıllar geçirirler. Sınırlarını ortaya koydukları zaman hayatlarındaki sevgiyi kaybetmekten korkarlar.

Ancak, başkalarından destek almak istediklerinde ve duygusal olarak kendilerini açtıklarında, kendilerini istismar eden kimsenin dünyadaki tek sevgi kaynağı olmadığını ve destek sistemi yoluyla ihtiyaç duydukları sınırları oluşturabileceklerini öğrenirler. Artık yalnız değillerdir. Etraflarında onlara gerekli gücü vermek için bulunan insanlar vardır.

Diğer sebep ise, yeni bilgilere ve öğrenmeye ihtiyaç duyduğumuz için başkalarına ihtiyaç duymamızdır. Pek çok insana sınırların bencil ve acımasız olduğu öğretilmiştir. Bu insanların, onları tutsak etmek için yalanlar söyleyen eski alışkanlıkların yarattığı vicdan azabına karşı durmaları için çeşitli destek sistemlerinden yardım almaları gerekmektedir. İkinci bölümde hayatınızdaki bütün önemli ilişkilerde sınırlarınızı nasıl oluşturacağınızı ayrıntılarıyla anlatacağım. Şimdilik üzerinde duracağımız nokta, sınırların birden oluşmadığıdır, sınırları oluşturmak her zaman bir destek ağını içerir.

Sonuçlar

Başkasının arazisine izinsiz girmenin bazı sonuçları vardır. "Girmek Yasaktır" levhaları genellikle, birinin sınırlardan aşması durumunda cezalandırılacağını belirtir. Kutsal kitaplarda bu kural defalarca işlenmiştir, bir yoldan yürüdüğümüzde başımıza bir şeyin geleceğini, başka bir yoldan yürüdüğümüzde ise başka bir şeyin geleceği söylenir.

Sınırlarımızı bazı sonuçlarla desteklememiz gerekir. Kaç evlilik, eşlerden birinin "içmeyi bırakmazsan" (veya "eve gece yarısı gelmeyi bırakmazsan, ya da "bana vurmayı" veya "çocuklara bağırmayı bırakmazsan") tedavi olana kadar seni terk ediyorum!" tehdidini takip etmesiyle kurtarılabilirdi? Veya ailesi "bir kez daha başka bir iş bulmadan işinden ayrılırsan sana para vermeyeceğim" diyen kaç gencin hayatı düzelebilirdi?

Sonuçlar, çitlere iyi "dikenler" eklerler. İnsanlara mülkünüzden izinsiz geçmenin ciddi sonuçları olduğunu ve kendinize olan saygınızın önemini bildirirler. Değerlerinize uygun olarak yaşamaya olan bağlılığımızın sizin için önemli olduğunu ve bunu korumak için savaşacağınızı bildirirler.

Sınırlarım Neleri Kapsar?

İnsanlar arasında çok bilinen yardımsever insanın hikayesi pek çok açıdan doğru davranışa örnek olabilecek bir modeldir. Bu hikayede sınırların ne zaman anlaşılması ve ihlal edilmesi gerektiği anlatılır. Bu insan sınırları olmayan bir kimse olsaydı hikayenin nasıl değişeceğini hayal edin.

Bu hikayeyi duymuş olabilirsiniz. Kudüs'ten Jericho'ya giden bir adama hırsızlar saldırır. Hırsızlar adamı soyup döverler ve ölmeye terk ederler. Yolun öbür tarafından geçen bir rahip yaralı adamı görmezden gelir, ancak bir Samiriyeli, adama acır, yaralarını sarar, onu bir hana götürür ve adamla ilgilenir. Ertesi gün Samiriyeli hancıya biraz para verip "Bu adama iyi bak. Geri geldiğimde başka masrafları olmuşsa onların parasını da vereceğim."

Burada öykümüzden ayrılalım. Hikayenin bu kısmında, yaralı adamın kalktığını ve şöyle dediğini varsayalım:

"Ne? Gidiyor musun?"

"Evet. Jericho'da halletmem gereken işlerim var," der Samiriyeli.

"Bu yaptığın bencilce değil mi? Durumum çok kötü. Birisiyle konuşmaya ihtiyacım var. Tanrı seni nasıl örnek biri olarak gösterecek? Dininin gerekliliklerini yerine getirmiyorsun, ihtiyacım olduğu zamanda beni terk ediyorsun! 'Kendini esirge' sözüne ne oldu?"

"Evet, sanırım haklısın," der Samiriyeli. "Seni burada bırakmam doğru olmayacak. Daha fazlasını yapmalıyım. Seyahatimi birkaç gün erteleyeceğim."

Ve Samiriyeli, adamla birlikte üç gün daha kalır, onunla sohbet eder ve mutlu olmasını sağlar. Üçüncü günün akşamı, kapı çalınır ve içeri bir elçi girer. Samiriyeli'ye Jericho'da iş yapacağı kişilerden bir mesaj gelmiştir: "Bekleyebileceğimiz kadar bekledik. Develeri başkasına satmaya karar verdik. Bir sonraki sürüyü altı ay içinde getireceğiz."

"Bunu bana nasıl yaparsın?" diye bağırır Samiriyeli yaralı adama, mektubu elinde sallamaktadır. "Yaptığına bak! İşim için gereken develeri kaybetmeme neden oldun. Şimdi mallarımı alamayacağım. Bu yüzden işimi kaybedebilirim. Bunu bana nasıl yaparsın?"

Hikaye size tanıdık gelebilir. İhtiyacı olan birisine yardım etmek istemiş olabiliriz, ancak bu kişi verdiğimizden daha fazlasını almak için bizi manipüle eder. Kendi hayatımız için ihtiyaç duyduğumuz bir şeyi kaçırır, kızıp öfkeleniriz. Veya bir başkasından daha çok şey istemiş olabiliriz ve istediklerimizi verene kadar o kişiye baskı yaparız. Hür iradeleri ile ve gerçekten istedikleri için değil, uyumlu olmak için istediklerimizi verirler, sonra da bundan ötürü bize kızarlar. Sonuçta, ikimiz de kârlı çıkmayız.

Bunları engellemek için sınırlarımız dahilinde nelerin olduğunu ve nelerden sorumlu olduğumuza bakmamız gerekir.

Duygular

Duygular pek çok dinde kötü eleştirilere maruz kalmıştır. Onlara önemsiz, dünyevi gibi pek çok kötü sıfat yakıştırılmıştır. Aynı zamanda birçok örnek gösteriyor ki, duygular bizim davranışlarımızda büyük bir etkiye sahiptir. İnsanların sırf kalpleri kırıldığı için, birbirlerine kötü davrandıklarını kaç kere gördünüz? Veya intihara kalkışana kadar yıllarca duygularını göz ardı edip, depresyondan çıkamayan insanların hastaneye yatırıldığına kaç kez şahit oldunuz?

Duygular ne göz ardı edilmeli, ne de her şeyden sorumlu tutulmalıdır. Bazı uzmanlar, duygularınıza "sahip olmanızı" ve onların farkında olmanızı söyler. Duygularınız iyi şeyler yapmanızı motive eder. İyi Samiriyeli'nin acıma duygusu onun yaralı adama gitmesini sağlamıştır.

Duygularınız kalbinizden gelir ve ilişkilerinizin durumu hakkında bilgi sahibi olmanızı sağlar. Bazı şeylerin yolunda olduğunu ve sorun olup olmadığını söyleyebilirler. Sevdiğinizi ve yakın olduğunuzu hissediyorsanız, muhtemelen her şey yolundadır. Kızgınlık hissi içindeyseniz, bir sorununuz var demektir. Ama önemli olan şey, duygularınızın sorumluluğunuz altında olması ve onlara sahip çıkarak sorununuza işaret olarak görmektir, böylelikle duygularınızın işaret ettiği sorunların cevabını bulabilirsiniz.

Tavırlar ve İnanışlar

Tavırlar bir şeye olan eğiliminizle ilgilidir; başkaları, hayat, iş ve ilişkilerle ilgili genel duruşunuzdur. İnanışlar ise doğru olduğunu kabul ettiğiniz her şeydir. Genellikle tavırları veya inanışları hayatımızdaki sorun olarak görmez, başka insanları suçlarız. Kendi tavırlarımıza ve inançlarımıza sahip çıkmamız gerekmektedir, çünkü onlar da mülk sınırlarımızın içinde yer alır. Onların etkilerini hissedecek olanlar bizleriz ve onları değiştirebilecek olanlar da sadece bizleriz.

Tavırların zor yanı onları hayatımızın çok erken yıllarında öğrenmiş olmamızdır. Kim olduğumuz ve nasıl hareket ettiğimizi önemli derecede etkilerler. Tavırlarını ve inanışlarını hiç sorgulamamış kimseler, "insanlığın geleneklerine" uyan kimselerin düştüğü hataya düşebilirler.

Sınır sorunları olan kişiler genellikle sorumlulukları hakkında bozuk tavırlara sahiptir. Kendi duyguları, seçimleri ve davranışları için başkalarını sorumlu tutmanın zalimlik olduğunu düşünürler.

Davranışlar

Sınırların sonuçları vardır, "Kişi ne ekerse onu biçer." Çalışırsak iyi ekinler elde ederiz. İşe gidersek maaş alırız. Spor yaparsak sağlıklı oluruz. Başkalarına karşı sevecen davranırsak daha samimi ilişkilerimiz olur. Bunun tersine, tepkisizlik, sorumsuzluk veya kontrol dışı davranışlar ekersek, yokluk, başarısızlık ve kötü bir hayat biçeriz. Bunlar davranışlarımızın doğal sonuçlarıdır.

Birinin yaşantısındaki ekme ve biçme kanunu, bir başkası tarafından bozulduğunda sorunlar ortaya çıkar. Bir kişinin içki içmesi veya bir başkasını istismar etmesinin mutlaka kendisini etkileyecek sonuçları olmalıdır. "Yoldan sapan şiddetle cezalandırılır," derler. İnsanları davranışlarının doğal sonuçlarından kurtarmak için onları güçsüz hale getirmek gerekir.

Bu, en çok anne babaların ve çocukların arasında yaşanır. Anne babalar sıklıkla bağırıp azarlar, oysaki çocuklarının davranışlarının doğal sonuçlarını biçmelerine izin vermeleri gerekir. Sevgi ve sınırlarla, sıcaklık ve sonuçlarla anne babalık etmek, kendine güvenen ve hayatlarının kontrolüne sahip olduğu bilincini taşıyan çocukların yetişmesini sağlar.

Seçimler

Seçimlerimizin sorumluluğunu almamız gerekir. Bu şekilde, "öz denetim" mekanizmasının meyvesini elde edebiliriz. Yaygın sınır sorunlarından biri de, seçimlerimize sahip olmamak ve onların sorumluluğunu başkasına yüklemektir. Bir şeyi neden yaptığınızı veya yapmadığınızı açıklarken şu cümleleri ne kadar sık kurduğunuzu düşünün, "Onun yüzünden öyle yapmam gerekti" veya "Bana bunu o yaptırdı." Bu cümleler, davranışlarımızdaki aktif taraf olmadığımızı düşündüğümüzü gösteren cümlelerdir. Başka birinin denetiminde olduğumuzu düşünür, sorumluluğu üzerimize alma yükünden kurtulmuş oluruz.

Şu gerçeği görmemiz gerekir: Nasıl hissedersek hissedelim, seçimlerimizi biz kontrol ederiz. Bu gerçeği idrak etmek "isteksizce ya da zorlanmış gibi" seçimlerde bulunmamızı engeller.

Kutsal kitaplarda insanlara ellerindeki seçenekler hatırlatılır ve kendilerinden seçimlerinin sorumluluğunu üstlenmeleri istenir. Başkalarının onayını almak için aldığımız kararlar bizleri rahatsız eder. Başkalarına ne yapmamız gerektiği konusunda o kadar şartlanmışızdır ki, bazı şeyleri mecburiyetten yapsak bile, böyle yaparak onlara karşı sevecen davrandığımızı sanırız.

Sınırları belirlemek, seçimlerimizin sorumluluğunu üstlenmeyi de içerir. Seçimleri belirleyen sizsiniz. Seçimlerinizin sonuçlarına katlanması gereken de sizsiniz. Sonuçta mutlu olmanızı sağlayacak seçimleri yapmanızı engelleyen kişi gene siz olabilirsiniz.

Değerler

Değer verdiklerimiz, sevdiklerimiz ve önem verdiklerimizdir. Çoğu zaman değer verdiğimiz şeylerin sonuçlarını üstlenmeyiz. Yanlış öğretilmiş değerler nedeniyle hayatımızda bazı şeyleri kaçırırız. Gücün, zenginliğin ve zevkin, gerçekte en derin özlemimiz olan sevgi ihtiyacımızı tatmin edeceğini zannederiz.

Yanlış şeyleri sevmekten veya süreklilik arz etmeyen şeylere değer vermekten kaynaklanan denetimsiz davranışların sorumluluğunu üstlendiğimizde veya aslında bize bir şey vermeyen şeylere değer veren bir kalbimiz olduğunu itiraf ettiğimizde içimizdeki kalbi değiştirebiliriz.

Limitler

Daha iyi sınırlar oluşturmak söz konusu olduğunda limitlerin iki yönü öne çıkmaktadır. Bunlardan birincisi, *başkaları üzerinde limitler belirlemektir*. Sınırlar hakkında en çok duyduğumuz şey budur. Aslında, başkaları üzerinde limitler belirlemek ifadesi yanlış bir ifadedir. Böyle bir şeyi yapamayız. Ancak *yapabileceğimiz şey*, zayıf davranışlar sergileyen kişilere maruz kalmamızı engelleyecek limitler belirlemektir, çünkü biz bu kişileri değiştiremeyiz veya onları doğru davranışlar sergilemeye zorlayamayız.

Örnek almamız gereken şey, doğadır. Doğa, insanların iyi davranması için onlara sınırlar belirlemez. Birtakım standartları belirler, ancak insanları olmak istedikleri kişiler olmaları konusunda serbest bırakır ve insanlar kendileri için iyi olmayan davranışlarda bulunduklarında kendini ayırır ve "Böyle olmayı seçebilirsin, ancak bu şekilde benim sınırlarıma giremezsin," der.

Sınırlardan bahsederken, yardımcı oldukları bir başka konu da kendi iç limitlerimizi belirlemektir. Kendi içimizde duygularımızın, dürtülerimizin veya isteklerimizin olabileceği alanlara ihtiyacımız vardır. *Kendimizi baskı altına almadan öz-denetime sahip olmamız gerekir.*

Kendi kendimize hayır diyebilmemiz gerekir. Bu hem yıkıcı isteklerimizi, hem de zaman zaman yerine getirilmesi akıllıca olmayacak iyi isteklerimize hayır demeyi içerir. İçsel yapı, sınırların ve kimliğin olduğu kadar, sahip olmanın, sorumluluğun ve öz denetimin de çok önemli bir bileşenidir.

Yetenekler

Yeteneklerimiz kendi sınırlarımız dahilinde ve sorumluluğumuz altındadır. Yine de onları sahiplenmek korkutucudur ve her zaman bazı riskler taşır.

Uzmanlar, doğa vergisi yeteneklerimizi kullandığımızda ve üretken olduğumuzda çok daha mutlu olmamızın yanı sıra sorumluluklarımızı da üstlendiğimizi söylerler. Başarısızlık korkusunu yenmek için çalışmak, spor yapmak, öğrenmek, dua etmek, elimizdekileri kullanmak ve şükretmek gerekir. Yeni ve zor olan bir şey denerken hepimiz korkarız. İnsan korkusuyla yüzleşmediği için değil, elinden gelenin en iyisini yapmadığı için cezalandırılır.

Düşünceler

Aklımız ve düşüncelerimiz doğanın ve evrenin önemli yansımalarıdır. Yeryüzünde başka hiçbir yaratık, bizim düşünme yeteneğimize sahip değildir. Bizler, evreni bütün gücümüzle sevmeye çağrılan tek varlığız.

Düşünceler üzerinde sınırlar belirleme eylemi üç maddeyi içerir:

1. *Kendi düşüncelerimizi sahiplenmeliyiz.* Pek çok kişi kendi düşünme eylemlerine sahip çıkmaz ve üzerinde kafa dahi yormadan robot gibi başkalarının düşüncelerini benimser. Başkalarının fikirlerini asla sorgulamaz ve "onların düşünceleri üzerine düşünme" girişiminde bulunmadan kendileri dışındaki kişilerin fikirlerini ve muhakemelerini ezberlerler. Başkalarının düşüncelerini tabii ki dinlemeli ve tartmalıyız,

ancak asla "kendi zihinlerimizi başkalarına teslim etmemeliyiz." İlişkilerimiz bağlamında bazı şeyleri tartmalı ve birbirimizi demir gibi "parlatmalıyız", ancak ayrı düşünürler olarak kalmalıyız.

2. *Bilgi yönünden büyümeli ve zihinlerimizi genişletmeliyiz.* Kendimizi geliştirmemiz gereken başka bir alan da doğanın özünü öğrenmektir. İster beyin ameliyatı yapalım, ister çek defterimizin hesaplarını kontrol edelim, ister çocuk yetiştirelim, daha iyi yaşamlara sahip olmak istiyorsak aklımızı kullanmalıyız.

3. *Karmaşık düşüncelerimizi açığa kavuşturmalıyız.* Hepimiz bazı şeyleri net olarak görmeme, çarpıtılmış şekillerde düşünme ve algılama eğilimindeyiz. Fark edilmesi en kolay bozukluklar kişisel ilişkilerimizde bulunur. İnsanları nadiren oldukları gibi görürüz, geçmiş ilişkilerimiz ve olduklarını düşündüğümüz kişiler hakkında oluşturduğumuz önyargılar yüzünden algılayış tarzımız bozulur, bu kişiler en yakınımızdakiler olsa bile.

İlişkilerimizde düşüncelerimize sahip çıkmak hata yapıyor olabileceğimiz noktaların üzerinden geçmeyi gerektirir. Yeni bilgileri özümledikçe, düşüncelerimiz de değişmeye ve gerçeğe yaklaşmaya başlar.

Bununla birlikte düşüncelerimizi başkalarına, doğru olarak iletebildiğimizden emin olmamız gerekir. Pek çok kişi, başkalarının onların zihnini okuyabildiğini ve ne istediklerini bilmeleri gerektiğini düşünür. Oysa, hepimizin kendi düşünceleri vardır ve bunları başkalarının bilmesini istiyorsak, düşüncelerimizi onlara söylememiz gerekir.

Arzular

Arzularımız sınırlarımızın içinde yer alır. Her birimizin farklı arzuları, talepleri, hayalleri, istekleri, hedefleri ve planları vardır. Hepimiz, "ben"i tatmin etmek isteriz. Ancak neden etrafta bu kadar az tatmin olmuş "ben" bulunmaktadır?

Bu duruma yol açan sorunlardan biri, kişiliğimiz içinde yapılanmış sınırların eksikliğinden ileri gelmektedir. Gerçek "ben"i ve gerçekte neyi arzuladığımızı tarif edemeyiz. Arzuların pek çoğu, gerçekmiş gibi gizlenir. Onlar, gerçek arzulara sahip olmamamızla ortaya çıkan heveslerdir. Örneğin, seks düşkünlerinin pek çoğu, cinsel deneyimler aramaktadır, ancak gerçekte arzuladıkları, sevgi ve yakınlıktır.

Anne babalar, evlatlarına armağanlar vermekten mutlu olurlar. Ancak bilinçli bir ebeveyn, armağanlarının çocuklarına uygun olduğundan emin olmak ister. Ne istediğini bilmek için, gerçekte kim olduğumuzu ve isteklerimizi bilmeliyiz.

Kendi arzularımızın sahibi olmalı ve yaşamda emellerimize ulaşmak için onları aramalıyız. Yerine getirilmiş bir istek ruhu besler, ancak bunu başarmak için çok çalışmak ve çaba sarf etmek gerekir.

Sevgi

Sevme ve sevgiye karşılık verebilme sahip olduğumuz en önemli yeteneğimizdir. İnsanın sevgiyi alabilme ve dışarı verebilme becerisi yaşam için vazgeçilmezdir.

Pek çok kişi duydukları acı ve korku yüzünden sevgilerini alıp vermede güçlük çeker. Yüreklerini başkalarına kapatmış olduklarından, kendilerini boş ve anlamsız hissederler. Uzmanlar yüreğin her iki işlevi konusunda açıktır: Minnet ve sevgiyi içeri alma ile bunların dışarıya verilmesini sağlama.

Tıpkı göğüs kafesimizin altındaki kalbimiz gibi, sevgi dolu yüreğimiz de *yaşamsal kanın içeri olduğu kadar dışarı akmasına ihtiyaç duyar.* Üstelik tıpkı kalbimizin olduğu gibi yüreğimiz de bir kastır, bir güven kası. Bu güven kası, kullanılma ve egzersiz yapma ihtiyacındadır, eğer zedelenirse yavaşlar veya zayıflar.

Kendimize ait olan sevme eyleminin sorumluluğunu üstlenmeli ve verimli bir biçimde kullanmalıyız. Gizlediğimiz sevgimiz veya bize verilmeyen sevgi duygusu bizi büyük ölçüde yaralar.

Pek çok kişi sevgiye direndikleri için kendilerini sorumlu görmezler. Etraflarında çok sevgi vardır, ancak yalnızlıklarının kendi eksikliklerinden, yani bu sevgiye karşılık vermemelerinden kaynaklandığını fark etmezler. Oysaki bu kimseler, etraflarına şu mesajı vermektedirler: "Başkalarının sevgisi 'içeri' giremez." Bu ifade, başkalarının sevgisine karşılık verme sorumluluklarını boşa çıkarır. Sevmek ve sevilmek alanlarında sorumluluktan kaçmak için zarif manevralar yaparız, halbuki kalplerimizin bize ait olduğunu kabul etmeli ve bu alandaki zayıflıklarımız üzerinde çalışmalıyız. Bu, bize yaşamın kapılarını açacaktır.

Yukarıda bahsedilen alanların tümünde duygularımızın sorumluluğunu üstlenmeliyiz. Bunlar sınırlarımız içinde kalmaktadır. Ancak sınırlarımız içinde bulunanlarla ilgilenmek kolay değildir, tıpkı diğer insanların kendi sınırları içinde kalanlarla ilgilenmelerini sağlamanın da kolay olmadığı gibi. Sınırlar belirlemek ve onların devamlılığını sağlamak zor iştir. Ancak, bir sonraki bölümde göreceğiniz gibi, sınırlarla ilgili sorunlar basit şekillere büründüğü için kolaylıkla fark edilir.

Üçüncü Bölüm

Sınır Sorunları

Sınırlarla ilgili bir gün süren bir seminerin ardından dinleyicilerden bir bayan elini kaldırdı ve "Sınırlarla ilgili problemlerim olduğunu anlıyorum. Ancak şu anda ayrı yaşadığım kocam bir başkasıyla ilişki yaşayıp bütün paramızı aldı. Onun da sınırlar konusunda bir sorunu yok mu?" dedi.

Sınırları yanlış yorumlamak zor değildir. İlk bakışta, sınırlarını çizmekte güçlük çeken kişinin sınırlar konusunda sorunu olduğu sanılabilir, ancak, başkalarının sınırlarına saygı duymayan kişilerin de sınırlarla ilgili sorunları vardır. Yukarıda bahsettiğim bayan, sınırlarını belirlemede zorluklar çekiyor olabilir, ancak buna ek olarak, kocası da onun sınırlarına saygı göstermemiştir.

Bu bölümde, sınırlarla ilgili temel sorunları kategorilere ayıracak, düşüncelerinizi dayandırabileceğiniz bazı gerekçeler sunacağız. Bu bölümde sınırlar konusundaki çelişkilerin "hayır diyemeyen" kişilere özgü olmadığını göreceksiniz.

Yumuşak Başlılar: Kötülüklere "Evet" Diyenler

Robert, "Anlatmaktan çekindiğim bir sorunumu sizinle paylaşabilir miyim?" diye sordu. Yeni bir müşterim olan Robert, eşinin bitmek tükenmek bilmeyen taleplerini reddetmekte neden bu kadar zorlandığını anlamaya çalışıyordu. Tüm parasını eşini memnun etmek ve Jones'larla yarışabilmek için harcıyordu.

"Ailemizdeki tek erkek çocuk benim, dört kardeşin en küçüğüyüm. Bizim evde kardeşlerimle aramızdaki kavgalar konusunda garip bir çifte standart vardı." Robert devam etmeye çalışarak boğazını temizledi. "Küçük ablam benden üç yaş, büyük ablam ise yedi yaş büyüktü. Altıncı sınıfa gelene kadar benden çok daha iri ve güçlüydüler. Daha büyük ve daha güçlü olmalarından yararlanarak oramı buramı morartıncaya dek bana vururlardı. Yani gerçekten canım yanardı."

"İşin en garip tarafı annemle babamın tutumuydu. Bize derlerdi ki, 'Robert erkek. Erkekler kızlara vurmaz. Ne kadar ayıp!' Ayıpmış! Hem bire karşı üç, hem de karşılık vermek ayıp, öyle mi?" Robert durakladı. Utandığı için devam edemedi, ancak anlatmak istediklerini anlatabilmişti. Eşiyle yaşadığı çatışmaların nedenleri su yüzüne çıkmaya başlamıştı.

Anne babalar çocuklarına sınırlar belirlemenin veya hayır demenin kötü olduğunu anlatırken, bir yandan da başkalarının onlara istediklerini yapabileceğini öğretiyorlar ve çocuklarını pek çok kötülüğün bulunduğu bir dünyaya korumasız bir biçimde gönderiyorlar. Denetleyici, yönlendirici istismarcı, kötü bir dünyaya.

Çocuklar, böylesine kötü bir dünyada kendilerini güvende hissetmek için şunları söyleyebilmelidirler:

- "Hayır."
- "Sana katılmıyorum."
- "Olmaz."
- "Yapmayacağım."
- "Kes şunu."
- "Canımı acıtıyor."
- "Bu yanlış."
- "Bu kötü."
- "Bana bu şekilde dokunmandan hoşlanmıyorum."

Bir çocuğun hayır deme gücünü engellemek, o çocuğa ömür boyu yanında taşımak zorunda kalacağı engeller vermek anlamına gelir. Robert gibi engelli yetişkinler, sınırlar konusunda ilk yaralarını almakta ve kötü şeylere "evet" demektedirler.

Bu sınır çelişkisi yumuşak başlılık diye adlandırılmaktadır. Yumuşak başlıların belli belirsiz sınırları vardır, bu nedenle başkalarının istek ve ihtiyaçları içinde "kaybolup giderler." Onlardan istekte bulunan insanlardan ayrı ve bağımsız olamazlar. Yumuşak başlılar sırf arkadaşlarıyla "iyi geçinmek için" onlarla aynı restoranları ve sinema filmlerini beğenirmiş gibi davranırlar. Başkaları ile aralarındaki farkları en aza indirmeye çalışırlar. Yumuşak başlılar bukalemun gibidir. Bir süre sonra onları bulundukları ortamdan ayırt etmek olanaksızlaşır.

Kötü olan şeye hayır diyememek yaşamlarımızın her alanına yayılır, yaşamlarımızdaki kötülükleri reddetmemize engel olmakla kalmaz, kötülükleri tanımamızı da engeller. Yumuşak başlı pek çok kişi, tehlikeli veya suiistimalci bir ilişki içinde olduklarını çok geç fark eder. Ruhsal ve duygusal "radar"ları bozulmuş, kalplerini koruyacak yeteneklerini kaybetmişlerdir.

Böylesi bir sınır sorunu, kişilerin "hayır" deme kaslarını felç eder. Hayır diyerek kendilerini korumaları gerektiğinde sözcük boğazlarına takılır. Bu durum aşağıdaki nedenlerden dolayı meydana gelebilir:

- Karşısındaki kişinin duygularını incitme korkusu
- Terk edilme ve ayrılma korkusu
- Bir başkasına tamamen bağımlı olma isteği
- Bir başkasının öfkesinden korkma
- Cezalandırılma korkusu
- Utanılacak bir duruma düşme korkusu
- Kötü veya bencil olduğunun düşünülmesinden duyulan korku
- Manevi yaşamının bozulmasından duyulan korku
- Kişinin kendini eleştiren katı vicdanı

Son madde insanlar tarafından suçluluk olarak hissedilir. Fazla katı ve eleştirel vicdanı olan kimseler aslında suçlu olmadıkları konularda kendilerini suçlu görürler.

Suçluluk duygusuna teslim olduğumuzda acımasız bir vicdanımıza boyun eğmiş oluruz. Bu acımasız vicdana karşı gelme korkusu zamanla başkalarına karşı gelememe halini alır ve kötüye evet demeye başlarız, yoksa daha çok suçluluk duyarız.

Manevi yaşamın zenginliğinden kaynaklanan yumuşak başlılığın, yukarıda bahsettiğimiz yumuşak başlılıktan ayırt edilmesi gerekir. Manevi yaşamı zengin insanlar hem kendi dünyalarında hem de başkalarına karşı şefkatlidir, içten içe öfke duymazlar. Yumuşak başlılar ise pek çok sorumluluk üstlenir ve pek az sınır belirler; bunun nedeni seçimleri değil, korkularıdır.

Kaçınanlar: İyiliklere "Hayır" Diyenler

Oturma odası birdenbire sessizleşti. Altı aydan beri Craig'in evinde toplanan okuma grubu üyeleri aniden çok yakınlaşmışlardı. Bu gece beş çift her zamanki "Lütfen Sarah Teyze için dua edelim" gibi temennilerden farklı olarak, yaşamlarındaki sorunlarını birbirleriyle paylaşmayı denediler. Gözyaşı döktüler ve üyeler birbirlerine sadece iyi niyetli öğütler değil, gerçek anlamda destek verdiler. Ev sahibesi Rachel Henderson dışında herkes sırayla konuştu.

Rachel, o toplantının yapılmasını sağlayan itici güçtü. Kocası Joe ile böyle bir şeye karar vermişler, diğer çiftleri evlerine davet ederek çalışma grubunu oluşturmuşlardı. Ancak liderlik rolüne kendisini kaptıran Rachel hiçbir zaman kendi sorunlarından ve mücadelelerinden bahsetmemişti. Böyle fırsatlar ortaya çıktığında hep ürkmüş ve konuşmak yerine başkalarını konuşmaya teşvik etmeyi tercih etmişti. Ancak bu gece başkaları onun konuşmasını bekliyordu.

Rachel boğazını temizledi. Odada etrafına bakındı ve sonunda konuştu, "Odadaki herkesin sorunlarını dinledim de, sanırım içimden bir ses benim yaşadıklarımın sizin uğraştığınız şeylere kıyasla önemsiz olduğunu söylüyor. Karşılaştığım ufak sorunlardan bahsetmeye zaman ayırmak bencillik olacak. Ee... kim tatlı ister?"

Kimse konuşmadı. Ancak hepsinin yüzünden, yaşadıkları hayal kırıklığı açıkça okunuyordu. Rachel yine kendisinin başkalarını sevdiği gibi onların da onu sevmelerini sağlayacak bir fırsatı kaçırıyordu.

Yukarıda anlatılan sınır sorunu 'kaçınmak' olarak adlandırılmaktadır: İyiye "hayır" demek, yani başkalarından yardım isteyememek, kendi ihtiyaçlarının ne olduğunu anlayamamak ve başkalarını sınırlarından içeri alamamak.

Peki kaçınmak neden bir sınır sorunudur? Bu sorunun kökeninde sınırların duvarlarla karıştırılması yatar. Sınırların "nefes alınabilir" olmaları, kapıları bulunan çitler gibi iyiyi içeri alabilecek ve kötüyü dışarı çıkarabilecek şekilde olmaları gerekir. Sınırlar yerine duvarlara sahip olan bireyler ne iyiyi ne de kötüyü içeri alabilirler. Onlara kimse dokunamaz.

Kişisel sınırlarımız kapıları olacak şekilde tasarlanmıştır. Güvenilir ilişkilerin tadını çıkarma ve yıkıcı ilişkilerden uzak durma özgürlüğüne sahip olmamız gerekir.

Kaçınan kimselerin hiçbir şeyi geçirmeyen sınırları, onların doğadan kaynaklanan ihtiyaçlarına yanıt verebilmelerini engeller. Sorunlarını ve olağan taleplerini kötü, yıkıcı veya utanılacak bir şey gibi algılarlar.

Marti gibi kişiler hem yumuşak başlı, hem de kaçınan kimselerdir. Kısa bir süre önce gerçekleşen bir seansta Marti kendi kendine acı acı güldü. "Davranış şeklimi anlamaya başlıyorum. Birisi benimle dört saat çalışmak istediğinde ona hayır diyemiyorum. Ama birisine on dakikalığına ihtiyacım olsa bunu dile getiremiyorum. Kafamın içinde değiştirebileceğim bir devre yok mu?"

Marti'nin yaşadığı ikilemi pek çok kişi bilir. Bazıları kötüye "evet" diyerek uysal davranmakta, iyiye "hayır" demekte ve kaçınmaktadır. Her iki sınır çatışmasını da yaşayan bireyler kötü şeyleri reddedememekle kalmaz, başkalarına kolaylıkla verdikleri desteği de göremezler. Kendilerini boşalmış, ancak kaybettikleri enerjiyi yerine koyamayacak kadar güçsüz hissederler ve bu böyle sürüp gider.

Uyumlu ve kaçınan kişiler, "ters sınırlar" denen bir sorundan dolayı acı çekerler. İhtiyaç duydukları yerde sınırları yoktur, ama gerekmeyen yerlerde sınırları vardır.

Denetleyiciler: Başkalarının Sınırlarına Saygı Göstermeyenler

"İstifa ediyorum da ne demek? Öyle hemen gidemezsin!" Masasında oturan Steve idari asistanına baktı. Frank birkaç yıldır Steve ile çalışıyordu ve artık bıkmıştı. Görevi için elinden geleni yapıyordu, ancak Steve ne zaman geri adım atması gerektiğini bilmiyordu.

Steve çoğu kez Frank'in fazla mesai almadan büroda kalıp önemli projeler üzerinde çalışması için ısrar ediyordu. Frank tatil planlarını dahi Steve'in ısrarları sonucu iki kez değiştirmişti. Ancak Steve'in Frank'i iş için evden aramaya başlaması bardağı taşıran son damla oldu. Frank, arada bir evden aramasını hoş karşılayabilirdi. Ancak ailesi hemen her gün yemek saatinde Frank'in amiriyle yaptığı telefon görüşmesinin bitmesini bekliyordu.

Frank Steve ile zaman konusunu birkaç kez konuşmayı denedi. Ancak Steve, Frank'in ne kadar tükendiğini bir türlü anlayamıyordu. Sonuç olarak ona ihtiyacı vardı. Frank kendisini başarılı göstermeye yarıyordu ve onu daha çok çalıştırmak gayet kolaydı.

Steve'in başkalarının sınırlarını anlamak ve kabullenmek konusunda sorunları var. Steve'e göre "hayır" karşısındakinin fikrini değiştirme konusunda kendisinin önünde duran ve aşması gereken bir engelden başka bir şey değil. Bu sınır sorununun adı, "denetim"dir. Denetleyiciler, başkalarının sınırlarına saygı göstermez, kendi yaşamlarının sorumluluğunu almak yerine, başkalarının yaşamlarını denetlemeye kalkarlar.

Denetleyenler, başarılı satış elemanları hakkında anlatılan şu sözlere inanırlar: "Hayır" dersem "belki" demek, "belki" dersem "evet." Bu yöntem bir ürünü satmayı öğrenirken iyi sonuç verse de, bir ilişkide son derece yıkıcı olabilir. Denetleyiciler, başkalarını yönlendirmeye çalışan saldırgan zorbalar olarak algılanırlar.

Kendilerine hayır denmesine dayanamayan kişilerin temel sorunu yaşamlarının sorumluluğunu başkalarının üzerine yıkma eğiliminde olmalarıdır. Sadece kendilerinin taşıması için verilen yükü taşımaları için başkalarını güdülemede çeşitli denetim yolları kullanırlar.

İkinci bölümdeki "yük veya sırt çantası" örneğini hatırlıyor musunuz? Denetleyiciler, yüklerine (krizlere ve ezici yüklere) ek olarak, kendi sırt çantalarını (bireysel sorumluluklarını) taşıyacak birisini ararlar. Eğer Steve kendi görevinin ağırlığını omuzlamış olsaydı, Frank de ara sıra fazla mesai yapmaktan memnun olurdu. Ancak Steve'in sorumsuzluğunu örtmeye çalışmanın oluşturduğu baskı, yetenekli bir elemanın başka iş aramasına yol açmıştır.

Denetleyiciler iki çeşittir:

1. *Saldırgan denetleyiciler.* Bu kişiler belirgin bir biçimde başkalarının sınırlarına aldırmazlar. Başkalarının sınırlarını bir tank gibi çiğneyip üzerinden geçerler. Bazen sözleriyle, bazen de fiziksel olarak suiistimal ederler. Ancak başkalarının da sınırları olabileceğini düşünmezler bile. Sanki bir "evet" dünyasında yaşıyorlardır. Orada hayır kelimesine yer yoktur. Başkalarını değiştirmeye çalışır, bütün dünyayı, yaşamın nasıl olması gerektiği hakkındaki düşüncelerine uydurmaya kalkarlar. Başkalarını oldukları gibi kabullenme sorumluluklarını göz ardı ederler.

2. *Yönlendirici denetleyiciler.* Saldırgan denetleyiciler kadar dürüst olmayan yönlendiriciler, insanları sınırlarından dışarı çıkmaya ikna etmeye ve evet dedirtmeye çalışırlar. İstediklerini elde etmek için koşulları dolaylı olarak manipüle ederler. Kendi yüklerini taşımaları için başkalarını kandırır, kendilerini suçlu hissetmelerini sağlayacak ifadeler kullanırlar.

Tom Sawyer'ın çitleri kireç boyasıyla boyamaları için arkadaşlarını nasıl ikna ettiğini hatırlar mısınız? Bunu öyle bir ayrıcalıkla yapmıştı ki her biri neredeyse adeta sıraya girmişti!

İnanması çok güç gelse de, yumuşak başlılar ve kaçınan kişiler bile denetleyici olabilirler. Ancak onlar saldırgan olmaktan çok yönlendirici olma eğilimini taşırlar. Örneğin, yumuşak başlılar duygusal desteğe ihtiyaç duyduklarında bir arkadaşları için bir iyilik yapabilirler. Sevecen davranarak karşı taraftan sevgi göreceklerini umarlar. Daha sonra beklemeye geçer ve yaptıkları iyiliğin karşılığını görmeyi beklerler. Bu bekleyiş kimi zaman yıllar sürebilir. Özellikle de, akıllarından ne geçtiğini bilmeyen birisine iyilik yapmışlarsa.

Peki, burada yanlış olan nedir? Bu gördüğümüz kesinlikle sevgi değildir. Gerçek sevgi karşılık beklemez. Bir başkasının bize önem vermesi için ona önem vermek, o kişiyi kontrol etmek için kullandığımız bir yöntemden başka bir şey değildir. Böyle bir yöntemin "diğer" tarafında bulunduysanız yani yöntemi kullanan değil, kullanılan taraf olduysanız neden bahsettiğimi anlayabilirsiniz. Bir an karşınızdaki kişiden iyilik görür, sonra da karşılığını hesaba katmaz ve o kişinin duygularını incitirsiniz.

Sınırlarda Yaşanan İncinmeler

Bu noktada kendi kendinize, "Bir dakika. Denetleyicilere nasıl olur da 'incinmiş' diyebilirsiniz? Onlar incitenlerdir, incinenler değil!" diyebilirsiniz. Gerçekten de denetleyiciler başkalarına pek çok zarar verir, ama aynı zamanda da sınır sorunları yaşarlar. Buz dağının altında neler olup bittiğine bakmamız gerekebilir.

Denetleyiciler disiplinsiz kimselerdir. Dürtü veya isteklerini denetim altında tutma yetenekleri azdır. "Yaşamdan istediklerini almış" gibi görünseler de aslında açlıklarının kölesidirler. Onlar için tatmin olma duygusunu ertelemek zordur. Bu nedenle karşılarındaki insandan "hayır" yanıtı almaktan nefret ederler. Kendi sınırlarını görmeleri için sürekli başkalarını dinlemeyi öğrenmeleri gerekir.

Denetleyiciler ayrıca kendi yaşamlarının sorumluluğunu kabullenmezler. Baskıcı veya dolaylı bir tutum izleyerek kendi başlarına iş göremezler. Tek çare, denetleyicilerin sorumsuzluklarının sonuçlarını çekmelerine izin vermektir.

Son olarak denetleyiciler, toplumdan izole edilmiş kimselerdir. İnsanlar korku, suçluluk veya bağımlılık duydukları için onlarla bir arada olur. Dürüst davranırlarsa çok az sevildikleri görülür. Neden? Çünkü yüreklerinin derinlerinde bilirler ki insanların onlarla vakit geçirmelerinin tek sebebi, iplerin onların elinde bulunmasıdır. Eğer tehdit etmeyi veya yönlendirmeyi bir kenara bırakırlarsa terk edilirler. Üstelik derinlerde bir yerde yalıtılmış olduklarının farkındadırlar. "Sevgide korkunun yeri yoktur. Kusursuz sevgi, korkuyu kaçırır." İnsanları korkutarak veya onların kendilerini suçlu hissetmelerine yol açarak bizi sevmelerini sağlayamayız.

Tepkisizler: Başkalarının İhtiyaçlarına Kulak Asmayanlar

Konuşurken Brenda'nın elleri titriyordu. "Genelde Mike'ın tavırları bana pek dokunmaz. Ancak son birkaç haftada çocuklarla ilgili yaşadığım sorunlar ve işteki gerginlikler sanırım beni daha kolay incinir bir hale getirdi. Bu kez cevabı beni kızdırmadı. Yaraladı. Üstelik çok yaraladı."

Brenda, yakın geçmişte evliliğinde yaşadığı bir sorunu anlatıyordu. Mike ile olan evliliğinin genel anlamda iyi olduğunu düşünüyordu. İhtiyaçlarını yerine getirmede başarılıydı, iyi de bir babaydı. Yine de bu ilişkide eşinin acılarına veya ihtiyaçlarına yer yoktu.

Brenda'nın anlattığı olay oldukça zararsız bir şekilde başladı. Çocukları yatırdıktan sonra Mike ile yatak odasında konuşuyorlardı. Brenda çocuklarlarla yeterince ilgilenemediklerinden ve işinde yetersiz olma korkusundan bahsetmeye başladı. Mike birden eşine döndü ve, "Duygularından hoşlanmıyorsan değiştir. Hayat zor. Yani... hallet işte, Brenda," dedi.

Brenda yıkılmıştı. Böyle ters bir yanıt vereceğini tahmin etmesi gerektiğini düşündü. İhtiyaçlarını anlatmak zaten kolay olmamıştı, hele Mike'ın soğuk tutumu karşısında. Şimdi duygularının küçük parçalara bölündüğünü hissediyordu. Sorunlarını anlamaz ve de anlamak da istemez gibi bir hali vardı.

Bu nasıl bir sınır sorunu olabilir? Bu yalnızca duyarsızlık değil midir? Hem öyle, hem değil. Ancak konu bundan daha karmaşıktır. Hatırlayacağınız gibi sınırlar, sorumluluk alanlarımızı tanımlama şekillerimizdir, sınırlar nelerden sorumlu olduğumuzu ve nelerden sorumlu olmadığımızı tanımlar. Başkalarının duygu, tutum ve davranışlarının sorumluluğunu üstlenmememiz gerekir ancak birbirimize karşı bazı sorumluluklarımız vardır.

Mike'ın sadece ailenin ihtiyaçlarını karşılayan veya çocuklarına babalık yapan bir eş olarak değil, aynı zamanda seven bir koca olarak Brenda ile iletişim kurma sorumluluğu bulunmaktadır, çünkü Brenda ile duygusal anlamda iletişim kurmak, onu kendisi gibi sevmenin bir parçasıdır. Brenda'nın duygusal olarak sağlıklı olmasından sorumlu değildir, ancak eşine karşı sorumlulukları bulunmaktadır. Bu nedenle Brenda'nın ihtiyaçlarına cevap veremiyor olması, sorumluluklarını ihmal etmesi anlamına gelmektedir.

Yaşamımızı paylaştığımız kişilerle *bazı sınırlar dahilinde* ilgilenmeli ve onlara yardım etmeliyiz. Gerekli kaynaklara sahip olduğumuz halde bunu yapmayı kabul etmezsek, sınırlarla ilgili bir çelişki meydana gelir.

Tepkisizler iki gruba ayrılır:

1. Başkalarının ihtiyaçlarını eleştirme eğiliminde olanlar (kendi ihtiyaçlarımıza duyduğumuz nefreti başkalarına yansıtmak).

Bu kimseler kendi içlerinde eksik olmaktan nefret ederler. Sonuç olarak başkalarının ihtiyaçlarını görmezden gelirler.

2. Başkalarını dışlayacak kadar kendi istek ve ihtiyaçlarıyla meşgul olanlar (narsizmin bir şekli).

İkinci maddeyi, başkalarını sevebilmek için kendi ihtiyaçlarına öncelik verme hareketi ile karıştırmamalısınız. "Sadece kişisel çıkarlarınızı düşünmeyiniz, başkalarının çıkarlarını da hesaba katınız." Bu sözü benimsediğinizde, kendinizi sağlıklı ve güçlü tutarak başkalarına yardım eder ve sorunlarınızın kolaylıkla üstesinden gelirsiniz.

Denetleyiciler ve Tepkisizler

Tepkisiz denetleyiciler kendilerini suçlu hissetmemek için oldukça zor zamanlar geçirirler ve kendi problemleri için başkalarını sorumlu tutar, kendileriyle ilgilenecek birilerini ararlar. Açık ve net sınırları olmayan, ilişkide gereğinden fazla sorumluluk yüklenecek ve bundan şikayetçi olmayacak birine doğru yönlenirler.

Aslında bu mantıklıdır. Yumuşak başlı ve kaçınan insanlar, kendilerine tamirci ararlar. Bu da sürekli "evet" demelerine ve kendi ihtiyaçlarından uzaklaşmalarına yol açar. Tepkisiz denetleyici birinden daha iyi kim olabilir? Tepkisiz denetleyiciler de kendilerini sorumluluktan uzak tutacak birisini arar. Yumuşak başlı ve kaçınan birinden daha iyisi bulunur mu?

Aşağıda, sınırlarla ilgili sorunlara yer veren bir tablo bulunmaktadır. Bu tablo sayesinde, bir bakışta ne tür sorunlarla baş edeceğinizi görebilirsiniz:

SINIR SORUNLARININ ÖZETİ

	DİYEMEZLER	DİYEMEZLER
HAYIR	**Yumuşak başlılar** Suçluluk duyar ve/veya başkaları tarafından kontrol edilirler, sınırlarını belirleyemezler.	**Denetleyiciler** Saldırganca davranarak veya karşısındakini yönlendirerek başkalarının sınırlarını ihlal ederler.
EVET	**Tepkisizler** Sevgi sorumluluğuna karşı sınırlar belirlerler.	**Kaçınanlar** Başkalarından ilgi görmelerini engelleyen sınırlar belirlerler.

İşlevsel ve İlişkisel Sınır Sorunları

Son bir sınır sorunu da işlev ve ilişki alanlarındaki sınırlarla ilgilidir. İşlevsel sınırlar bir kişinin bir görevi veya işi tamamlayabilme yeteneği ile, performans, disiplin, girişimcilik ve planlama ile ilişkilidir. İlişki alanındaki sınırlar ise, ilişkide olduğumuz kişilere gerçekleri söyleyebilme yeteneğimiz ile ilişkilidir.

Pek çok kişinin işlevsel sınırları yeterli iken ilişkilerindeki sınırları zayıftır, yani, oldukça başarılı işler gerçekleştirebilir, ancak bir arkadaşına hoşlanmadığı bir özelliğini söylemeleri gerektiğinde söyleyemezler. Tersi de olabilir. Bazıları başkaları hakkındaki beğenmedikleri konularda tam bir dürüstlük içinde olup, sabah da işe zamanında gitmek üzere yataktan kalkmada başarısız olabilirler!

Değişik kategorilerdeki sınırlara bir göz atmış olduk. Peki, sınırlar nasıl oluşturulur? Neden bazı kişilerin doğal sınırları varken, bazılarının hiç yoktur?

Dördüncü Bölüm

Sınırlar Nasıl Geliştirilir

Jim hayatı boyunca kimseye hayır diyememişti, özellikle de işyerindeki müdürlerine. Büyük bir şirkette bölüm şefliğine kadar yükselmişti. Güvenilir olduğu için herkes ona "Bay İş Bitirici" adıyla hitap ediyordu.

Ancak evde çocukları ona başka bir isim takmışlardı: "Bay Hayalet." Jim hiç evde olmazdı. "Bay İş Bitirici" olmak, geç saatlere kadar ofiste kalıp çalışmak demekti. Haftanın birkaç gecesi iş yemeklerine gitmesi gerekiyordu. Çocuklarını balığa ya da hayvanat bahçesine götürme sözü vermiş olsa da, hafta sonları seyahate çıkmak zorunda kalırdı.

Jim vaktinin çoğunu ev dışında harcamaktan hoşlanmıyordu, ancak kendince bunu haklı görüyor ve şöyle diyordu: Bu benim çocuklara katkım, benim onlara iyi bir yaşam verme yolum. Eşi Alice, "babasız akşam sofralarını" çocuklara (ve kendisine) şöyle diyerek kendince makul göstermekteydi, "Babanız bizi sevdiğini böyle ifade ediyor." Kendisi bile neredeyse buna inanmıştı.

Ancak sonunda Alice'in canına tak etti. Bir gece Jim'i oturma odasındaki kanepeye oturttu ve dedi ki, "Ben kendimi bekar bir anne gibi hissediyorum, Jim. Önceden yokluğunu hissediyordum, ama artık hiçbir şey hissetmiyorum."

Jim gözlerini kaçırdı. "Biliyorum, biliyorum canım," diye yanıtladı. "İnsanlara gerçekten daha çok hayır diyebilmeyi isterdim, fakat bunu yapmak o kadar zor ki."

"Kime hayır diyebildiğini biliyorum," diye sözünü kesti Alice. "Ben ve çocuklar!"

Bu sözler işe yaradı. Jim'in içinde bir şeyler kırıldı – bir acı hissi, bir şey yapamama ve öfke duygusu, suçluluk ve utanç duygusu.

Kelimeler ağzından döküldü. "Ben böyle olmaktan memnun muyum sanıyorsun, hep başkalarına boyun eğmekten? Ailemi ihmal etmekten hoşlanıyor muyum sanıyorsun?" Jim duraksadı, kendisini toplamak için güç harcıyordu. "Tüm yaşamım boyunca bu böyle oldu, Alice. Hep insanları hayal kırıklığına uğratmaktan korktum. Bu yönümden nefret ediyorum. Hayatımdan nefret ediyorum. Bu hale nasıl geldim?"

Jim bu hale *nasıl* gelmişti? Ailesini seviyordu. En son isteği en değerli ilişkilerini ihmal etmekti: Eşi ve çocuklarıyla olan ilişkilerini. Jim'in yaşadığı sorunlar evlendiği gün başlamamıştı. İlk önemli ilişkilerinde sorun yaşamaya başlamış, bu sorunlar kişiliğinin bir parçası haline gelmişti bile.

Sınır oluşturma yeteneği nasıl geliştirilir? Bu bölümde bu konuya değineceğiz. Umarız sınırlarınızın nerelerde parçalanmaya veya kemikleşmeye başladığını ve onları nasıl tamir edebileceğinizi bu bölümde daha iyi anlayacaksınız.

Sınır Oluşturmak

Şu eski deyişi hatırlarsınız, "Delilik kalıtımsaldır. Çocuklarınızdan size geçer." Ancak sınırlar kalıtımsal değildir, sonradan çizilirler. Gerçekleri söyleyen, sorumluluk sahibi, özgür ve sevgi dolu insanlar olmak istiyorsak, sınırları çocukluğumuzdan itibaren öğrenmemiz gerekir. Sınırlar oluşturmak sürekli bir işlemdir, yine de en önemli aşamaları karakterimizin oluşmakta olduğu ilk yıllarda meydana gelir.

Sınırlar birbirinden ayrı, belirli süreçler halinde gelişir. Aslında, bebeklerin anne babalarıyla kurdukları ilk iletişimlere dikkat eden çocuk gelişimi uzmanları, sınır gelişimlerinin belirli evrelerini tespit edebilmişlerdir.

Bağlanma: Sınır Oluşturmanın Temeli

Wendy ne olduğunu hiç anlayamıyordu. Oturmayan bir şeyler vardı. Tüm o dayanışma kitapları. Özgüven CD'leri. Daha mücadeleci biri haline gelebilmek için kendi kendine yaptığı konuşmalar. Yine de annesiyle her konuştuğunda tüm o nasihatler, kendi kendine yardım etme teknikleri yok olup gidiyor, silik ve belirsiz anılar haline geliyordu.

Wendy annesiyle ne zaman çocuklar hakkında konuşsa, annesi Wendy'nin çok da harika olmayan annelik tarzı hakkındaki düşüncelerini dile getirirdi. "Ben senden daha çok annelik yaptım," derdi annesi. "Sen sadece benim dediğimi yap."

Wendy annesinin öğüt vermesinden nefret ediyordu. Yönlendirilmeye açık olmadığından değil – Tanrı biliyor ya, buna ihtiyacı vardı. Sorun şu ki annesi kendi kullandığı yöntemin tek doğru yol olduğunu düşünüyordu. Wendy annesiyle yeni ve değişik bir ilişki kurabilmek istiyordu. Annesinin kontrol etme isteğini, kendisini nazikçe geri çevirmesini ve katı tutumunu dile getirebilmek, bu konuda dürüst olmak istiyordu. Wendy, annesiyle aralarında iki yetişkin gibi bir ilişki olmasını istiyordu.

Ancak kelimeler ağzından dökülmüyordu. Duygularını açıklayan mektuplar yazardı. Telefon etmeden önce prova yapardı. Yine de o an geldiğinde paniğe kapılır ve sesini çıkaramazdı. Annesine karşı uysal ve çocuksu olmayı, ona minnet etmeyi öğrenmişti. Ancak konuşma bittikten sonra, gene azar yediğini ve eleştirildiğini anlar ve kızardı. Aralarındaki ilişkinin değişebileceğine dair inancı tükenmeye başlamıştı.

Wendy'nin sınırlarını geliştirmede yaşadığı sorun, hepimizin öğrenmesi gereken bir konuyu ortaya koymaktadır. Kendi kendinize ne kadar konuşsanız, okusanız ve çalışsanız da, *bunları destekleyecek ilişkileriniz olmadan sınırlar belirleyemez ve onları geliştiremezsiniz*. Sizi ne olursa olsun sevecek kişilerle derin, kalıcı ilişkiler içine girmeden sınır belirlemeye bile kalkışmayın.

En derin ihtiyacımız, ait olma, ilişki içinde olma, ruhsal ve duygusal bir "yuva" sahibi olma ihtiyacıdır. Yaşamın özü başkalarıyla ilişki içinde olmaktır: "Yaşam sevgidir." Sevgi, ilişki demektir – bir bireyin diğerine olan bağlılığıdır.

En temel ihtiyacımız başkalarıyla bağlantı kurmak ve bunu sürdürmektir. İlişkide olmak demek bizden başka bağlanabileceğimiz, güvenebileceğimiz ve destek vermek üzere yaklaşabileceğimiz insanların var olması demektir.

Bizler ilişki yaşamak için yaratılmışız. Ruhun varlığının temeli bağlanmaktır. Bu temel çatladığında veya yanlış atıldığında, sınır oluşturmak olanaksızlaşır. Neden? Çünkü ilişkilerimiz olmadığında, *çelişkiye düştüğümüzde gidebileceğimiz bir yer yoktur*. Sevildiğimizden emin olmazsak, iki kötü seçenekten birini seçmek zorunda kalırız:

1. *Sınırlar belirler ve bir ilişkiyi kaybetmeyi göze alırız.* Wendy'nin korkusu buydu. Annesinin kendisini kabul etmeyeceğinden, soyutlanmaktan ve yalnız kalmaktan korkuyordu. Kendisini güvende hissetmek için annesinin ilişkisine ihtiyaç duyuyordu.

2. *Sınırlar belirlemez ve başkalarının isteklerinin esiri olmayı sürdürürüz.* Annesine karşı sınırlar koyamayan Wendy, onun isteklerinin esiri olmaya devam ediyordu.

O halde çocukların gelişimle ilgili ilk görevleri anne ve babalarıyla bağ kurmaktır. Çocukların dünyada istendiklerini ve güvende olduklarını bilmeleri gerekir. Anne ve babaların bebekleriyle aralarında bağ oluşturabilmeleri için bebeklerine istikrarlı, sıcak, sevecen ve sürprizlerin olmadığı bir ortam yaratmaları gerekmektedir. Bu aşama süresince çocuğun kendisiyle olan bağı sayesinde dünya ile ilişkiye girmesi aşamasında ona sevgi gösterisinde bulunmak anneye düşer (bu genelde annenin işidir, ancak baba veya bakıcı da bu görevi üstlenebilir).

Anne çocuğun ihtiyaçlarına yanıt verdiğinde çocuk ile anne arasında bağlılık meydana gelir, yakın olma, kucaklanma, beslenme ve altının değiştirilmesi gibi. Bu ihtiyaçları karşılandığında ve annesinin bu ihtiyaçlarına olumlu yanıt verdiğini gördüğünde, bebek hep yanında olan şefkat dolu anneyi içselleştirmeye veya içine almaya başlar.

Bu dönemde bebekler, annelerinden ayrı bir kişilik (benlik) olduklarının farkında değildirler. "Annem ve ben aynıyız" diye düşünürler. Bu durum *sembiyoz* olarak adlandırılmaktadır, annenin "yakınında yüzmek" olarak görülebilir. Bu sembiyotik (bağımlı) birliktelik, anneleri yakınlarında olmadığında bebeklerin paniğe kapılmalarına neden olur. Onları annelerinden başka hiç kimse rahatlatamaz.

Çocukların duygusal tablosu, yaşamlarının ilk birkaç ayındaki binlerce deneyimden oluşur. Annenin "orada bulunması" nihai bir hedeftir ve duygusal nesne sabitliği olarak adlandırılır. Nesne sabitliği, çocuğun annesinden uzakta olduğunda bile içsel bir aitlik ve güven duygusuna sahip olmasıdır. Tüm bu sürekli sevgi deneyimleri çocuğun içsel güven duygusu ile sonuçlanır.

Bağlanmak çocuk için bir başlangıçtır. Çocuklar ilk ilişkileriyle kendilerini güvende ve yuvalarında hissetmeyi öğrendikçe, sınır gelişimine bağlı olarak ortaya çıkacak çelişkilere ve ayrılıklara karşı dayanıklı ve sağlam temeller inşa etmeye başlarlar.

Ayrılık ve Bireyselleşme: Bir Ruhun İnşa Edilmesi

"Sanki biri düğmesine bastı," dedi Millie Anne Grubu arkadaşlarına. Anne Grubu, küçük çocukları ve bebekleri olan anneler için etkinlikler düzenledikleri ve birbirleriyle görüşebildikleri bir ortam sağlıyordu. "Hillary ilk doğum gününde da o güne kadar gördüğüm en zor çocuk olmuştu. Bir gün önce ıspanak yemeğini kurt gibi yiyen bebek sanki o değildi. Ertesi gün her şey yerlerdeydi!"

Millie'nin öfkesi, kendisini haklı bulan baş sallamalarla ve gülümsemelerle karşılandı. Tüm anneler aynı fikirdeydi – bebekleri aşağı yukarı aynı zamanlarda kişilik değişimine uğramış gibiydi. O uysal, sevimli çocuklar gitmiş, yerlerine geçimsiz, isteğinin yerine getirilmesi için ağlayıp zırlayan veletler gelmişti.

Neler olmuştu? Herhangi bir çocuk doktoru veya terapisti, yaşamın ilk yılında başlayan ve yaklaşık üç yaşına kadar devam eden bir değişimin varlığını kabul eder. Bu değişim bazen rahatsız edici ve zarar verici olabilir, ancak tamamen doğaldır. Bu, doğanın çocuklar için tasarladıklarının sadece bir bölümüdür.

Bebekler güven ve bağlılık duygusuna sahip olduklarında ikinci ihtiyaçları ortaya çıkar ve bebeğin bağımsızlık isteği belirir. Çocuk uzmanları buna *ayrılma ve bireyselleşme* adını vermektedirler. "Ayrılma" çocuğun kendisiyle anne veya "ben olmayan" arasındaki farkı algılaması anlamına gelmektedir. "Bireyselleşme" ise çocuğun anneden ayrılmaktayken geliştirdiği kişiliği tanımlamaktadır, bir "ben" haline gelme deneyimidir.

"Ben olmayan" anlaşılmadan "ben" gerçekleşemez. Bu durum ağaçlarla ve çalılıklarla örtülü bir arsa üzerine ev inşa etmeye çalışmak gibidir. Önce biraz açık alan elde etmeniz, sonra evinizi inşa etmeye başlamanız gerekir. Gerçek kişiliğinizin kendine özgü yanlarını keşfetmeden önce, kim olmadığınızı belirlemeniz gerekir.

Ayrılma-bireyselleşme süreci, ayrı bir kişiliğe dönüşürken kolaylıkla geçirilen bir evre değildir. Çocuklukta sağlıklı sınırlar geliştirilebilmesi için şu üç evre çok önemlidir: Yumurtadan çıkma, deneyim kazanma ve uzlaşma.

Yumurtadan Çıkma: "Annem ve Ben Aynı Kişi Değiliz"

"Bu hiç de adil değil," diyordu, beş aylık bebeğin annesi. "Dört ay boyunca mutluyduk ve birbirimize çok yakındık. Eric'in çaresiz oluşu ve bana ihtiyaç duyması hoşuma gidiyordu. Bana ihtiyacı vardı ve ben onun için yeterliydim."

"Birdenbire durum değişti. Nasıl anlatılır bilmiyorum ama daha huzursuz, daha hareketli oldu. Kucağımda oturmak istememeye, başkalarına, hatta parlak renkli oyuncaklara bile benden daha çok ilgi duymaya başladı!"

"Sanırım anlıyorum," diye sözlerini bitirdi. "Dört ay boyunca bana ihtiyacı vardı, ama artık yok. Hal böyleyken, bundan sonraki on yedi buçuk yıl boyunca beni terk etmesini bekleyerek annelik etmek zorunda kalacağım!

Evet, bu anne meseleyi pek çok açıdan anlamıştı. Bebekler yaşamlarının ilk beş ile on aylık süreçlerinde önemli bir değişiklik yaşarlar: "Annem ve ben aynı kişiyiz" fikrinden, "Annem ve ben aynı kişi değiliz" fikrine doğru değişen bir süreçtir bu. Bu süre içinde bebekler, anneleriyle olan pasif birlikteliklerinden ayrılmaya, dış dünyaya yönelip ilgi duymaya başlarlar. Dışarıda büyük ve heyecan verici bir dünya olduğunun farkına varır ve bu koşuşturmanın bir parçası olmak isterler!

Çocuk psikolojisi üzerine araştırma yapan uzmanlar bu süreci "yumurtadan çıkma" veya "farklılaşma" olarak adlandırmaktadır. Bu süreç bebeklerin yeni şeylere dokunarak, onları tadarak ve hissederek tanıma ve keşfetme sürecidir. Bu dönemde çocuklar hâlâ anneye ihtiyaç duyar ancak onunla çok yakın değildirler. Beslenmeyle geçen aylar, sonunda meyve vermeye başlamıştır: Çocuk kendisini tehlikeye atabilecek kadar güvende hisseder. Emekleyen bebeklerin yere ne kadar yakın durduklarına dikkat edin. Hiçbir şeyi kaçırmak istemezler. Bu, sınırlarının genişlediğini gösterir – sınırları anneden daha uzağa doğru ilerlemektedir.

"Yumurtadan çıkma" evresindeki bir bebeğin gözlerinin içine bakın. O gözlerde insanın kendisi için yaratılmış muhteşem bir dünyaya doğru açılmış gözlerini göreceksiniz. Keşfetme ve öğrenme isteğini o gözlerde görebilirsiniz.

Bu dönem, yeni anne olanlar için zor bir süreçtir. Bu bölümün başında anlattığımız anne örneğinde olduğu gibi hayal kırıklığı yaşanabilir. Bu, özellikle kendisi asla tam anlamıyla yumurtadan çıkma sürecinden geçmemiş kadınlar için zor bir dönemdir. Onlar bebeklerinden yakınlık, ihtiyaç ve bağımlılıktan başka hiçbir şey beklememektedir. Bu kadınlar genelde çok fazla sayıda çocuk sahibi olur veya çok küçük yaştaki çocuklarla uzun zaman geçirmek isterler ve anneliğin bir parçası olan "ayrılma" evresinden hoşlanmazlar. Kendileriyle bebek arasındaki uzaklığı sevmezler. Anne için acı verici, ancak bebek için gerekli olan bir sınırdır bu.

Deneyim Kazanma: "Her Şeyi Yapabilirim!"

"İyi ama, eğlenmek istemenin neresi kötü? Hayat sıkıcı olmamalı," diye karşı çıktı Derek. Kırklı yaşlarının sonlarında olan Derek üniversite öğrencileri gibi giyinirdi. Yüzü, orta yaşlı bir adama uygun düşmeyecek şekilde pürüzsüzdü ve bronz bir tene sahipti.

Bir şeyler yerinde değildi. Rahiple konuşan Derek, otuz beş ve üstü yaş grubundan, yirmiler ve otuzlar yaş grubuna geçiş hakkında tartışıyordu. "Onlar benim kadar hızlı yaşamıyor. Ben geceleri geç saatlere kadar gezmekten ve sık sık iş değiştirmekten hoşlanıyorum. Bu beni zinde tutuyor, anlarsınız ya?"

Derek'in yaşayış tarzı, hâlâ ayrılma-bireyselleşme döneminin ikinci evresi olan deneme evresinde takılı kalmış birisinin yaşayış biçimine uymaktadır. Genellikle on aylıktan on sekiz aylığa kadar süren bu süreç boyunca bebekler, yürümeyi ve kelimeleri kullanmayı öğrenirler.

Yumurtadan çıkma ve deneyim kazanma arasında büyük bir fark vardır. Oluşum sürecini yaşayan bir bebek, karşısındaki yepyeni dünyadan büyük ölçüde etkilenir ancak annesinden destek almaya devam eder, deneyim sürecindeki çocuk ise annesini geride bırakmaya çalışır. Yeni keşfedilen yürüme yeteneği, her şeyi tek başına yapabilme duygusunu beraberinde getirir. Yeni yürümeye başlayan çocuklar coşkulu ve enerjiktir, dik merdivenlerden aşağı inmek, elektrik prizlerine çatal sokmak ve kedilerin kuyruğu peşinde koşmak da dahil olmak üzere her şeyi denemek isterler.

Derek gibi bu süreçte takılıp kalan kişiler, oldukça eğlenceli olabilirler, ta ki birileri onların gerçekçi olmayan ihtişamlı hayat tarzlarını söndürüp sorumsuzluklarından bahsetmek isteyene kadar. O zaman "oyunbozan" oluverirsiniz. Hâlâ deneyim evresini yaşamakta olan bir "çocuk"la evli olan bir "oyunbozan" ile konuştuğunuzda bu durumu daha iyi anlayabilirsiniz. Hiçbir iş bir "çocuk"la uğraşmaktan daha yorucu olamaz.

Deneyim kazanma evresinde yaşamaya devam eden kişiler asla yakalanmayacaklarını düşünürler. Ancak hayat onları yakalar.

Deneyim safhasındaki çocukların (her şeyin üstesinden gelebileceğine tamamen inanan çocuklar) anne babalarından en çok bekledikleri şey, duydukları sevince karşılık onların da sevinç duymaları, coşkularına karşılık onların da coşku duymaları ve kendilerine güvenip kendi kendilerine deneyim kazanmalarına izin vermeleridir.

İyi anne babalar, yatağın üzerinde zıplayan küçük çocuklarıyla birlikte eğlenirler. Yetersiz anne babalar ise ya çocuklarının zıplamasına izin vermeyerek onların hevesini kırar, ya da hiç sınır belirlemez ve çocukların zıplayarak portakal sularını ya da kahvelerini devirmelerine bile göz yumarlar. (Derek'in anne babası gibi).

Deneyim evresinde çocuklar, saldırgan ve girişken olmanın iyi olduğunu öğrenirler. Bu dönemde çocukları için kesin ve sürekli olarak sınırlar belirleyen, ancak onların hevesini kırmayan anne babalar, onlara geçiş dönemi boyunca yardımcı olurlar.

"Bebeğin ilk adımları"nı betimleyen resimleri gözünüzün önüne getirin. Bu resimlerin bazıları ilk adımların yanlış anlaşıldığını gösterir: Çocuk, kollarını açmış bir şekilde onu bekleyen annesine doğru ilk tereddütlü adımlarını atarken resmedilir. Aslında durum resimdeki gibi değildir. Pek çok anne, "Bebeğimin ilk adımlarını arkasından izledim!" diye anlatır bu olayı. Deneyim evresindeki çocuklar, güven ve sıcaklıktan, heyecan ve keşfe doğru giderler. Fiziksel ve coğrafi sınırlar çocuğa tehlikesizce hareket etmeyi öğretir.

Deneyim kazanma evresi çocuğa bir birey haline gelmesinde son adımı atma dürtüsünü ve gerekli enerjiyi sağlar, ancak bu canlılık ve enerjik hal sonsuza dek süremez, tıpkı otomobillerin devamlı olarak son hızda gidemediği veya atletlerin hızlarını kilometrelerce koruyamadıkları gibi. Deneyim evresindeki çocuklar da bundan sonraki evreye, yani "uzlaşma" aşamasına geçmek zorundadırlar.

Uzlaşma: "Her şeyi Yapamam!"

On sekiz ay ile üç yaş arasında ortaya çıkan uzlaşma evresi, Fransızca'da, "ahenkli ilişkilerin yeniden kurulması" anlamına gelir. Başka bir deyişle çocuk gerçek yaşama geri döner. Kibir ve böbürlenmeyle geçen birkaç ayın sonunda çocuk yavaş yavaş, "Her istediğimi yapamam" fikrine alışır. Çocuk dünyanın korkutucu bir yer olduğunu anlayarak endişelenir ve hâlâ annesine ihtiyaç duyduğunu fark eder.

Uzlaşma evresi çocuğun anneyle yeniden iletişim kurduğu evredir, ancak bu kez durum farklıdır. Bu kez çocuk, anne ile olan ilişkisine anneden bağımsız, ayrı bir kişilik katar. Artık bu ilişkide düşünceleri ve duyguları farklı olan iki kişi vardır. Çocuk, kişilik algısını bırakmadan dış dünya ile ilişki kurmaya hazırdır.

Bu süreç hem çocuklar, hem de anne babalar için zor bir dönemdir. Uzlaşma evresindeki küçük çocuklar itirazcı, sinirli ve kızgın olur, bu halleriyle sürekli diş ağrısı çeken birisini hatırlatırlar.

Şimdi, bu dönemdeki çocukların kendi sınırlarını geliştirmek için kullandıkları araçlara bir göz atalım.

Öfke. Öfke bir arkadaştır. Yüzleşmemiz gereken bir sorun bulunduğunu bize anlatmak üzere bulunmaktadır. Çocuklar için öfke, kendi deneyimlerinin bir başkasınınkinden farklı olduğunu anlama yoludur. Kendisi ile başkalarını ayırt etmede öfkeyi kullanarak sınır oluştururlar. Duydukları öfkeyi doğru olarak ifade edebilen çocuklar, yaşamlarının ileriki dönemlerinde birisinin kendilerini denetlemeye mi, yoksa incitmeye mi çalıştığını ayırt edebilen kişiler haline gelirler.

Sahiplenme. Bazen sadece bir "bencillik" dönemi olarak yanlış anlaşılan uzlaşma evresi, çocuğun kelime haznesine "ben," bana" ve "benim" gibi kelimelerin eklendiği bir dönemdir. Suzy oyuncağını kendisinden başkasının tutmasına izin vermez. Billy misafirliğe gelen yaşıtıyla arabasını paylaşmak istemez. Bazı anne babalar kişilik oluşumundaki bu önemli evreyi kolaylıkla anlamayabilirler. "Ona başkalarını sevmeyi ve paylaşmayı öğretmeye çalışıyoruz, ancak hepimizdeki bencillik maalesef onda da var," derler.

Bu doğru değildir. Çocuğun yeni keşfettiği "benim" kavramına duyduğu düşkünlüğün köklerini içimizdeki benmerkezcilikte bulabiliriz.

"Benim" olmaksızın, bize verilen zamanı, enerjiyi, yetenekleri, değerleri, duyguları, davranışları, parayı ve ikinci bölümde bahsedilen tüm diğer şeyleri geliştirebileceğimiz, besleyeceğimiz ve koruyacağımız bir sorumluluk duygusu da olamaz.

Çocukların *ben*, *benim* ve *bana* sözcüklerinin kötü olmadığını mutlaka öğrenmeleri gerekir. Anne babaların doğru yönlendirmeleriyle onlar da fedakarlık etmeyi ve yardımsever, sevecen bir yürek geliştirmeyi öğreneceklerdir, ancak sevgi vermek için öncelikle yeterince sevgi görmüş bir kişilik geliştirmeleri gerekir.

Tek Kelimelik Sınır: Hayır. Uzlaşma dönemindeki küçük çocuklar, insanların kullandığı en önemli kelimelerden birisi olan "*hayır*" kelimesini sıklıkla kullanırlar. Bu kelime, oluşum evresinde ortaya çıkabilir ve uzlaşım döneminde mükemmel bir hale getirilir. "Hayır," çocukların öğrendiği ilk sözlü sınırdır.

Hayır kelimesi çocuklara istemedikleri şeylerden ayrı kalmayı öğretir. Onlara seçim yapabilme gücü verir. Onları korur. Bir çocuğun "hayır"ıyla başa çıkmayı öğrenmek, o çocuğun gelişimi için çok önemlidir. Çocuklarının bazı yiyeceklere *hayır* demesine kulak asmayan bir anne baba, daha sonraları onun bu gıdalardan birisine karşı alerjisi olduğunu öğrenebilir.

Genellikle bu yaştaki çocuklar, "hayır" bağımlısı olurlar. Sadece sebzeleri ve uyku saatlerini reddetmekle kalmaz, lolipopu ve en sevdikleri oyuncakları bile geri çevirebilirler! Onlar için *hayır'a* sahip olmak, en sevdikleri şeylerden mahrum kalmaya bile değer. Böylelikle, kendilerini tamamen çaresiz ve güçsüz hissetmekten korumuş olurlar.

"Hayır" ile ilgili olarak anne babaların iki görevi bulunmaktadır. Birincisi, çocuklarının kendisini hayır diyebilecek kadar güvende hissetmesini sağlayarak kendi sınırlarını geliştirmesini teşvik etmek. Küçük çocuklar istedikleri her şeyi yapamasalar bile, "hayır" dediklerinde buna uymaları gerekir. Bilgili anne babalar, çocuklarının "hayır"ına direnmeyecek, incinmeyecek veya buna kızmayacaklar, çocuklarının "hayır"ının "evet"i kadar iyi olduğunu hissetmesine yardım edeceklerdir. Hayır diyen bir çocuktan duygusal olarak uzaklaşmayacak, onunla bağlarını sürdüreceklerdir, bebeğin hayırları ile yıpranan anne babaların birbirlerini desteklemeleri gerekir. Bu süreç emek ve gayret gerektirir!

Bir anne baba, kızlarının kendisini her ziyaret ettiğinde öpmeyi ve sarılmayı reddetmesi yüzünden duyguları incinen aile büyüklerinin şikayetiyle karşılaşmıştı. Çocuk bazen teyzesine yakın olmak istiyor, bazen de kendini geride tutarak seyretmeyi tercih ediyordu. Teyzenin şikayetine ise çift, "Casey'nin insanlara sevgi göstermenin bir borç ya da zorunluluk olarak algılamasını istemiyoruz. Kendi yaşamının kontrolünü kendi elinde tutmasını isteriz" şeklinde yanıtlıyordu. Bu anne baba, çocuklarının evet'inin evet, ve hayır'ının da hayır olmasını istemekteydi. Onun hayır diyebilmesini, böylelikle ileride kötüye de hayır diyebilmesini istiyorlardı.

Uzlaşma dönemindeki çocukların anne babalarını bekleyen ikinci görev, çocuğa başkalarının sınırlarına saygı göstermede yardımcı olmaktır. Çocuklar sadece hayır diyebilmekle kalmamalı, başkalarının hayır'ını da yanıt olarak kabullenebilmelidir.

Anne babaların, çocukları ile yaşlarına uygun sınırlar belirlemeleri ve bu sınırları korumaları gerekir. Bu da, oyuncak dükkanının yarısını satın alarak çocuğu susturmak daha az utandırıcı olsa bile, yine de dükkanda geçirilen huysuzluk nöbetlerine teslim olmamak anlamına gelir. Diğer bir deyişle, çocuğun çok geç olmadan sınırları kabullenmeyi öğrenmesine yardımcı olmanız önemlidir.

Sınırlar oluşturmak üç yaşındaki çocuklarda en belirgin halde gözlemlenir. Bu zamana kadar şunları öğrenmiş olmaları gerekir:

1. Duygusal olarak başkalarına bağlanma yeteneğini kazanmak, ancak öz bilincini ve ayrı bir birey olabilme özgürlüğünü yitirmemek.
2. Sevgi kaybetme korkusu olmadan uygun bir dille hayır diyebilmek.
3. Başkalarından gelen hayır yanıtını kabullenebilmek, ancak onlardan duygusal olarak uzaklaşmamak.

Bu maddeleri gören bir arkadaşım, yarı şaka yarı ciddi şöyle dedi: "Bunları üç yaşına kadar mı öğrenmeleri gerekiyor? Sakın kırk üç olmasın?" Evet, bunlar büyük beklentilerdir. Ancak yaşamın ilk yıllarında sınır gelişimi mutlaka oluşmalıdır.

Yaşamın bundan başka iki dönemi daha sınırlar konusunda önem kazanır. İlki, ergenliktir. Ergenlik çağı, yaşamın ilk yıllarının yeniden yasalaşmasıdır. Bu evrede cinsellik, cinsel kimlik, rekabet ve yetişkin kimliği gibi daha olgun konular yer alır. Ancak ne zaman, kime evet ve ne zaman, kime hayır demek gerektiği gibi konular, zihin karıştırıcı olmaya devam eder.

İkinci dönem, genç yetişkinlik dönemidir, çocukların evden veya okuldan ayrılarak bir işe başladıkları, ya da evlendikleri dönem. Genç yetişkinler bu süre içinde yapısal bir kayıp yaşarlar. Ders zili, başkaları tarafından empoze edilen çizelgeler yoktur, ancak oldukça korkutucu, büyük bir özgürlükle, yine büyük bir yakınlık ve bağlılık talebi onları bekler. Bu süreç, doğru sınırlar belirlemeyi öğrenme açısından yoğun bir dönem haline gelebilir.

Çocuk doğru sınırları ne kadar erken öğrenirse, yaşamının ileriki dönemlerinde o kadar az sorun yaşar. Başarılı geçen ilk üç yıl, daha az engellerin olduğu bir ergenlik yaşamasını ve yetişkinliğe daha kolay geçmesini sağlar. Sorunlu bir çocukluk, ergenlikte ailenin gayretli çalışmalarıyla büyük ölçüde telafi edilebilir. Ancak her iki dönemde de ciddi sınır sorunları yaşamak, yetişkinlikte yaralayıcı olabilir.

"Nasıl olması gerektiğini bilmek işime yarıyor," demişti, çocuk gelişimi üzerine bir konuşmaya katılan bir bayan. "Ancak bence asıl yardımcı olacak olan, nelerin yanlış yapılmış olduğunu bilmek." Gelin bundan sonra, sınır gelişimimizde nerelerde yanlış yapıldığına bakalım.

Sınırlar Konusundaki İncinmeler: Nerede Hata Yapıyoruz?

Sınır sorunlarının kökenleri kendi doğamıza ve kişiliğimize kadar uzanmaktadır. Bununla birlikte, en önemli sınır çelişkileri yaşamın en önemli ilk yıllarında ortaya çıkar ve ayrılma-bireyselleşmenin üç evresi olan yumurtadan çıkma, deneyim kazanma ve uzlaşma evrelerinden herhangi birinde veya hepsinde birden meydana gelebilir. Genellikle incinme ne kadar erken yaşta ve ciddi boyutta yaşanırsa, sınır sorunu da o kadar derin olur.

Sınırlardan Çekilme

"Niye oluyor bilmiyorum, ama oluyor işte," diyen İngrid arkadaşı Alice ile kahvesini içerken düşünceye dalmıştı. "Ne zaman annemle farklı fikirlerde olsak, konuştuğumuz konu önemli olmasa bile, artık onun orada olmadığı gibi kötü bir hisse kapılıyorum. Sanki incinmiş, kendisini geri çekmiş ve ben de ona yeniden kavuşamayacakmışım gibi. Sevdiğin birisini kaybettiğini düşünmek gerçekten çok kötü bir duygu."

Dürüst olalım. Hiçbirimiz bize hayır denmesinden hoşlanmayız. Bir başkasından destek, yakınlık veya bağışlanma talep ettiğimizde, bu isteğimizin geri çevrildiğini kabullenmek zordur. Yine de sağlam ilişkiler, itiraz etme ve karşı durmak üzerine kuruludur: "Demirin demiri bilediği gibi, insan da insanı biler."

Sadece sağlam ilişkiler değil, olgunlaşmış karakterler de uygun 'hayır'lar üzerine inşa edilirler. Gelişmekte olan çocuklar, sınırlarının takdir edildiğini bilmeye ihtiyaç duyarlar. *Anlaşmazlıklarının ve deneyim kazanma davranışlarının sevginin onlardan esirgenmesi ile sonuçlanmayacağını bilmeleri son derece önemlidir.*

Bunu lütfen yanlış anlamayınız. Anne babaların belirlediği sınırlar çok önemlidir. Çocukların hangi çizgileri aşmamaları gerektiğini bilmeleri gerekir. Çizmeyi aştıklarında yaşlarına uygun sonuçlarla karşılaşmaları gerekir. (Aslında anne babalar, çocuklarına doğru sınırlar belirleyip bunları korumadıklarında, çocuklar sınırlarla ilgili bir başka çeşit incinme ile karşı karşıya kalırlar, bu konuyu birazdan inceleyeceğiz). Burada bahsettiğimiz, çocuğun iplerini salıvermek değildir. Anne babaların *çocuklarıyla aynı fikirde olmadıkları zamanlarda bile*, onlarla iletişim içinde kalmaları ve ayrılmamaları gerekir. Ancak bu, öfke duymamaları gerektiği anlamına gelmez, sadece kendilerini geri çekmemeleri gerektiği anlamına gelir.

Anne babalar acı, hayal kırıklığı veya pasif öfke duyguları içinde kendilerini geri çektiklerinde, çocuklarına şu mesajı vermektedirler: Doğru davrandığında sevgiyi hak ediyorsun. Doğru davranmadığında sevilmeyi hak etmiyorsun.

Çocuk bu mesajı şu şekilde anlar: *İyi davranırsam, sevilirim. Kötü davranırsam, benden uzaklaşırlar.*

Kendinizi çocuğunuzun yerine koyun. Siz ne yapardınız? Seçim yapmak çok zor değil. İnsanlar başkalarına bağlanma ve onlarla ilişki kurma ihtiyacıyla yaratılmışlardır. Çocuklarından uzaklaşan anne babalar aslında çocuklarına *ruhsal veya duygusal şantaj* uygulamaktadırlar. Çocuk ya farklı fikirleri savunmuyormuş gibi yapar ve ilişkiyi sürdürür, ya da fikir ayrılığına devam eder ve dünyadaki en önemli ilişkisini kaybeder. Çocuk büyük ihtimalle sessiz kalmayı seçecektir.

Çocuklar sınırlarını belirlemeye başladıklarında anne babaları kendilerini çekerse, uyumlu, sevecen ve hassas yönlerini öne çıkarmayı ve geliştirmeyi öğrenirler. Aynı zamanda saldırgan, doğrucu ve aykırı taraflarından korkmayı, kişiliklerinin bu yönlerine güvenmemeyi, hatta nefret etmeyi öğrenirler. Eğer öfkelendiklerinde veya geçimsiz davrandıklarında sevdikleri bir kişi onlardan uzaklaşırsa, çocuklar bu yönlerini saklamayı öğrenirler.

Çocuklarına, "Öfkelendiğin zaman beni üzüyorsun," diyen anne babalar, çocuğu kendi sağlıklarından sorumlu kılmakta, hatta bazen iki ya da üç yaşındaki çocuklarının anne babalık görevini yerine getirmelerini beklemiş olmaktadır. "Öfkelendiğini biliyorum, ancak yine de o oyuncağı alamazsın," demek bile bundan çok çok daha iyidir. Sonra da üzüntünüzü ve duygularınızı eşinizle veya bir arkadaşınızla paylaşabilirsiniz.

Çocuklar doğal olarak, kendi güçlerinin her şeye yettiğini düşünürler. Güneşin onlar iyi davrandığı için parladığı, onlar yaramazlık yaptığı için yağmur yağdığı bir dünyada yaşarlar. Çocuklar zaman içinde kendi ihtiyaçlarından başka ihtiyaçların ve olayların da önemli olduğunu öğrendikçe güçlerinin her şeye yeteceği duygusundan vazgeçerler. Ancak ilk yaşlarda hissedilen bu duygu sınır incinmelerini doğrudan etkiler. Çocuklar anne babalarının kendilerini çektiğini hissettiklerinde, kendilerini onların duygularından sorumlu bulurlar. Gücünün her şeye yetmesi bu anlama gelir: "Ben, anne ve babamın kendilerini geriye çekmelerini sağlayacak güce sahibim. Dikkatli davransam iyi olur."

Anne baba hafifçe kendini geri çekebilir: Üzüntülü bir ses tonu. Uzun süren nedensiz sessizlik. Veya bu davranışı açıktan açığa belli edebilirler: Ağlama nöbetleri, hastalanma, bağırma. Böyle davranışlar içindeki anne babaların çocukları büyüdüklerinde sınırlarının soyutlanmalarına ve terk edilmelerine yol açacağından çok korkan yetişkinlere dönüşürler.

Sınırlara Karşı Düşmanlık Hissetme

Larry, "Neden hayır diyemediğimi anlıyor muyum?" derken gülüyordu. "Biraz daha zor bir soru sorar mısın? Ben askeriyede büyüdüm. Babamın ağzından çıkan her şey kanundu. Ve fikir ayrılığı da her zaman isyan olarak görülürdü. Onunla sadece bir kez çatıştım, o da dokuz yaşındayken. Tek hatırladığım, müthiş bir baş ağrısı ve incinmişlik duygusuyla odanın diğer ucunda uyanmam."

İkinci sınır incinmesi ilkinden daha kolay fark edilir, bu incinme ebeveynin sınırlara karşı olan düşmanca tavırlarıdır. Ebeveyn, çocuğun kendisinden ayrılma girişimlerine kızar. Sınırlara karşı olan düşmanlığı, öfkeli sözler, fiziksel cezalandırma veya uygun olmayan sonuçlar halinde ortaya çıkabilir.

Bazı anne babalar çocuklarına, "Dediğimi yapacaksın," derler. Bu adil olabilir. Çocuklardan anne babaları sorumludur. Ancak sonra da "bunu yapmaktan hoşlanacaksın," derler. Bu bir çocuğu çıldırtır, çünkü bu sözler, çocuğun ayrı bir birey olduğunu inkar etmek anlamına gelir. "Çocuğu sevmeye zorlamak," "insanları memnun edici" hale getirmeye çalışmaktır.

Bazı anne babalar çocuklarının sınırlarını eleştirirler:

"Benimle aynı fikirde olmazsan, ben de..."

"Ya benim dediğimi yaparsın, ya da…"

"Annene soru sorma."

"Bu tavrının değişmesi gerekiyor."

"Neden kendini kötü hissedecekmişsin?"

Çocukların ebeveynlerinin otorite ve kontrolünde olmaları gerekir, ancak anne babalar çocuklarını bağımsız olmaya başladıkları için cezalandırırlarsa, kalpleri kırılan ve gücenen çocuklar kendilerini geri çekerler.

Disiplin, davranışların sonuçlarını kullanarak çocuklara kendilerini denetlemeyi öğretme sanatıdır. Sorumsuz davranışlar rahatsız olmamıza neden olarak bizleri daha sorumlu olmaya teşvik etmelidir.

"Ya benim istediğim olur, ya da..." yaklaşımı çocuklara en azından ebeveynlerinin işitebileceği mesafedeyken boyun eğermiş gibi yapmayı öğretir. "Seçme hakkın var," yaklaşımı ise çocuklara kendi davranışlarından sorumlu olmayı öğretir. Ebeveyn, "Ya yatağını toplarsın, ya da bir ay cezalısın," demek yerine, "Seçim senin: Yatağını düzeltirsen, bilgisayarda oynamana izin veririm, yatağını düzeltmezsen, bugünlük oyun oynayamazsın," demelidir. Çocuk, kendisine söylenenleri yerine getirmeyerek ne kadar acı çekeceğine kendisi karar verir.

Anne babalar çocuklarının fikir ayrılıklarını, inatçılıklarını veya basit düşmanlık denemelerini hoş karşıladıklarında, çocuklar eğitilmenin yararlarından mahrum bırakılmış olurlar, mutluluğu ertelemenin ve sorumluluk duymanın yararları olduğunu öğrenemezler. Sadece, birisinin vereceği cezadan nasıl uzak kalabileceklerini öğrenirler.

Bu düşmanlığın sonuçlarını görmek zordur, çünkü bu çocuklar bir gülümsemenin altına saklanıp uysalmış gibi davranmayı hemen öğreniverirler. Bu çocuklar büyüdüklerinde depresyon, endişe, ilişki sorunları, uyuşturucu veya alkol bağımlılığı gibi sorunlar çekerler. Sınırları zedelenmiş pek çok kişi hayatlarında ilk defa bir sorunları olduğunun farkına varır.

Hem hayır derken, hem de hayırı kabul ederken düşmanlık göstermek bazı sorunlar yaratabilir. Kimi çocuklar uysallıkla boyun eğerken, bazıları açıkça tepki gösterir ve denetleyen kimseler haline gelirler – tıpkı düşman ebeveynleri gibi.

Aşırı Denetim

Aşırı denetim, aslında sevecen olan anne babaların çok katı kurallar ve sınırlar belirleyerek çocuklarını hata yapmaktan korumaya çalışmalarıyla ortaya çıkar. Örneğin, çocuklarını incinmekten veya kötü alışkanlıklar edinmekten korumak için diğer çocuklarla oynamasını engelleyebilirler. Çocuklarının soğuk almasından o kadar endişe duyarlar ki, hava bulutluyken çizme giydirebilirler.

Aşırı denetimle ilgili sorun şudur: İyi bir anne babanın temel sorumluluğu çocuklarını denetlemek ve korumaktır, ancak çocuklarının hata yapmalarına da izin vermeleri gerekir. Aşırı denetlenen çocuklar başkalarına bağımlı olma, insanların arasına karışmada sorunlar yaşama ve sağlam sınırlar belirlemede ve bunları korumada zorluk çekme eğiliminde olurlar. Aynı zamanda risk alma ve yaratıcı olmada da sorunlar yaşarlar.

Sınırların Olmayışı

Eileen içini çekti. Kocası Bruce, haftada iki kez olduğu gibi öfkeden kudurmuştu, ne zaman "topu elinden kaçırsa" böyle oluyordu. Bu sefer, Billings'lerle dışarı çıkacakları bir gece için yeniden program yapmak zorunda kaldığı için bağırıyordu. Eileen akşamüstü dörtten önce çocuk bakıcısını aramayı unutmuştu.

Bruce'un böylesine ufak şeylere neden bu kadar sinirlendiğini bir türlü anlayamıyordu. Belki de bir tatile ihtiyacı vardı, *evet aynen öyle*! Eileen neşelendi. *Bir tatile ihtiyacımız var*! Daha bir ay önce tatil yaptıklarını unutuvermişti.

Eileen'in anne ve babası çok sevecen ancak *fazla* hoşgörülü insanlardı. Kızlarını hiçbir şeye zorlamaya dayanamadıkları gibi, aralarına mesafe koyarak veya sonuçlarla yüz yüze bırakarak disiplin etmeye de dayanamazlardı. Onlara göre kızlarını sevgi ve hoşgörüye boğarak istedikleri gibi bir yetişkin olmasını sağlayabilirlerdi.

Bu yüzden, örneğin Eileen kendi dağınıklığını toplamazsa, annesi onun yerine yapardı. Arabalarıyla üç kez kaza yaptığında, babası ona ayrı bir araba satın almıştı. Hesabındaki paradan daha fazlasını harcadığında ise, anne ve babası sessizce ek bir miktar para yatırırlardı. *Sonuçta sevmek sabırlı olmaktır, değil mi ya?* derlerdi.

Eileen'in anne babasının ona karşı olan sınırlarındaki eksiklikler, onun karakter gelişimine zarar vermişti. Sevecen bir eş, bir anne ve çalışkan bir kadın olduğu halde, disiplinsiz ve dikkatsiz yaşam tarzı başkalarını sürekli olarak sinirlendiriyordu. Onunla ilişki içinde olanlar bunun bedelini ödüyordu. Yine de o kadar sevimli biriydi ki çoğu arkadaşı, onunla yüzleşerek duygularını incitmekten kaçınıyordu. Böylelikle sorun bir türlü çözüme kavuşamıyordu.

Anne babanın sınırlardan yoksun olması, düşmanlığın tam tersidir. Oysa uygun bir şekilde disiplin altına almak, Eileen'in karakterini geliştirmesinde gereken ortamı sağlayabilirdi.

Bazen anne babadaki sınır eksikliği bağlantı eksikliği ile birleştiğinde, saldırgan ve denetleyici bir kişiliğin ortaya çıkmasına yol açabilir. Hepimiz bir süpermarkette karşılaştığımız dört yaşındaki bir çocuğun, annesini tamamen kontrolü altına aldığını görmüşüzdür. Anne, huysuzluk nöbetinden vazgeçmesi için oğluna yalvarır, rica eder, onu tehdit eder. Sonunda, aklına başka yol gelmez ve oğlunun uğruna çığlıklar attığı şekerleri alır. "Ama bu son," der, biraz denetim için mücadele ederken. Fakat o vakte gelindiğinde denetim hayal olmuştur.

Şimdi bu dört yaşındaki çocuğun büyüdüğünü, kırk yaşında bir adam olduğunu düşünün. Senaryo değişmiştir, ancak metin aynıdır. Kızgın olduğunda veya birisi ona sınırlama getirdiğinde, aynı huysuzluk nöbeti patlak verir. O zamana kadar geçen otuz altı yıl boyunca tüm dünya ona hizmet etmiştir. Bu kişiye yardımcı olacak bir iyileşme programının kuvvetli ve son derece tutarlı olması gerekmektedir. İyileşme bazen hastanede kalma, bazen boşanma, bazen hapsedilme ve bazen de hastalanma şeklinde olur. Ancak kimse yaşamın verdiği eğitimden gerçek anlamda kurtulamaz. O her zaman galip gelir. Bizler her zaman ektiğimizi biçeriz. Ve disiplin yaşamımıza ne kadar geç girerse, tablo o kadar hüzünlü olur, çünkü bedeli de o kadar ağır olacaktır.

Elbette ki burada başkalarının sınırlarını ve/veya ihtiyaçlarını dinlemekte güçlük çeken birisini tarif ediyoruz. Bu kişiler, sınırların olmayışı yüzünden, en az aşırı sınırlar yüzünden incinmiş kişiler kadar incinirler.

Tutarsız Sınırlar

Bazen kimi anne babalar, çocuk yetiştirme konusunda kafalarının karışık olması veya kendi incinmişlikleri yüzünden çok sıkı ve çok gevşek sınırları birleştirerek çocuklarına birbiriyle çelişen mesajlar verirler. Çocuklar ailenin ve yaşamın kurallarını bilmezler.

Alkolik anne babalar sıklıkla tutarsız sınırlar belirlerler. Bir ebeveyn, bir gün son derece sevecen ve nazik olabilirken, ertesi gün gereksiz yere öfkeli ve sert davranabilir. Bu durum en çok alkol bağımlılığından kaynaklanan davranış değişiklikleri için böyledir.

Alkolizm çocuğun sınırlarla ilgili olarak kafasının büyük ölçüde karışmasına neden olur. Alkoliklerin yetişkin çocukları ilişkilerinde kendilerini asla güvende hissetmezler. Daima karşılarındaki insanın onlara beklenmedik biçimde saldırmasını veya onları terk etmesini beklerler. Sürekli kendilerini savunmaya hazır beklerler.

Alkoliklerin yetişkin çocukları için sınırlar belirlemek travmatik olabilir. Hayır demek saygı da getirebilir, öfke de. Bu kişiler nelerden sorumlu oldukları ve olmadıkları konusunda emin değildirler.

Travma

Şimdiye kadar aile içi ilişkilerin özelliklerinden bahsettik. Kendini geri çekme, düşmanlık ve uygun olmayan sınırlar belirleme, anne babanın çocuklarına karşı olan davranış biçimlerinden bazılarıdır. Bu davranışlar zaman içinde çocuğun ruhuna işler.

Ayrıca, belirli travmalar da sınır oluşumuna zarar verebilir. Travma, bir karakter özelliğinden çok, yoğun acı veren duygusal bir deneyimdir. Duygusal, fiziksel ve cinsel istismar travmatik deneyimlerdir. Kazalar ve güçsüz düşüren hastalıklar travmatiktir. Bir ebeveynin ölümü gibi ciddi kayıplar, anne babanın boşanması veya maddi açıdan zor durumda kalmak travmatik deneyimlerdir.

Kendini geri çekme ve düşmanlık gibi karakterle ilgili kalıplar ile travma arasındaki farkları görebilmek için ormandaki bir ağacın nasıl zarar gördüğüne bakabiliriz. Topraktaki kötü maddeler yüzünden yetersiz besleniyor olabilir, çok fazla veya çok az su alıyor ya da az ya da aşırı güneş görüyor olabilir. Karakter kalıplarıyla ilgili sorunlar ormandaki bir ağacın muzdarip olduğu bu sorunlara benzer. Travma ise, ağaca çarpan bir yıldırım gibidir.

Travma, çocukların büyümesine etki eden iki gerekli temeli sarstığı için sınır gelişimini etkileyebilir:

1. Dünya oldukça güvenli bir yerdir.
2. Yaşamları kendi denetimleri altındadır.

Travmaya uğrayan çocuklar bu temellerin sarsıldığını hissederler. Dünyada güvende oldukları ve korundukları konusunda artık pek emin değillerdir ve onlara yaklaşacak herhangi bir tehlikeyi dile getiremeyeceklerinden korkmaya başlarlar.

Jerry hem annesi, hem babası tarafından yıllarca istismar edilmişti. Evinden erken ayrılmış, Donanma'ya katılmış ve birden fazla yanlış evlilik yapmıştı. Otuzlu yaşlarında tedavi görürken, o sert görünümünün altında gerçekte neden hep denetleyici kadınlar aradığını anlamaya başladı. Onu "idare edebilecekleri" gerçeğine çılgınca aşık olurdu. Sonra kadına boyun eğmeye başlar ve hep kaybeden taraf olurdu.

Bir gün seans sırasında ufak bir hatası nedeniyle annesinin, suratının ortasına bir tokat attığını anımsadı. "Lütfen anne, özür dilerim. Ne istersen yaparım. Anne, lütfen," diyerek çaresizce kendini korumaya çalıştığını çok iyi anımsıyordu. Sorgulamadan boyun eğmeye söz verirse, annesi dayak atmayı bırakıyordu. Bu anı, eşlerine ve kız arkadaşlarına karşı güç ve öz denetim eksikliğiyle bağdaşıyordu. Karşısındaki kadınların öfkesi onu her zaman dehşete düşürür ve ne söylerlerse hemen boyun eğiyordu. Jerry'nin sınır gelişimi annesinin istismarlarıyla ciddi biçimde zarar görmüştü.

Ailedeki travma kurbanları neredeyse her zaman, karakterle ilgili yetersiz veya kötü kalıplar görmüş kişilerdir. Sınırlarımızdan geri çekilmek ve sınırlarımıza karşı düşmanca davranmak, travmanın kaynaklandığı yerlerdir.

Kendi Karakteristik Özelliklerimiz

Şimdiye kadar hiç birisinin, "doğduğundan beri" böyle olduğunu söylediğini duydunuz mu? Belki her zaman aktif ve gerektiğinde yüzleşen biri oldunuz, her zaman yeni ufuklar keşfettiniz. Belki de "ezelden beri" sessiz ve düşüncelisiniz.

Kendi karakteristik özelliklerimiz sınırlarla ilgili sorunlarımızı şekillendirir. Örneğin, mizaç itibariyle başkalarına kıyasla daha saldırgan olan kişiler, sınırlarla ilgili sorunları ele almada daha yüzleşici olurlar. Ve daha az saldırgan olan kimseler sınırlardan daha çok çekinebilirler.

Beşinci Bölüm

Sınırların On Kuralı

Bir an için, farklı kuralların olduğu bir başka gezegende yaşadığınızı hayal edin. Farz edin ki gezegeninizde yer çekimi yok, para gibi bir takas aracı da bulunmuyor. Enerjinizi ve yakıtınızı yeme-içme yerine ozmos yoluyla elde ediyorsunuz. Birdenbire, hiçbir uyarı olmadan kendinizi Dünya denen bir gezegene yollanmış buluyorsunuz.

Seyahatinizin sonunda uyandığınızda, uzay aracınızdan dışarı adım atıyor ve sertçe yere düşüyorsunuz. "Ahh!" diyorsunuz, ancak, neden düştüğünüzü tam olarak anlayamıyorsunuz. Kendinizi toparladığınızda biraz etrafı dolaşmak istiyorsunuz, ne var ki, yerçekimi denen bu yeni olay yüzünden uçamıyorsunuz. O yüzden yürümeye başlıyorsunuz.

Bir süre sonra, garip bir şekilde acıkıp susadığınızı fark ediyorsunuz. Neden böyle olduğunu merak ediyorsunuz. Geldiğiniz yerde galaksi sistemi, bedeninizi otomatik olarak yeniliyordu. Ancak şanslısınız, neyse ki sorununuzun ne olduğunu anlayan ve size besin ihtiyacınız olduğunu söyleyen bir dünyalıyla karşılaşıyorsunuz. Bundan da iyisi o size, yemek yiyebileceğiniz bir yer de tavsiye ediyor: Jack'in Restoranı.

Yol tarifini takip ediyor, restorana giriyor ve ihtiyacınız olan tüm besinleri sağlayacak Dünya yemeklerinden sipariş etmeyi başarıyorsunuz. Hemen kendinizi daha iyi hissediyorsunuz. Fakat sonra yemeği getiren adam, yemeğin karşılığı olarak, "yedi dolar" istiyor. Neden bahsettiğini anlayamıyorsunuz. Bir süre tartıştıktan sonra, üniformalı adamlar gelip sizi götürüyor ve parmaklıklı ufak bir odaya sokuyorlar. *Neler oluyor böyle*, diye merak ediyorsunuz.

Kimseye zarar vermek istemediniz, ama yine de "hapishane" denen bu yerdesiniz, o ne demekse. Artık istediğiniz gibi hareket edemiyor ve bu durumdan nefret ediyorsunuz. Sadece kendi işinizle ilgilenmek istiyordunuz, ama şimdi uzun süre yürümekten ötürü bacaklarınız ağrıyor, yorgun düştünüz ve çok yemekten de mideniz ağrıyor. Dünya, çok iyiymiş doğrusu.

Bu anlatım size her ne kadar abartılı gelse de, işlevsellikten uzak veya sınırların uygulanmadığı ailelerde yetişen çocuklar, başka bir gezegenden gelen bu adamınkine benzer deneyimler yaşamışlardır. Kendilerini, onlara daha önce hiç anlatılmamış soyut ilkelerin ilişkilerine ve mutluluklarına egemen olduğu bir yetişkinler dünyasına nakledilmiş bulurlar. Acı çeker, açlık duyar ve sonunda hapse girebilirler, ancak gerçekliğe karşı değil de onunla uyumlu olarak hareket etmelerini sağlayabilecek ilkelerden asla haberdar olmazlar. Böylelikle, kendi bilgisizliklerinin tutsağı olurlar.

Dünya, kurallar ve ilkeler üzerine kuruludur. Soyut gerçekler de yerçekimi kadar gerçektir, onları bilmiyorsanız bile, etkilerini keşfedeceksiniz demektir. Yaşamın ve ilişkilerin bu gerçekleri bize öğretilmemişse bu, bu kuralların hüküm sürmeyeceği anlamına gelmez.

Yaşama işlenmiş ilkeleri bilmeli ve onlara uygun biçimde davranmalıyız. Aşağıdaki on sınır kuralını öğrenerek yaşamı farklı açılardan deneyimlemeye başlayabilirsiniz.

1. Kural: Ektiğini Biçme Kuralı

Etki-tepki kuralı, yaşamın temel kurallarından biridir. Ne ekersen onu biçersin. Sigara içerseniz muhtemelen öksürük nöbetlerinizi tutar, akciğer kanserine bile yakalanabilirsiniz. Aşırı para harcarsanız bankanızdan uyarı alır, hatta yiyecek almaya paranız olmadığı için açlık çekebilirsiniz. Diğer yandan, eğer iyi beslenir ve düzenli egzersiz yaparsanız, muhtemelen grip olma olasılığınız azalır. Bütçenizi akıllıca yaparsanız hem faturalarınızı ödeyebilir, hem de manava verecek paranız kalır.

Ancak bazen insanlar ektiklerini biçmezler, çünkü bir başkası ortaya çıkarak onların yerine ürünlerini toplayıverir. Her borçlandığınızda veya kredi kartı harcamalarınızın limitini geçtiğinizde anneniz borcunuzu karşılayacak parayı gönderse, savurganlığınızın sonuçlarını siz göğüslemiş olmazsınız. Anneniz sizi doğal sonuçlardan, bankaların kovalamasından veya aç kalmaktan korumuştur.

Bu örnekte görüldüğü gibi Ektiğini Biçme Kuralı, dışarıdan müdahaleye uğrayabilir. Ve genellikle bu müdahalelerde bulunanlar, sınırları olmayan kişilerdir. Tıpkı masadan yuvarlanmakta olan bir bardağı yakalamakla yerçekimine karşı koyabildiğimiz gibi, insanlar da olayların içine girerek ve sorumluluğunu bilmeyen kişileri kurtararak, Etki-Tepki Kuralı'nı kesintiye uğratabilirler. Bir insanı kendi davranışının doğal sonuçlarından kurtarırsanız, sorumsuz davranışlarını sürdürmesine yol açarsınız. Ektiğini Biçme Kuralı ortadan kalkmış olmaz, hâlâ geçerlidir; ancak, sonuçlarına katlanmak zorunda kalan yanlış hareketi yapan değil, bir başkasıdır.

Bugün, sürekli bir başkasını kurtaran kişiyi ilişki bağımlısı olarak adlandırmaktayız. Gerçekte sınırları bulunmayan ilişki bağımlısı kişiler, sorumsuz kişilerin yaşamındaki "ikinci imza"dırlar. Sonunda fiziksel, duygusal ve ruhsal faturaları ödemek onlara kalır ve öbür tarafın savurganlığı, hiçbir sonuca neden olmaksızın devam eder; çünkü kişi sevilmeye, pohpohlanmaya ve hoş tutulmaya devam eder.

Sınırlar oluşturmak bağımlı kişilerin sevdiklerinin yaşamındaki Ektiğini Biçme Kuralı'nı engellemelerini durdurmaya yardımcı olur. Sınırlar, eken kişiyi biçmeye zorlar.

Sorumluluğunu kabullenmeyen kişiyle sadece yüzleşmek, yeterli değildir. Benimle rahatsızlıklarını paylaşan kişiler sık sık, "Ama ben Jack'in yüzüne vuruyorum. Ona davranışı hakkında düşündüklerimi ve değişmesi gerektiğini pek çok kez söyledim," derler. Gerçekte bu kişi sadece, konuyu Jack'in başına kakmaktadır. Davranışı kendisine hiçbir rahatsızlık vermediği için Jack, değişmesi gerektiğini düşünmemektedir. Sorumluluğunu kabullenmeyen bir kişiyle yüzleşmek onun için sıkıntı verici bir durum değildir, ancak sonuçlar rahatsızlık verebilir.

Bağımlı kişiler sorumluluğunu inkar eden kişilerle yüzleştiklerinde, kendilerine hakaret ve acı getirirler. Oysa sadece başkasının yaşamındaki ekme ve biçme kuralına karışmaktan vazgeçmeleri gerekmektedir.

2. Kural: Sorumluluk Kuralı

İnsanlar kendi yaşamlarıyla ilgili olarak, sınırlar veya kendi hayatlarının sorumluluğunu üstlenme konularında konuşulduğunu duyduklarında çoğunlukla, "Bu çok benmerkezci. Birbirimizi sevmeli ve kendimizi esirgemeliyiz," derler. Ya da gerçekten benmerkezci ve bencil olurlar, veya birisine bir iyilik yaptıklarında, kendilerini "suçlu" hissederler. Bunlar sorumluluk konusuna yanlış açılardan bakmanın getirdiği sonuçlardır.

Sorumluluk Kuralı başkalarını sevmeyi kapsar. Başkalarını sevmediğinizde, kendiniz için tam sorumluluk almamış olursunuz çünkü kendi yüreğinize sahip çıkmamışsınız demektir.

Sorumluluk sınırları karıştırıldığında sorunlar doğar. Birbirimizi sevmemiz gerekir, birbirimiz olmamız değil. Ben sizin duygularınızı sizin yerinize hissedemem. Ben sizin yerinize düşünemem. Ben sizin yerinize davranamam. Sınırların getirdiği kısıtlamalarla ortaya çıkan hayal kırıklıklarınızı ben yenemem. Kısacası, ben sizin yerinize büyüyemem, bunu sadece siz yapabilirsiniz. Aynı şekilde siz de benim yerime büyüyemezsiniz. Siz, kendinizden sorumlusunuz. Ben, kendimden sorumluyum.

Size nasıl davranılmasını istiyorsanız, siz de karşınızdakine öyle davranın. Eğer kötü durumdaysak, çaresizsek, tabii ki bize yardım edilmesini, bazı şeylerin verilmesini isteriz. "Kime karşı" sorumlu olduğumuzun çok önemli bir yönü de budur.

Birisine "karşı" sorumlu olmanın bir başka yönü sadece verici olmak ve yardım etmek değil, zarar verici ve sorumsuz davranışlarına da sınırlar belirlemektir. Bir başkasını kendi davranışlarının sonucundan korumak ve kurtarmak doğru değildir, çünkü bu tarz davranışların tek sonucu, ileride tekrar aynı şeyi yapmak zorunda kalmanızdır.

3. Kural: Güç Kuralı

Sınırlarını geliştirmek isteyen ve bu konuda çalışmalarda bulunan insanlar kendilerine şu soruyu sorarlar: Ben, davranışlarım üzerinde etkili olamıyor muyum? Olamıyorsam, davranışlarımın sorumluluğunu nasıl üzerime alabilirim? Neleri yapmaya gücüm var?

Öncelikle, güçsüz olduğunuzu kabullenmeniz gerekmektedir. Alkolikler içki karşısında güçsüz kaldıklarını itiraf ederler, onlar özdenetimin meyvesini elde edememişlerdir. Bu bağımlılıkları onları güçsüzleştirmiştir.

Diğer yandan, sınırlarınız neler üzerinde güç sahibi olmadığınızı belirler: Yani *sınırlarınızın dışındaki her şeyi!* Yalnızca kendinizi değiştirebilirsiniz, havayı, geçmişinizi, ekonomiyi, özellikle de başkalarını değiştiremezsiniz. *Siz diğer kişileri değiştiremezsiniz.* Pek çok insan, hastalıklardan daha çok başkalarını değiştirmeye çalışmaktan ıstırap çeker, çünkü bunu gerçekleştirmek imkansızdır.

Yapabileceğiniz şey ise, *başkalarını etkilemektir.* Ancak bunun bir zorluğu vardır. Başkalarını değiştiremeyeceğiniz için, kendinizi değiştirmeli, böylelikle başkalarının yıkıcı davranışlarının sizi etkilemesini engellemelisiniz. Bu kimselerle başa çıkma tarzınızı değiştirin, eski davranışlarının işe yaramadığını gördüklerinde değişmek isteyeceklerdir.

Başkalarına aldırmamaya başladığınızda ortaya çıkan bir diğer sonuç ise, sizin gitgide daha sağlıklı olmanızdır, başkaları bu halinizi kıskanabilir ve sizin gibi olmak isteyebilirler.

Bir şey daha. Size ait olan ve olmayan şeyleri bilmeye ihtiyacınız var. Değiştirebileceğiniz şeyler ile değiştiremeyeceğiniz şeyleri ayırt edebilme gücüne ve bilgisine sahip olmalısınız.

4. Kural: Saygı Kuralı

İnsanlar sınırlara ilişkin sorunlarını dile getirdiklerinde, sık tekrarlanan bir kelime vardır: Onlar. "Hayır dersem onlar bunu kabul etmez." "Sınırlar ortaya koyarsam onlar kızar." "Gerçekte neler hissettiğimi söylersem, onlar benimle bir hafta konuşmaz."

Başkalarının sınırlarımıza saygı göstermeyeceğinden korkarız.

Başkaları üzerinde odaklanır, kendimiz hakkındaki netliği kaybederiz. Bazen sorun, başkalarının sınırlarını yargılamamızdır. Şöyle şeyler söyler veya düşünürüz:

- "Gelip beni almayı nasıl reddedebildi? Yolunun üstü! 'Kendine vakit' ayırmak istiyorsa bunu başka zaman da yapabilir."
- "Yemeğe gelmemesi çok bencilce. Sonuçta hepimiz özveride bulunuyoruz."
- "Ne demek, 'hayır'? Bu paraya sadece kısa bir süre için ihtiyacım var."
- "Öyle görünüyor ki, senin için tüm yaptıklarımdan sonra, sen de bana en azından böyle ufak bir yardımda bulunabilirsin."

Başkalarının sınırlarla ilgili kararlarını yargılar, onların neleri nasıl vermeleri gerektiğini en iyi bizim bildiğimizi düşünürüz. Bu genellikle "o bana istediğim şeyleri benim istediğim şekilde vermeli!" anlamına gelir.

Ama şunu unutmayalım ki, ne kadar yargılarsak, o kadar yargılanırız. Başkalarının sınırlarını yargıladığımızda, kendi sınırlarımız da aynı yargılamaya tabi olur. Başkalarının sınırlarını kınarsak, onların da bizimkileri kınalamaları doğaldır. Bu içimizde bir korku çemberi oluşturur ve sonuç olarak belirlememiz gereken sınırları belirlemekten çekiniriz. Önce boyun eğer, sonra bundan hoşnutsuzluk duyarız ve "vermek"ten doğan "sevgi" tat vermemeye başlar.

İşte bu noktada Saygı Kuralı devreye girer. "Başkalarının sana yapmalarını istediğin şeyi sen onlara yap." Başkalarının sınırlarına saygı göstermemiz gerekir. Kendi sınırlarımıza saygı talep edebilmek için biz de başkalarının sınırlarını sevmeliyiz. Onların bizim sınırlarımıza karşı nasıl davranmalarını istiyorsak, bizim de onların sınırlarına o şekilde davranmamız gerekir.

Eğer bize hayır diyen kişileri sever ve onlara saygı gösterirsek, onlar da bizim "hayır"larımızı sevecek ve onlara saygı göstereceklerdir. Bağımsızlık, bağımsızlık getirir. Eğer bilgelik yolunda yürüyorsak, insanlara kendi seçimlerini yapmaları için özgürlük tanımalıyız.

Başkaları ile ilgili olarak öncelikle üzerinde durmamız gereken konu, "Onlar benim yapacağım veya benim istediğim şeyi mi yapıyorlar?" değil, "Gerçekten de özgürce seçimde bulunuyorlar mı?" olmalıdır. Başkalarının özgürlüğünü kabullendiğimizde, bize karşı sınırlar belirledikleri zaman onlara öfkelenmeyiz, kendimizi suçlu hissetmeyiz veya sevgimizi onlardan esirgemeyiz. Başkalarının özgürlüğünü kabullendiğimizde, kendi özgürlüğümüz hakkında kendimizi daha iyi hissederiz.

5. Kural: Motivasyon Kuralı

Stan'in aklı karışmıştı. Vermenin almaktan daha yüce olduğunu okumuş ve bunu çevresinde de duymuş, ancak doğru olmadığını fark etmişti. Sıklıkla "tüm o yaptıkları" için insanlardan yeteri kadar beğeni almadığını düşünüyordu. Keşke insanlar sarf ettiği zaman ve enerjiyi daha çok takdir etselerdi. Buna karşın ne zaman birisi ondan bir şey istese yapardı. Bunun sevgi olduğunu düşünüyor ve sevecen bir kişi olmak istiyordu.

Sonunda yorgunluk, yerini depresyona bıraktığında beni görmeye geldi.

Konunun ne olduğunu sorduğumda Stan, "fazla sevecen" olduğunu söyledi.

"Nasıl 'fazla sevecen' olabilirsin?" diye sordum. "Hiç böyle bir şey duymadım."

"Çok kolay," dedi Stan. "İnsanlara, vermem gerekenin çok üstünde şeyler veriyorum, onlar için çok şey yapıyorum. Bu da beni yoruyor ve depresyona sokuyor."

"Neler yaptığını pek bilemiyorum," dedim, "ancak, bunun sevgi olmadığı kesin. Gerçek sevgi insanlara mutluluk getirir, depresyona sürüklemez. Eğer sevmek seni depresyona sokuyorsa, o zaman bu büyük olasılıkla sevgi değil."

"Bunu nasıl söyleyebilirsiniz anlamıyorum. Herkes için o kadar çok şey yapıyorum ki. Veriyorum, veriyorum ve veriyorum. Benim sevecen olmadığımı nasıl söyleyebilirsiniz?"

"Bunu hareketlerinin sonuçlarına bakarak söylüyorum. Kendini mutlu hissetmen gerekir, üzgün değil. Bana insanlar için yaptığın şeyleri biraz anlatsana."

Birlikte biraz daha zaman geçirdikçe Stan, kendi "yaptıkları" ve özverilerinin pek çoğunun sevgiden değil, korkudan kaynaklandığını öğrendi. Stan yaşamının erken bir döneminde, isteklerini yerine getirmediğinde annesinin sevgisini ondan çektiğini öğrenmişti. Sonuç olarak, Stan istemese de insanlara vermeyi öğrenmişti. Vermesindeki itici güç sevgi değil, insanların sevgisini kaybetme korkusuydu.

Stan aynı zamanda diğer insanların öfkesinden de korkuyordu. Küçükken babası ona sık sık bağırdığı için, öfke gösterilerinden korkmayı öğrenmişti. Bu korku onu, başkalarına hayır demekten alıkoyuyordu. Benmerkezci kişiler, başkaları onlara hayır dediğinde genellikle öfkelenirler.

Stan, sevgi kaybetmekten ve başkalarının ona kızmasından korktuğu için evet diyordu. Şu sahte eğilimler ve diğerleri, bizi sınırlar belirlemekten alıkoyar:

1. *Sevgiyi kaybetme veya terk edilme korkusu.* Evet diyen ve sonra evet dediği için rahatsız olan insanlar, başkalarının

sevgisini kaybetmekten korkarlar. Bu, kendini adayan insanlarda yoğun olarak görülen eğilimdir. Sevgi görmek için verir, bunu alamayınca da kendilerini terk edilmiş hissederler.

2. *Başkalarının öfkesinden korkmak.* Eski incinmiş duygular ve zayıf sınırlar yüzünden bazı insanlar, hiç kimsenin kendilerine kızmasına tahammül edemez.
3. *Yalnız kalma korkusu.* Bazı insanlar, sevgi "kazanacaklarını" ve yalnızlıklarının sona ereceğini düşünerek başkalarına boyun eğerler.
4. *İçimizdeki "iyi insanı" kaybetme korkusu.* Bizler sevmek için yaratıldık. Bundan dolayı sevmediğimizde acı çekeriz. Pek çok kişi, "Seni seviyorum ve bunu yapmanı istemiyorum," diyemez. Bu tarz bir cümle onlar için anlam taşımaz. Onlar sevmenin, her zaman evet demek anlamına geldiğini düşünürler.
5. *Suçluluk duygusu.* Pek çok kişi için vermek eyleminin nedeni suçluluk duygusudur. İçlerindeki bu duyguyu yenebilmek ve kendileri hakkında iyi şeyler hissedebilmek için yeteri kadar iyilik yapmaya çalışırlar. Hayır dediklerinde kendilerini kötü hissederler. Bu nedenle sürekli olarak bir iyilik duygusu edinmeye çalışırlar.
6. *Geri ödeme.* Pek çok kişi aldıkları şeylere eklenmiş bir de suçluluk mesajı bulur. Örneğin anne babalar şöyle söyler, "Ben hiç senin kadar iyisine sahip olmadım." "Tüm bunlar için utanç duymalısın." Kendilerine verilenlerin tümünü ödemek için kendilerini yükümlülük altında hissederler.
7. *Onaylanma.* Pek çok kişi kendisini hâlâ çocukmuş ve anne babasının onayını beklermiş gibi hisseder. Bu nedenle de birisi onlardan bir şey istediğinde, onu yerine getirmeleri ve böylelikle bu sembolik ebeveyni "mutlu etmeleri" gerekir.

8. *Kendini başkalarının kayıplarıyla gereğinden fazla özdeşleştirme.* İnsanlar pek çok kez, kendi düş kırıklıkları ve kayıplarıyla zamanında yeteri kadar ilgilenmemiştir, bu nedenle bir başkasını "hayır" diyerek yoksun bıraktıklarında, onun üzüntüsünü sonuna kadar "hissederler". Birisini bu denli kırmaya tahammülleri olmadığı için isteklerine boyun eğerler.

Önemli olan şey şudur: Bizler, özgürlüğe çağrıldık ve bu özgürlük şükranla, coşkun bir yürekle ve başkalarına karşı sevgi ile sonuçlanmaktadır. İnsanlara cömertçe vermenin büyük ödülü vardır. Vermek gerçekten de almaktan daha kutsaldır. Eğer verme eyleminiz sizi mutluluk ve neşeye götürmüyorsa, Motivasyon Kuralı'nı incelemeniz gerekir.

Motivasyon Kuralı şunu söylemektedir: Önce özgür ol, sonra hizmet et. Eğer korkunuzdan kurtulmak için hizmet ederseniz, başarısızlığa mahkum olursunuz.

6. Kural: Değerlendirme Kuralı

"Ama ben ona bunu yapmak istediğimi söylesem, kırılmaz mı?" diye sordu Jason. Ortağının yetersiz kaldığı işlerin sorumluluğunu üstlenmek istediğini söylediğinde, Jason'ı onunla görüşmeye teşvik ettim.

"Tabii kırılabilir," dedim, sorusuna yanıt olarak. "Peki, sorunun nedir?"

"Ben onu incitmek istemiyorum," dedi Jason, bana bunu bilmem gerektiğini düşünürcesine bakarak.

"Onu incitmek istemediğinden eminim," dedim. "Ama bunun, alman gereken kararla ne ilgisi var?"

"Onun duygularını göz önünde bulundurmadan bir karar veremem. Bu kabalık olur."

"Seninle aynı fikirdeyim. Bu kabalık olur. Ama ona ne zaman söyleyeceksin?"

"Bunu söylemenin onu inciteceğini ve kabalık olacağını şimdi siz kendiniz söylediniz," dedi Jason, şaşırmıştı.

"Hayır, ben söylemedim," diye yanıtladım. "Ben, bunu duygularını düşünmeksizin söylemenin kabalık olacağını söyledim. Bu, yapman gerekeni yapmamaktan çok farklı."

"Ben hiçbir fark görmüyorum. Bu yine onu kırar."

"Ancak bu ona zarar vermez, fark burada. Eğer bir işe yarayacaksa, kırılsa bile bunun ona faydası dokunur."

"Şimdi iyice aklım karıştı. Onu incitmenin, ona nasıl bir yararı olabilir ki?"

"Sen hiç diş doktoruna gittin mi?" diye sordum. "Tabii."

"Diş doktoru çürüğü tedavi etmek için dişini oyduğunda canını yakmadı mı?"

"Evet."

"Sana zarar verdi mi?"

"Hayır, kendimi daha iyi hissetmemi sağladı."

"*İncitmek* ve *zarar vermek* farklı şeylerdir," dedim. "Dişinin çürümesine yol açan şekeri yerken canın yanmış mıydı?"

"Hayır, tadı güzeldi," dedi, anlamaya başladığını gösteren bir gülümseme ile.

"Sana zarar verdi mi?"

"Evet."

"İşte demek istediğim bu. Bazı şeyler canımızı yakar, ancak bize zarar vermez. Hatta bunlar bizim için iyi bile olabilir. Ve hoşumuza giden şeyler de bizim için son derece zararlı olabilir."

Sınırlar belirlemenin etkilerini değerlendirmeli ve karşınızdakine karşı sorumlu olmalısınız, ancak bu, karşınızdaki kişi acı çektiğinde veya öfkeyle yanıt verdiğinde sınırlar belirlemekten vazgeçmeniz gerektiği anlamına gelmez. Sınırlara sahip olmak, – bu durumda Jason'ın ortağına hayır demesi – amacı olan bir yaşam sürmektir.

Bazı kimseler bunu "dar kapı" olarak adlandırmaktadır. "Yıkıma açılan geniş kapıdan" geçmek ve ihtiyaç duyduğumuzda sınırlar oluşturmamayı sürdürmek her zaman daha kolaydır, ancak sonuç hep aynıdır: Yıkım. Sadece amaç sahibi yaşamları olan dürüst insanlar olumlu sonuçlara doğru ilerlerler. Sınırlar oluşturmaya karar vermek zordur, çünkü karar almayı ve insanlarla yüzleşmeyi gerektirir, bunlar da sonuç olarak sevdiğiniz birisinin acı çekmesine yol açabilir.

Seçimlerimizin yol açtığı acıyı değerlendirmemiz ve kendimizi karşımızdaki insanın yerine koymamız gerekir. Örneğin Sandy'yi ele alalım. Sandy, yılbaşı tatilinde eve giderek ailesiyle birlikte olmak yerine arkadaşlarıyla kayağa gitmeyi tercih etti. Annesi üzülmüş ve hayal kırıklığına uğramıştı ancak hiçbir zarar görmemişti. Sandy'nin kararı üzüntü yaratmıştı, ancak annesinin duyduğu üzüntü, Sandy'nin kararını değiştirmesine yol açmamalıydı. Annesinin duygularına karşı anlayışlı bir yanıt verilebilir ve "Anneciğim, ben de bir arada olmayacağımız için üzgünüm. Yazın eve gelmeyi iple çekiyorum," denilebilir.

Sandy'nin annesi kızının seçim yapma özgürlüğüne saygı duyuyorsa, şuna benzer bir şey söyler: "Yılbaşında eve gelmemen beni çok üzdü, ancak umarım hepiniz çok iyi bir tatil geçirirsiniz." Böylelikle kendi üzüntüsünü sahiplenmiş ve Sandy'nin zamanını arkadaşlarıyla geçirme seçimine saygı göstermiş olur.

Başkalarının hoşlanmadıkları seçimlerde bulunarak onların acı çekmesine neden olabiliriz, ancak haksız olduklarında onlarla yüzleşerek de acı çekmelerine neden olabiliriz. Ancak, öfkemizi bir başkasıyla paylaşmazsak, kırgınlık ve nefret hissedebiliriz. İncinmişliğimiz konusunda birbirimize karşı dürüst olmalıyız.

Demirin demiri bilediği gibi, bilenmek ve büyümek için başkalarıyla yüzleşmeye ve gerçekleri duymaya ihtiyaç duyarız. Kimse kendisi hakkında olumsuz şeyler duymaktan hoşlanmaz. Ancak uzun vadede bu bizim iyiliğimize olabilir. Akıllıysak bundan alınacak dersler bulabiliriz. Bir arkadaşımızın uyarısı acı verse bile, bize yardımcı olabilir.

Yüzleşmenin başkalarına getireceği acıyı değerlendirmemiz gerekir. Bu acının başkalarına nasıl bir yardım sağladığını ve bazen de hem onlar hem de ilişkilerimiz için yapabileceğimiz en iyi şeyin bu olduğunu görmemiz gerekir. Acıyı olumlu bir ışık altında değerlendirmeliyiz.

7. Kural: İlerlemecilik Kuralı

Her etkiye karşılık olarak, o etkiye eş büyüklükte ve zıt yönde bir tepki meydana gelir.

Çoğumuz, yıllarca pasif davranıp boyun eğen bir insan olduktan sonra, birden patlamaya hazır bir bomba haline dönüşen kişiler tanırız ve neden böyle olduğunu merak ederiz. Bunun görüştükleri danışman veya birlikte oldukları arkadaşları yüzünden meydana gelmiş olabileceğini düşünür, suçu onlara yıkarız.

Gerçekte, bu kişiler yıllarca boyun eğmiştir ve sonunda hapsedilmiş öfkeleri patlamıştır. Sınır yaratmadaki bu tepkisel dönem, özellikle kurbanları için son derece yararlıdır. Fiziksel veya cinsel istismar yoluyla veya duygusal şantaj ve manipülasyonla zorla içinde bulundukları kurban konumundan çıkma ihtiyacı hissederler. Onların serbest kalışlarını kutlamamız gerekir.

Peki ama bu süreç ne zaman yeterlidir, ne zaman aşırıya kaçar? Sınırlar oluşturmada tepki evreleri *gereklidir* ancak *yeterli değildir*. İki yaşındaki çocuğun annesine bezelye atabilmesi çok önemlidir, ancak bu davranışı kırk üç yaşına kadar sürdürürse aşırıya kaçmış olur. İstismar gören kurbanlarının kendilerini güçsüz hissederek öfke ve nefret duymaları önemlidir, ancak "kurban hakları" konusunda ömrünün geri kalan kısmında bağırmak, bir "kurban zihniyeti" içine sıkışıp kalmak demektir.

Duygusal anlamdaki tepkisel tutumların getirileri zaman içinde azalır. Kendi sınırlarınızı bulmak için tepkide bulunmalısınız, ancak onları bulduktan sonra bağımsızlığınızı kullanarak doğası kötü olanın içinize girmesine izin vermemelisiniz. Nihayetinde, tepki göstermiş olduğunuz insanlara yeniden katılmalı ve eşit bireyler olarak onlarla ilişkiler kurmalısınız.

Tepkisel sınırları kaldırıp, *ilerlemeci* sınırları oluşturmak bu şekilde başlar. Bu noktada elde ettiğiniz özgürlüğü severek, tadını çıkararak ve karşınızdakine hizmet ederek kullanabilirsiniz. İlerlemeci kişiler neyi sevdiklerini, neyi istediklerini, neyi hedeflediklerini ve hangi nedenden ötürü orada bulunduklarını size gösterirler. Bu kişiler nefret ettikleri, hoşlanmadıkları, karşısında oldukları ve yapmayacakları şeylerle tanınan kişilerden son derece farklılardır.

Tepkisel kurbanların öncelikle neyin "karşısında" oldukları bilinirken, ilerlemeci kişiler hak talep etmez, çünkü onlar haklarını *yaşarlar*. Güç talep ettiğiniz veya hak ettiğiniz bir şey değil, ifade ettiğiniz bir şeydir. Gücün ifade edilmesi sevgi ile olur, bu gücü ifade etmeme ancak onu kısıtlama yeteneğidir. İlerlemeci kimseler, başkalarını de kendileri gibi sevebilen kişilerdir. Birbirlerine karşılıklı olarak saygı duyarlar. "Kötülüğe karşı kötülük" yerine sevgi verebilirler. İlerlemecilik kuralının tepkisel tutumunu geride bırakmış, tepki vermek yerine sevmeye başlamış kişilerdir.

Tepkisel sürecinizi ve duygularınızı sahiplenmeden özgürlüğe ulaşmaya çalışmayın. Bunu davranışlarınızla dışa vurmanız gerekmez, ancak duygularınızı ifade etmeniz gerekir. Pratik yapabilir ve haklarını savunan bir kişi haline gelebilirsiniz. Mülkünüzün daha fazla saldırıya uğramasına karşı sizi istismar eden kişilerden olabildiğince uzaklaşmanız gerekebilir. Ancak o zaman ruhunuzda bulduğunuz hazineleri sahiplenebilirsiniz.

Ancak, orada kalmayın. Ruhsal erişkinliğin "kendini bulma"dan daha yüksek hedefleri vardır. Tepkisel süreç bir evredir, kimlik değil. Gereklidir, ancak yeterli değildir.

8. Kural: Kıskanma Kuralı

Kıskanmanın sınırlarla ne gibi bir ilişkisi olabilir? Kıskanma büyük olasılıkla sahip olduğumuz en temel duygudur. Gıpta etme "iyi" olanı, "benim sahip olmadığım" şeklinde tanımlar ve kendi sahip olduğu "iyi"den nefret eder. Başkalarının başarılarını göz ardı ederek kenara koyan, ancak onların edindiği güzellikleri sahiplerinden bir şekilde çalan kişileri kim bilir kaç kere duymuşsunuzdur. Hepimizin kişiliğinde kıskanan bir taraf vardır. Ancak bu tarafın bize zarar verici yönü, istediğimizi elde edemeyeceğimizi garanti etmesi ve bizi devamlı olarak açgözlü ve doyumsuz yapmasıdır.

Bu, sahip olmadığımız şeyleri elde etmek istememizin yanlış olduğu anlamına gelmez. Yüreğimizdeki istekler bize doğanın bir armağanıdır. Kıskanma ile ilgili sorun, bu duygunun bizim sınırlarımızın dışına çıkıp diğer kişiler üzerine odaklanmasıdır. Eğer başkalarının sahip oldukları veya başardıkları üzerinde odaklanıyorsak, kendi sorumluluklarımızı ihmal ederiz ve sonunda boş bir yüreğe sahip oluruz.

Kıskanma, kendi kendisini yenileyen bir çemberdir. Sınırları olmayan kişiler kendilerini tatmin olmamış ve boş hissederler. Bir başkasının tatmin olmuşluk duygusuna bakar ve gıpta ederler. Bu zaman ve enerjinin eksikliklerini gidermek üzere sorumluluk almak ve bu konuda bir şeyler yapmak için harcanması gerekir. Yapılabilecek tek şey harekete geçmektir. Kıskandığımız şeyler, yalnızca başarılar ve sahip olunan şeyler değildir. Bize verilmiş olan yetenekleri geliştirmek yerine bir başkasının karakterini ve kişiliğini de kıskanabiliriz.

Şu durumlara bir göz atalım:

Yalnızlık çeken birisi, başkalarının sahip olduğu yakın ilişkilerden soyutlanmış ve onlara gıpta eder şekilde durur.

Bekar bir kadın sosyal yaşamdan kendisini çeker, arkadaşlarının evliliklerine ve ailelerine gıpta eder.

Orta yaşlı bir kadın, kendisini işine hapsolmuş hisseder ve ona zevk verecek bir şey yapmak ister, ancak bunu gerçekleştirememesi için her zaman "evet, ama..." gibi bir sebebi vardır, ve "ardından gidebilenler"e karşı öfke ve kıskançlık duyar.

Bir insan erdemli bir yaşam sürdürmeyi seçer, ancak "tüm zevki paylaşanlar"a karşı kıskançlık ve öfke duyar.

Bu insanların tümü, kendi davranışlarını yadsımakta ve kendilerini başkalarıyla kıyaslamakta, hapsolmuşluklarını ve öfkelerini korumaktadırlar. Bu cümlelerle, aşağıdakilerin arasındaki farklara dikkat ediniz:

Yalnızlık çeken bir kimsenin başkalarıyla ilişkisi yoktur ve kendi kendine, "Acaba neden hep kendimi insanlardan çekiyorum. Bu konuda en azından bir danışmana gidip konuşabilirim. Sosyal ortamlarda bulunmaktan korksam bile yardım isteyebilirim. Hiç kimse bu şekilde yaşamamalı. Evet, arayacağım," der.

Bekar kadın sorar, "Acaba neden hiç kimse beni bir yere davet etmiyor veya benim davetlerimi kabul etmiyor? Benim yaptıklarımda, iletişim kurma biçimimde veya insanlarla birlikte olmak için gittiğim yerlerde yanlış olan nedir? Nasıl daha ilgi çekici bir insan olabilirim? Belki bir terapi grubuna girerek, bunun nedenlerini bulabilir veya bir arkadaş bulma servisinden yararlanarak benim gibi zevkleri olan insanlarla tanışabilirim."

Orta yaşlı kadın kendisine sorar, "Neden ilgi duyduğum konuların üzerine düşmekte isteksizim? Neden işimi bırakıp zevk alacağım bir şey yapmak istediğimde kendimi bencil hissediyorum? Neden korkuyorum? Eğer gerçekten dürüst olsaydım, istediklerini yapan kişilerin risk alan ve bazen de işlerini değiştirebilmek için bir yandan okula gidip, bir yandan da çalışan insanlar olduğunu görürdüm. Belki de bu benim yapmak isteyeceklerimden daha fazla."

Bu insanlar, başkalarına gıpta etme yerine kendilerini sorgulamaktadırlar. Gıpta etmeniz sizin için daima bir şeylerin eksik olduğunu hissettiğinizi gösterir. O anda, nelerden nefret ettiğinizi, neye sahip olmadığınızı ve her neyi kıskanıyorsanız, ona neden sahip olmadığınızı ve bunu gerçekten isteyip istemediğinizi düşünün.

9. Kural: Aktif Olma Kuralı

İnsanlar hem tepki veren, hem de öncülük edip eylemleri başlatan, girişimci canlılardır. Genellikle gerektiği kadar girişimci olmayıp, kendimizi hayata itmediğimiz için sınırlarla ilgili sorunlar yaşarız. Davet edildiğimizde katılırız *ve* kendimizi hayatın tam içine atmış oluruz.

En sağlıklı sınırlar, çocuğun doğal bir şekilde dünyaya karşı durması ve dış dünyanın kendi sınırlarını ortaya koyması ile oluşur.

Böylelikle saldırgan çocuk ruhunu bastırmadan kendi sınırlarını öğrenir. Ruhsal ve duygusal sağlığımız işte bu ruhu kaybetmememize bağlıdır.

Başarıya ulaşanlar, aktif olup haklarını savunan kimselerdir. *Onlar hareketi başlatmışlar, zorlamışlar, itmişlerdir.* Sonunda kaybedenler pasif davranıp hareketsiz kalanlardır.

Pasif davranan pek çok kişinin kötü niyetli veya kötü kişilikli kimseler olmaması üzücüdür. Ancak kötülük aktif bir kuvvettir ve pasif davranmak ile kötülüklere karşı durulamayacağından, böyle davranarak kötülükler ile işbirliği içine girmiş oluruz. Pasif olmak hiçbir zaman fayda getirmez. Doğa emeğimizin karşılığını verir, ancak kendi başımıza yapmamız gerekenleri asla bizim yerimize yapmaz. Böylesi bizim sınırlarımızın ihlal edilmesi demek olur. İnsanların arayan, aktif, yaşamın kapısını çalan ve kendi haklarını savunan kişiler olması gerekir.

Kötü olan denemek ve başarısız olmak değil, denemeyi başaramamaktır. Denemek, başarısız olmak ve yeniden denemek, öğrenmektir. Denemeyi başaramamak ise iyi sonuçlar vermez, bu kötülüğün zafer elde ettiği anlamına gelir.

Bir yavru kuş yumurtadan çıkmadan hemen önce onun yerine yumurtanın kabuğunu kırarsanız, kuşun öleceğini söylerler. Kuş, yumurtadan dış dünyaya kendi kuvvetini kullanarak çıkmalıdır. Bu mücadeleci "çözüm" kuşu güçlendirir ve dış dünyada hayatta kalmasını sağlar. Bu sorumluluk kuştan alınırsa, hayvan ölür.

İnsanlar da böyle yaratılmışlardır. Eğer biri bizi "yumurtadan çıkarırsa," yani bizim yerimize işlerimizi yaparsa ve sınırlarımızı ihlal ederse hayatta kalamayız. Pasif bir tutum içine girip kendimizi geriye çekmemeliyiz. Sınırlarımız yalnızca etkin ve mücadeleci olmamızla yaratılabilir, kendi vuruşlarımızla, arayışlarımızla ve taleplerimizle.

10. Kural: Maruz Kalma Kuralı

Sınır bir mülkiyet çizgisidir. Nerede başlayıp nerede bittiğinizi tanımlar. Şu ana kadar neden böyle bir çizgiye ihtiyacınız olduğundan bahsettik. Bu nedenlerin en başta geleni şudur: Sizler boşlukta bulunmuyorsunuz, başka insanlarla ilişki halindeyken varsınız. Sınırlarınız başkalarıyla ilgili olarak sizi tanımlar.

Tüm sınırlar kavramı, bizlerin ilişkilerimizle var olduğumuz gerçeği ile ilgilidir. Bu nedenle sınırlar ilişkilerle ve son olarak da sevgi ile ilgilidir. Bundan dolayı Maruz Kalma Kuralı son derece önemlidir.

Maruz Kalma Kuralı, sınırlarınızın başkaları tarafından görülebilmesi ve onlara ilişkiler aracılığıyla iletilmesi gerektiğini söyler. İlişkilerimiz hakkındaki korkularımız nedeniyle sınırlar konusunda pek çok sorun yaşarız. Suçluluk, sevilmeme, sevgi kaybı, bağlantı kaybı, onay eksikliği, öfkeye hedef olma, tanınma ve benzeri korkularla kuşatılmış durumdayız. Bu ilişki sorunları yalnızca ilişkiler içinde çözülebilir, çünkü ilişkilerimiz sorunların ve manevi varoluşun kaynağıdır.

Bu korkular nedeniyle gizli sınırlar edinmeye çalışırız. Sevdiğimiz birine dürüstçe hayır demek yerine, pasif davranır ve sessizce kendimizi çekeriz. Karşımızdaki kişi bizi incittiği için kendisine öfke duyduğumuzu söylemek yerine, gizlice kızgınlık duyarız. Bir başkasının sorumsuzluğunun getirdiği acıyı çoğu kez tek başımıza göğüsler, onların bu hareketinin bizi ve sevenleri nasıl etkilediğini kendilerine söylemeyiz, oysa bu onların ruhu için yararlı olacak bir bilgidir.

Başka durumlarda, bir kadın, yirmi yıl boyunca kocasıyla uyum içindeymiş gibi davranarak, ondan duygu veya düşüncelerini saklayabilir, sonra da birden bire bir boşanma davası açarak sınırlarını "ifade edebilir." Veya anne babalar yıllar boyu, sınırlar belirlemeden, kendilerinden ödün vererek ve boyun eğerek çocuklarını "sever" ve bu gösterdikleri sevgi için kırgınlık hissederler. Çocuklar sevildiklerini asla hissetmeden büyür, çünkü dürüstlükten yoksun bırakılmışlardır ve anne babaları da şaşkındır: "Tüm yaptıklarımıza karşın."

Bu anlatılan durumlarda ilişkiler, ifade edilmemiş sınırlar nedeniyle hasar görmüştür. Sınırlarla ilgili olarak unutmamamız gereken en önemli noktalardan biri de, onları başkalarına iletsek de iletmesek de sınırların var olduğu ve bizleri etkileyeceğidir. Uzaydan gelen yaratığın Dünya'daki kuralları bilmediği için sıkıntı çekmesi gibi, bizler de sınırlarımızla ilgili gerçekleri ifade etmediğimiz zaman acı çekeriz. Sınırlarımızı ifade etmezsek ve doğrudan açığa vurmazsak, sınırlarımız dolaylı olarak veya yönlendirmeyle iletilir.

Altıncı Bölüm

Sınırlarla İlgili Yanlış İnanışlar

Yanlış inanışlar, gerçek gibi görünen ancak gerçek olmayan düşünceler veya kanılardır. Bazen o kadar gerçeğe yakın gelir ki, insanlar bunlara sorgulamaksızın inanırlar. Bu yanlış inanışlardan bazıları ailelerimizden kaynaklanmaktadır. Bazıları da kendi yanlış anlamalarımızdan kaynaklanır. Kaynağı ne olursa olsun, aşağıdaki "gerçek gibi görünen ama gerçek olmayan" düşünceleri inceleyelim:

1. Yanlış İnanış: Kendime Sınırlar Belirlersem Bencillik Etmiş Olurum

"Şimdi, bir dakika," dedi Teresa, başını sallayarak. "Bana ihtiyacı olan insanlara karşı nasıl olur da sınır belirlerim? Bu bencillik olmaz mı?"

Teresa, insanların sınırlarını belirleme konusundaki yaygın önyargılarından birini dile getiriyordu: Derinlere yerleşmiş olan benmerkezci olma endişesi, sadece kendi sorunlarıyla ilgilenip başkalarının sorunlarıyla ilgilenmeme korkusu.

İnsanları sevmemiz gerekir ve başkalarının da iyiliği ile ilgilenmemiz gerektiği kesinlikle doğrudur.

O halde sınırlar başkalarıyla ilgilenmemizi önleyip, bizleri benmerkezciliğe döndürmez mi? Hayır. *Aslında uygun sınırlar koyduğunuzda, başkalarına ilgi gösterme yeteneğinizi artırırsınız.* Son derece gelişmiş sınırlara sahip olan kişiler, dünyada başkalarını en çok düşünen kişilerdir. Peki bu nasıl gerçek olabilir?

Öncelikle *bencillik* ve *idarecilik* arasındaki farkı ortaya koyalım. Bencillik, başkalarını sevme sorumluluğumuzu unutarak kendi arzu ve isteklerimize saplanıp kalmamızdır. İstek ve arzularımızı sağlıklı hedefler ve sorumlulukla paralel olarak yürütmemiz gerekmektedir.

Örneğin, *ihtiyaç duyduğumuz* şeyi *aslında istemiyor olabiliriz.* Bay Duyarsız çok kötü bir dinleyicidir ve bu konuda yardıma ihtiyacı vardır, ancak yardım almak istemiyor olabilir. İhtiyaçlarımızın karşılanması, tüm isteklerimizin yerine getirilmesinden daha önemlidir.

İhtiyaçlarımız Kendi Sorumluluğumuzdadır

Kendi ihtiyaçlarımızı karşılamak *bizim* işimizdir. Pasif bir şekilde davranarak başkalarının bize bakmalarını bekleyemeyiz.

Bu durum pek çoğumuzun alışık olduğundan oldukça farklı bir tablo çizmektedir. Bazı insanlar kendi ihtiyaçlarının kötü ve bencil olduğunu düşünür, çok fazla şey istediklerini sanırlar. Halbuki buradaki tablo oldukça nettir: Yaşamımız kendi sorumluluğumuzdadır.

İdarecilik

Yaşamlarımızın bizlere verilmiş birer armağan olduğunu bilmek de sınırlarımızı belirlemeyi anlamada yardımcı olacaktır. Tıpkı bir mağaza müdürünün mağaza sahibi adına o mağazaya göz kulak olması gibi biz de ruhlarımıza göz kulak olmalıyız. Sınırların olmayışı yüzünden yönetim aksarsa, mağaza sahibi bu duruma kızmakta haklıdır.

Kendi yaşamımızı, yeteneklerimizi, duygu – düşüncelerimizi ve davranışlarımızı geliştirmek zorundayız. Bize zararı dokunacak kişi ve davranışlara hayır dediğimizde ruhumuzu korumuş oluruz. Gördüğünüz gibi, bencillikle yöneticilik arasında oldukça büyük bir fark bulunmaktadır.

2. Yanlış İnanış: Sınırlar İtaatsizliğin İşaretidir

Çok sayıda kişi, sınırlarını belirlemenin ve bunları sürdürmenin başkaldırı veya itaatsizlik olarak görüleceğinden korkar. Aslına bakarsanız, gerçek oldukça farklıdır: *Çoğu zaman sınırların olmayışı itaatsizliğin göstergesidir.* Sağlam sınırları olmayan kişiler genellikle dışarıdan uyumlu gibi görünür, ancak içlerinde başkaldırı ve öfke taşırlar. Hayır diyebilmek ister, fakat bundan çekinirler. Bu nedenle korkularını, Barry'nin yaptığı gibi gönülsüz bir "evet"le örterler.

Barry tam otomobiline varmıştı ki Ken arkasından yetişti. *İşte başladık,* diye düşündü Barry. *Belki hâlâ kurtulma şansım vardır.*

"Barry!" diye seslendi Ken. "Seni yakaladığım iyi oldu!"

Bekarlar grubu yöneticisi Ken, kendisini etkinliklere adamış birisiydi, ancak herkesin toplantılarına gelmek istemediği gerçeğini bilmezden geliyordu.

"Söyle bakalım, seni hangi çalışma grubuna koyayım, Barry?"

Barry ümitsizce kendi kendine düşündü. *Şöyle desem, "Hiçbiri ilgimi çekmiyor. Beni aramana gerek yok, ben seni ararım." Ama Barry bekarlar grubunun yetkilisi. Gruptaki diğer üyelerle ilişkilerimi tehlikeye sokabilir. Acaba bu grupların en kısa süreni hangisi?*

"Atölye grubu?" diye tahminde bulundu Barry. Yanılıyordu.

"Harika! Bundan sonraki on sekiz ay boyunca birlikte olacağız! Pazartesi görüşürüz." Ken zaferli bir tavırla uzaklaştı.

Gelin az önce ne olduğuna bir bakalım. Barry Ken'e hayır demekten kaçındı. İlk bakışta uysallıktan yana bir seçim yapmış gibi görünüyor. Kendisini bir atölye grubuna dahil etti. Bu iyi bir şey, değil mi? Kesinlikle.

Bir kez daha, bu sefer daha yakından bakalım. Barry'nin Ken'e hayır dememesi için ne gibi nedenleri vardı? Düşünce ve tutumları nelerdi? Korku. Barry, Ken'in bekarlar grubundaki gücünden korkmuştu. Ken'i hayal kırıklığına uğratırsa gruptaki diğer kişilerle olan ilişkilerini de kaybedeceğinden korkmuştu.

Peki bu neden önemli? Çünkü bu önemli bir kuralı işaret etmektedir: *Kişinin içinden düşündüğü hayır, dışa vurduğu "evet"i geçersiz kılar.* Dışarıdan görünen uyumlu davranışlarımız değil, içimizdeki asıl isteğimiz önemlidir.

Diğer bir deyişle, birisine aslında hayır demek isterken evet dersek, *boyun eğmiş oluruz.* Bu da yalan söylemektir. Dudaklarımız evet derken, kalbimiz (ve gönülsüz hareketlerimiz) hayır der. Gerçekten de Barry'nin Ken'le bir buçuk yıllık bir çalışmayı bitireceğini düşünüyor musunuz? Büyük ihtimalle Barry'nin önemli bir sorunu ortaya çıkacak ve verdiği sözü tutmasını engelleyecektir. Barry gruptan ayrılacak, üstelik Ken'e gerçek nedeni anlatmayacaktır bile.

İşte sınırların itaatsizliğin bir göstergesi olduğuna dair bu yanlış inanışın gerçek olmadığını kanıtlamanın bir yolu: Hayır diyemiyorsak, evet de diyemeyiz. Peki bu neden böyledir? Bu, itaat etme, sevme veya sorumluluğu ele alma sebeplerimizle ilgilidir. Her zaman sevgi dolu bir ruhla ve içtenlikle "evet" demeliyiz. Birini ya da bir şeyi sevme nedenimiz korku olduğunda, gerçek anlamda sevemeyiz.

İnsanlara yardım etmenin ve onlara vermenin iki şekline bakalım:

"gönülsüzce" ve "zorunluluktan." İkisi de korku duygusunu içerir, ya birisinden çekiniriz, ya da suçluluk duygusu hisseder ve korkarız. Bu eğilimler sevgi ile yan yana bulunamaz, çünkü korku, sevgide yer alamaz. Kendi kararlarımız doğrultusunda insanlara vermeliyiz. Hayır demekten korkarsak, ağzımızdan çıkan "evet" samimi değil demektir.

Sınırlar itaatsizliğin işareti midir? Olabilir. Yanlış sebepler yüzünden iyi şeylere hayır diyebiliriz. Ancak "hayır" demek bizim açık ve dürüst olmamızı, isteklerimiz hakkında doğruyu söylememizi sağlar. Bunu korku dolu ruhlarımızla gerçekleştiremeyiz.

3. Yanlış İnanış: Sınırlarımı Oluşturmaya Başlarsam İnsanlar Beni İncitir

Genelde sessiz biri olan Debbie sesini yükseltti. "Düşüncelerimi uygun bir dilde nasıl ifade edeceğimi biliyorum. Ama eşimle aynı fikirde olmadığımda beni bırakıp gidiyor! Ne yapmam lazım?"

Debbie'nin sorunu pek çok kişinin yaşadığı bir sorun: Sınırlara gerçekten inanıyor, ancak sınırların getireceği sonuçlardan korkuyor.

İnsanların sınırlarımızdan nefret etmesi, bize saldırmaları veya kendilerini geri çekmeleri mümkün müdür? Kesinlikle. Bazıları sınırlarımızı hoş karşılayacak, bazıları da onlardan nefret edecektir.

İnsanları manipüle ederek sınırlarımızı kabul ettiremeyiz. *Sınırlar, ilişkilerimizin kalitesini belirlemek için turnusol kağıdı görevi görür.* Yaşamımızdaki insanlardan sınırlarımıza saygı duyanlar, isteklerimizi, fikirlerimizi ve ayrı duruşumuzu seveceklerdir. Sınırlarımıza saygı gösteremeyenler ise, onlara hayır dememizden hoşlanmadıklarını söylerler. Sadece bizim "evet"imizi, yani onlara boyun eğmemizi severler.

Sınırlar belirlemek gerçekleri söylemeyi içerir. Gerçekleri sevenlerle gerçeklerden hoşlanmayan insanların arasında farklar vardır. İlk gruptaki insanlar sınırlarınızı hoş karşılarlar, sınırlarınızı kabul eder ve dinlerler. "Farklı düşündüğüne sevindim. Bu beni daha iyi bir insan yapar ve geliştirir," derler. Bu kişiler bilge ve erdemli kişilerdir.

İkinci tip insanlar ise sınırlardan nefret ederler. Farklı olmanızdan hiç hoşlanmazlar. Sizi içsel zenginliklerinizden vazgeçmek için ikna etmeye çalışırlar. Önemli ilişkilerinizde "turnusol kağıdı"nı uygulayınız. Herhangi bir konuda hayır deyiniz. Ya o kişiyle aranızdaki yakınlığın arttığını göreceksiniz, ya da ilişkinizde aslında çok az şey bulunduğunu öğreneceksiniz.

Peki, kocasının "sınır ihlalcisi" olduğu düşünülen Debbie ne yapmalı? Kocası onu terk etmekle tehdit etmeye devam edecek mi? Belki. Karşımızdaki insanları kontrol edemeyiz. Ancak Debbie'nin kocasını evde tutan tek şey onun her şeye boyun eğmesiyse, buna evlilik demek mümkün mü? Peki, her ikisi de sorunlardan kaçarsa, aralarındaki anlaşmazlıklar nasıl çözülecek?

Debbie'nin sınırları onu soyutlanmış bir yaşama mı mahkum ediyor? Kesinlikle hayır. Doğruyu söylemeniz terk edilmenize yol açıyorsa, zaten sevilmiyorsunuz demektir.

Boşanmayı kesinlikle savunmuyorum. Önemli olan nokta şudur: Kimseyi sizinle kalmaya veya sizi sevmeye zorlayamazsınız. Bu eninde sonunda eşinizin karar vereceği bir konudur. Bazen sınırlar oluşturmak, fiziksel olarak olmasa da, diğer yönlerden uzun süre önce terk edilmiş olduğunuz gerçeğini ortaya çıkarır. Genellikle buna benzer kriz anları ortaya çıktığında, mücadele eden çiftin uzlaşıp ilişkilerini yeniden biçimlendirmeleri sonuç verir. Sorunun ne olduğu belirlendiğinde, anlaşmazlıklar da artık halledilebilir.

Sizleri bir konuda uyarmak istiyorum. Sınırları olmayan ancak sonradan sınır oluşturmaya başlayan biri, evlilik sürecince değişmeye başlar. Daha fazla fikir ayrılığı ortaya çıkar. Değerler, planlar, para, çocuklar ve cinsellik konularında daha çok anlaşmazlık yaşanır. Ancak çoğunlukla sınırlar kontrol dışı olan eşin üzülmesine, böylelikle motive olup evlilikte daha fazla sorumluluk üstlenmesine yardımcı olur. Sınırların belirlenmesiyle pek çok evlilik daha da güçlenir, çünkü eşlerden biri ilişkiyi özlemeye başlar.

Bazı insanlar sınırlarımız olduğu için bizi terk edebilir veya bize saldırabilirler mi? Evet, olabilir. Bu insanları hiç tanımamaktansa, karakterlerini öğrenmek ve sorunu gidermek için bir adım atmak daha iyidir.

Önce Bağlılık, Sonra Sınırlar

Gina sınırlarla ilgili sorunlarını gösteren danışmanını dikkatle dinliyordu. "Şimdi her şeyi anlamaya başladım," dedi odadan çıkarken. "Hangi değişiklikleri yapacağımı biliyorum."

Bir sonraki görüşme oldukça farklıydı. Odaya yenilmiş ve kırılmış olarak girdi. "Bu sınırlar, olmaları gerektiği gibi değil," dedi üzüntüyle. "Bu hafta kocama, çocuklarıma, anneme, babama ve arkadaşlarıma sınırlarıma saygı göstermediklerini anlattım. Şimdi kimse benimle konuşmuyor!"

Sorun neydi? Gina sınırlarını oluşturma işine büyük bir hevesle başlamıştı, ancak sınırlar konusunda çalışabileceği güvenli bir alan bulmayı ihmal etmişti. Sizin için önemli olan herkesi bir anda karşınıza almak akıllıca değildir. İlişkilerin sizin için ne kadar önemli olduğunu aklınıza getirin. İnsanlara ihtiyaç duyuyorsunuz. Bağlantıda olduğunuz, koşulsuzca sevildiğiniz ortamlarda bulunmaya ihtiyacınız var. Gerçeği söylemeye, yalnızca sevginin tam olduğu bir yerden başlayabilirsiniz. İnsanların sınırlarınızı oluşturmanıza karşı göstereceği dirence kendinizi bu şekilde hazırlayabilirsiniz.

4. Yanlış İnanış: Sınırlarımı Belirlersem Başkalarını İncitirim

"Anneme hayır demenin en kötü yanı, 'kırılmış olduğunu anladığım sessizliği'," dedi Barbara. "Yaklaşık kırk beş saniye sürüyor ve her zaman onu ziyaret edemeyeceğimi söylediğimde oluyor. Ancak bencilliğimden ötürü özür dilersem ve hangi gün ziyaret edeceğimi söylersem düzeliyor. O zaman normal davranıyor. O sessizliği yaşamamak için *her şeyi* yaparım."

Sınırlar oluşturursanız, sınırlarınızın gerçekten mutlu ve keyfi yerinde olduğunu görmek istediğiniz insanlardan birisini kıracağından korkarsınız:

- İhtiyacınız olduğu bir zamanda otomobilinizi ödünç almak isteyen bir arkadaş
- Devamlı mali sıkıntı çeken ve sizden borç almak isteyen bir akraba
- Kendiniz de iyi durumda değilken sizi arayan ve desteğinizi isteyen biri

Sorun, *sınırları bazen bir taarruz silahı olarak görmenizdir. Sınırlar taarruz değil, savunma silahıdır.* Uygun sınırlar hiç kimseyi kontrol altına almaz, hiç kimseye saldırmaz veya yaralamaz. Sadece sahip olduklarınızın yanlış zamanlarda elinizden alınmasını engeller. Kendi ihtiyaçlarını yerine getirmekten sorumlu olan yetişkinlere hayır demek, bazı rahatsızlıklara yol açabilir. Aradıklarını bulmak için başka yerlere bakmak zorunda kalabilirler. Ancak bu onların kırılmasına neden olmaz.

Bu kural sadece bizleri kontrol altına almak veya manipüle etmek isteyen kimseler için değil, aynı zamanda başkalarının haklı ihtiyaçları için de geçerlidir. Birisinin önemli bir sorunu olduğunda bile, herhangi bir sebepten ötürü ödün veremeyeceğimiz zamanlar vardır.

Bu çok önemli bir noktadır. Hepimizin yakın bir dosttan daha fazlasına ihtiyacı vardır. Bize destek olacak ilişkilere ihtiyaç duyarız. Bunun nedeni çok basittir: Yaşamımızda birden fazla arkadaşa sahip olmak, arkadaşlarımızın *insan* olmalarına olanak tanır. Meşgul olmalarına. Bazen müsait olamamalarına. Kırılmalarına ve kendilerine özgü sorunlar yaşamalarına. Kendi başlarına zaman geçirmelerine.

Böyle durumlarda, arkadaşımız yanımızda olamadığında aranacak bir başka telefon numarası vardır. Bize yardımcı olabilecek bir başkası. Böylelikle tek bir kişinin programına bağlı kalmamış oluruz.

Bizi destekleyecek birden fazla ilişkiye sahip olma sorumluluğunu üzerimize aldığımızda, arkadaşımızdan alacağımız hayır yanıtını kaldırabiliriz. Neden? Çünkü gidecek başka bir yerimiz vardır.

5. Yanlış İnanış: Sınır Koymam Öfkeli Olduğum Anlamına Gelir

Nihayet Brenda cesaretini toplamıştı, patronuna artık hafta sonları ücret almadan çalışmayacağını söyleyecekti. Patronuyla görüşmek istediğini söylemiş ve görüşmeleri iyi geçmişti. Patronu anlayışlı davranmıştı, bu durum düzelecekti. Her şey yolunda görünüyordu, Brenda'nın içindeki bazı şeyler hariç.

Her şey oldukça masum bir şekilde başlamıştı. Brenda çalışma koşullarıyla ilgili her şeyi maddeler halinde belirlemiş, görüş ve önerilerini sunmuştu. Ancak konuşmasının ortalarında, onu çok şaşırtan, adeta içini oymaya başlayan bir öfke duygusu hissetmeye başladı. Adaletsizlikten ötürü duyduğu öfkeyi gizlemesi zordu. Hatta hiç öyle bir şey söylemeyi düşünmemesine rağmen, patronunun "Cuma günleri golf oynaması" hakkındaki alaycı yorumları dudaklarından dökülüvermişti.

Masasında oturan Brenda aklının karıştığını hissediyordu. Bu öfkenin kaynağı neydi? O, "öyle birisi" miydi? Belki de suçlu, oluşturmaya başladığı sınırlarıydı.

İnsanlar doğruyu söylemeye, sınırlar belirlemeye ve sorumluluk almaya başladıklarında, etraflarında "öfkeli bir bulut" gezinmeye başlar. Hassas ve alıngan olurlar, patlamaya hazır bir bomba gibi olduklarını fark ederler, bundan dolayı korkuya kapılırlar. Arkadaşları "Eskiden tanıdığım iyi, sevecen insan değilsin" gibi yorumlarda bulunmaya başlarlar. Bu sözlerin neden olduğu suçluluk ve utanç duygusu, sınırlarını henüz oluşturmaya başlamış insanların kafasını daha da karıştırabilir.

Peki sınırlar öfkeye yol açar mı? Kesinlikle hayır. Bu inanış, genel olarak duyguların ve özellikle de öfkenin yanlış anlaşılmasından ileri gelmektedir. Duyguların veya hislerin bir amaçları vardır, bize bir şeyler anlatırlar.

İşte size, "olumsuz" duygularımızın bize ilettiği şeylerden bazıları. Korku, tehlikeden uzaklaşmamızı ve dikkatli olmamızı söyler. Üzüntü, bir ilişkiyi, bir fırsatı veya bir fikri kaybettiğimizi söyler. Öfke de bir işarettir. Tıpkı korku gibi öfke de tehlikeyi işaret eder. Ancak öfke bizi geri çekilmeye yönlendirmek yerine, tehditle yüzleşmemiz gerektiğini anlatan bir işarettir.

Öfke, sınırlarımızın ihlal edildiğini bildirir. Bir ülkenin radar savunma sistemi gibi öfke duygusu da incinme veya kontrol altına alınma tehlikesi altında olduğumuzu bildirerek, bir "erken uyarı sistemi" görevi yapar.

"İşte bu yüzden ısrar eden satıcılara öfke duyuyorum!" diye bağırdı Carl. Hayır demesine tahammül edemeyen satış görevlilerini neden sevemediğini hiç anlayamamıştı. Onun mali sınırlarının içine girmeye çalışmışlar, Carl'ın öfkesi de sadece görevini yapmıştı.

Öfke aynı zamanda bir sorunu çözerken güçlü olduğumuzu hissetmemizi sağlar. Kendimizi, sevdiklerimizi ve ilkelerimizi korumamız için bize enerji verir. Genel olarak öfkeli birisi "burnundan soluyan kimse" olarak tasvir edilir. Bir arenada saldırmadan önce burnundan soluyarak yeri eşeleyen, ısınan bir boğayı düşünün, öfkeli insanlar da aynen böyledir.

Ancak bütün diğer duygular gibi öfke de zaman kavramını tanımaz. Tehlike ister iki dakika önce ister yirmi sene önce meydana gelmiş olsun, öfke kendiliğinden eriyip gitmez! Öfkeyle uygun bir şekilde çalışılması gerekir, yoksa içimizde yaşamaya devam eder.

İşte bu yüzden sınırları yara alan kişiler, sınırlarını belirlemeye başladıklarında içlerindeki öfkeyi görünce şaşırırlar. Bu öfke "yeni" değil "eski"dir. Bu duygunun kaynağı yıllar boyu asla dile getirilmemiş, saygı görmemiş ve duyulmamış "hayır"larımızdır. Tüm kötülüklere ve ruhlarımızın ihlal edilişine karşı duyduğumuz itiraz hissi içimizde yaşar ve kendi gerçeklerini dile getirmeyi bekler.

Sınırları zarar gören kişilerin "öfke telafisi"nde bulunmaları çok sık rastlanan bir durumdur. Daha önce varlığını hiç fark etmedikleri geçmiş sınır ihlallerini gözden geçirme zamanları gelmiş olabilir.

Nathan'ın ailesi, oturdukları küçük kasabada ideal bir aile olarak tanınırdı. Diğer çocuklar ona bakıp imrenir, "Annenle baban sana bu kadar yakın davrandığı için çok şanslısın, benimkiler beni umursamıyor bile," derlerdi. Yakın aile bireylerinden son derece memnun olan Nathan, onların farklılıkları ve aykırılıkları dikkatle kontrol ettiklerini hiçbir zaman fark etmemişti. Ailesinde hiç kimse hiçbir zaman değerler veya duygular yüzünden gerçek bir fikir ayrılığına düşmemiş veya bu sebeple tartışmamıştı. "Ben her zaman fikir ayrılığının sevgiyi kaybetmek anlamına geldiğini düşünürdüm," diye anlattı bu durumu.

Evliliğinde sorunlar yaşamaya başlamasıyla, Nathan hayatından ilk defa geçmişini sorgulamaya başladı. Tüm saf duygularıyla, kendisini yönlendiren ve kontrolü altına alan bir kadınla evlenmişti. Daha ilk yıllarında, evliliğinin ciddi sorunlarla karşı karşıya olduğunu anlamıştı. Ancak Nathan'ı asıl şaşırtan, bu derde girdiği için kendine kızmanın yanı sıra, hayatla daha iyi başa çıkmasını sağlayacak donanımı kendisine sağlamamış olan anne ve babasına karşı da öfke duymasıydı.

Nathan, anne babasından ayrılma ve kendi sınırlarını belirleme çabalarının sürekli olarak sevecen bir tavırla boşa çıkarıldığı zamanları hatırladığında, kendisini suçlu ve vefasız hissediyordu çünkü ailesini gerçekten çok seviyordu. Tartışmak istediğinde annesi ağlardı. Babası ise annesini üzmemesini söylerdi. Böylelikle Nathan sınırlarını geliştiremedi. Bunun nelere mal olduğunu net bir biçimde gördükçe, ailesine daha da çok öfke duymaya başladı. "Hayatımda kendi seçimlerimi yaptım," dedi. "Ama insanlara hayır demeyi öğretselerdi, hayatım çok daha güzel olurdu."

Nathan, anne babasına karşı hep öfke duymaya devam etti mi? Hayır, üstelik sizin de bunu böyle hissetmeniz gerekmez. Düşmanca duygular kendini gösterdiğinde, onları ilişkinizde ifade edin. Duygularınızı itiraf edin. Bu, geçmişte yaşananlar yüzünden duyduğunuz kızgınlıkları düzeltmede ilk adımdır.

İkinci adım ise ruhunuzun incinmiş kısımlarını yeniden canlandırmaktır. İhlal edilmiş olabilecek "hazinelerinizi" onarma sorumluluğunu üzerinize alın. Nathan'ın durumunda, kişisel bağımsızlık ve güven duygusu derin bir yara almıştı. Bu duyguları en önemli ilişkilerine geri kazandırabilmek için çok çalışması gerekiyordu. Ancak kendisini iyileştirdikçe öfkesi azalmaya başladı.

Son olarak, iyi sınırlar geliştirdikçe içinde bulunduğunuz duruma daha fazla güvenmeye başlayacaksınız. Özgüveniniz artacak. Başkalarından eskisi kadar korkmayacak ve bu duygunun esiri olmayacaksınız. Örneğin Nathan, karısına karşı daha uygun sınırlar belirleyerek evliliğini kurtarmıştı. Siz de daha iyi sınırlar geliştirdiğinizde, öfke duyma ihtiyacınız ortadan kalkacaktır. Bunun nedeni, pek çok durumda öfkenin sahip olduğunuz tek sınır olmasıdır. Bir kez hayır demeye başlarsanız, artık öfke sinyaline ihtiyacınız kalmaz. Kötülüğün size doğru geldiğini görür ve sınırlarınızı kullanarak size zarar vermesini önleyebilirsiniz.

Sınırlarınızı geliştirmeye yeni başladığınızda, içinizde keşfettiğiniz öfkeden korkmayın. Öfke, ruhunuzun bazı yönleri başkaldırdığı zaman ortaya çıkar. Bu yönleri açığa çıkarmanız, anlamanız ve sevmeniz gerekir. Sonra da daha iyi sınırlar geliştirme ve bu bölümleri iyileştirme sorumluluğunu üstlenmeniz gerekir.

Sınırlar Öfkeyi Azaltır

Öfkeyle ilgili önemli bir noktadan söz etmek gerekir: Sınırlarımız ne kadar doğru olursa, o kadar az öfke duyarız! Daha net sınırlara sahip insanlar dünyada en az öfke duyan insanlardır. Sınırlarını henüz oluşturmakta olan insanlar, öfkelerinin artmakta olduğunu görürler. Bu durum sınırların gelişmesiyle ortadan kalkar.

Bunun nedeni nedir? Öfkenin "erken uyarı sistemi" görevini hatırlayın. Sınırlarımız ihlal edildiğinde bunu hissederiz. Eğer sınır ihlalini en baştan önleyebilirseniz, kendinizi öfkeden uzak tutarsınız. Hayatınızı ve değerlerinizi daha fazla kontrol altına almış olursunuz.

Tina kocasının her akşam yemeğe kırk beş dakika geç gelmesinden nefret ediyordu. Yemeği sıcak tutmakta güçlük çekiyor, çocuklar acıkıyor ve huysuzlanıyor, akşam yapacakları işler gecikiyordu. Bu durum, kocası gelmiş olsa da olmasa da, akşam yemeğine zamanında oturmaya başlamalarıyla değişti. Kocası buzdolabına konmuş yemekleri ısıtıp tek başına yemek zorunda kalıyordu. Bu şekilde devam eden üç-dört "oturum" sonrasında, Tina kocasının işten daha erken çıkmasını sağladı!

Tina'nın sınırı (zamanı geldiğinde çocuklarla birlikte sofraya oturmak), onu ihlal edilmişlik ve kurban edilmişlik duygusundan korudu. Kendi ihtiyaçları ve çocukların ihtiyaçları karşılanmış oldu, artık öfke duymamaya başladı. Eski bir deyiş olan, "Kendini öfkeye kaptırma. Sadece eşitlik sağla," sözü kesinlikle doğru değildir. Doğru olanı, "Kendini öfkeye kaptırma. Bir sınır belirle!" sözüdür.

6. Yanlış İnanış: Başkalarının Sınırlar Koyması Beni İncitir

"Randy, özür dilerim ama sana borç veremem," dedi Pete. "Benim için hiç uygun bir zaman değil."

En iyi arkadaşım, diye düşündü Randy. *İhtiyacım olduğunda ona gidiyorum ve o beni reddediyor. Vay be! Herhalde bu ilişkimizin aslında nasıl olduğunu gösteriyor.*

Randy, insanlarla arasında sınırlar bulunmayan bir yaşama hazırlanıyor. Neden? Çünkü "alıcı tarafında" bulunmak, onun için kırıcı oldu. Kimsenin bu yaşadığını yaşamaması için yemin bile etti.

Çoğumuz Randy gibiyiz. Destek arayışımıza hayır denmesi ağzımızda acı bir tat bırakır. Bu bize acı dolu, itici ve soğuk gelir. Sınırlar belirlemenin iyi veya yardımcı bir unsur olabileceğini anlamak güçleşir.

Başkalarının sınırlarını kabul etmek zorunda olmak gerçekten de hiç hoş değildir. Hiçbirimiz hayır kelimesini duymaktan hoşlanmayız. Gelin şimdi, başkalarının sınırlarını kabullenmenin neden zor olduğunu inceleyelim.

Öncelikle, *özellikle çocukluk yıllarımızda bize uygun olmayan sınırların belirlenmiş olması bizleri yaralayabilir.* Bir ebeveyn, çocuğuyla zamanında ve yeteri kadar duygusal bağlantı kurmazsa, bu çocuğu incitebilir. Çocukların duygusal ve psikolojik ihtiyaçları ilk önce anne babaların sorumluluğu altındadır. Çocuk ne kadar küçük yaştaysa, bu ihtiyaçlarını karşılayabileceği kişilerin sayısı o kadar azdır. Benmerkezci, olgunlaşmamış veya bağımlı anne baba, yanlış zamanlarda hayır diyerek çocuğu incitebilir.

Robert'in hatırladığı en eski anısı, odasındaki karyolasında bazen saatlerce tek başına olmaktı. Anne ve babası onu öylece bırakır, ağlamadığı sürece sorun olmadığını düşünürlerdi. Aslında Robert ağlamayı çoktan geride bırakmıştı çünkü çocuk depresyonuna girmişti. Anne babasından duyduğu "hayır"lar çocukta istenmediği duygusuna yol açmış, bu duygu yetişkinliğe dek peşini bırakmamıştı.

İkinci olarak, *kendi incinmelerimizi başkalarına yansıtırız.* Acı duyduğumuzda gösterdiğimiz tepki bu kötü duyguyu "sahiplenmemek" ve başkalarının üzerine atmaktır. Bu davranış "yansıtma" olarak adlandırılır. Çocukluklarında hatalı sınırlar yüzünden kırılmış kişiler, çoğu kez incinmişliklerini başkalarının üzerine atarlar. Kendi acılarını başkalarında hissederler ve başkaları üzerinde sınırlar belirlemenin ne kadar zarar verici olabileceğini düşünerek sınır koymaktan kaçınırlar.

Robert, üç yaşındaki kızı Abby için gece sınırları koymada büyük sıkıntı çekiyordu. Ne zaman yatmak istemediği için ağlamaya başlasa panikler, kızımı terk ediyorum, onun bana ihtiyacı var ve ben onun yanında değilim diye düşünürdü. Aslında çok iyi bir babaydı, kızına geceleri masallar okur, onunla birlikte şarkılar söylerdi. Ancak kızının gözyaşlarında kendi acılarını görürdü. Robert kendi acıları yüzünden, Abby'nin şarkı söylemesini ve birlikte oyun oynamalarını istemesi karşısında uygun sınırlar koyamıyordu – ta ki gün doğana kadar.

Üçüncü olarak, *birisinin sınırlarını kabullenememe, aralarında bağlılık ve sevgi dolu bir ilişki olduğu anlamına gelebilir.* Kathy geceleri kocası konuşmayı reddettiğinde, kendini incinmiş ve soyutlanmış hissediyordu. Kocasının sessizliği kendini bir yabancı gibi hissetmesine yol açıyordu. Kocasının sınırları yüzünden yara alıp almadığını düşünmeye başlamıştı.

Fakat asıl sorun, Kathy'nin kocasına bağımlı olmasından kaynaklanıyordu. Duygusal sağlığı, kocasının her zaman ulaşabileceği bir yerde olmasına bağlıydı. Alkolik anne babasının kendisine verememiş olduğu her şeyi kocasından bekliyordu. Kocası kötü bir gün geçirdiğinde ve yalnız kalmak istediğinde Kathy'nin günü mahvoluyordu.

Birbirimize kesinlikle ihtiyacımız var, ama hiç kimse yeri doldurulamaz değildir. Belirli bir kişiyle yaşanan bir çatışma bizi umutsuzluğa sürükleyebilir, ama bunun nedeni o kişiyi çok yüksek bir yere koymamız olabilir. Bir başkasını asla dünyadaki tüm iyiliklerin kaynağı olarak görmemeliyiz. Bu bizim hem ruhsal ve duygusal özgürlüğümüzü incitir, hem de gelişimimizi engeller.

Kendinize şu soruyu sorun: "Bana hayır demesine katlanamadığım kişi bu gece ölse, kime giderim?" Birden fazla anlamlı ve değerli ilişkimizin olması çok önemlidir. Gidecek başka bir yerimizin olması, yaşamımızda yer alan kişilerin bize hayır diyebilmede kendilerini serbest hissetmelerini ve bu yüzden suçluluk duymamalarını sağlar.

Hayatımızda hayır cevabını duymaya dayanamadığımız birisi varsa, hayatımızın kontrolünü onun ellerine bırakmışız demektir. Tek yapmaları gereken bizi hayatımızdan çıkmakla tehdit etmeleridir, biz de onlara boyun eğeriz. Bu olay evliliklerde sıklıkla görülmektedir, eşlerden biri diğerini gitmekle tehdit eder. Bu hem hayatı yaşanmaz kılar hem de bir işe yaramaz. Denetleyici konumunda olan kişi, hoşnut olmadığı zamanlarda kendisini geri çekmeye devam eder. Sınırları olmayan kişi ise onu mutlu etmek için çılgınca çabalar.

Dördüncü olarak, *başkalarının sınırlarını kabul edememek, sorumluluk üstlenmede sorun yaşandığının göstergesi olabilir*. En iyi arkadaşından borç para isteyen Randy bu soruna bir örnektir. Randy, kendi maddi zorluklarından Pete'i sorumlu tutar. Bazı insanlar başkalarının kendilerini kurtarmasına o kadar alışkınlardır ki, kendi iyiliklerinin başkalarının sorunu olduğunu düşünmeye başlarlar. Birileri tarafından kurtarılmadıkları zaman, kendilerini terk edilmiş ve sevgiden mahrum bırakılmış hisseder, yaşamlarının sorumluluğunu üstlenmeyi reddederler.

7. Yanlış İnanış: Sınırlar Suçluluk Hissetmeme Yol Açar

Edward başını salladı. "Tüm bu olayda benim için uygun olmayan bir şeyler var," dedi. "Bizimkiler bana karşı her zaman o kadar ilgili ve özenliydiler ki. Çok güzel bir ilişkimiz vardı. Ama sonra..." Duraksadı, kelimeleri bir araya getirmekte güçlük çekiyordu.

"Sonra Judy ile tanıştım ve evlendik. Her şey harikaydı. Bizimkileri her hafta görüyorduk, bazen daha da sık. Sonra çocuklar geldi. Her şey iyiydi. Ta ki ben ülkenin öbür ucundan bir iş teklifi alana kadar. Bu hayalimdeki işti, Judy de çok heyecanlanmıştı.

"Ancak annemle babama bu tekliften söz eder etmez işler değişti. Babamın sağlığı hakkında konuşmaya başladılar, o kadar da kötü olduğunu fark etmemiştim. Annemin yalnızlığı, bizim hayatlarındaki tek parıltı olduğumuz. Ve benim için yapmış oldukları tüm özveriler."

"Ne yapmalıyım? Haklılar. Bana yaşamlarını adadılar. Tüm bunlardan sonra onları nasıl terk edebilirim?"

Edward bu ikilemde yalnız değildir. Hayatlarımızdaki insanlara karşı sınırlar belirlerken karşılaştığımız en önemli engellerden birisi de mecburiyet duygusudur. Sadece anne babalarımıza değil, bize karşı sevecen davranmış diğer kişilere karşı neler borçluyuz? Neler doğrudur ve neler değildir?

Çoğu insan mecburiyet hissettiği kişilere karşı sınırlar oluşturmaktan kaçınarak bu ikilemi çözer. Bu sayede kendilerine nazik davranmış kişilere hayır diyerek hissedecekleri suçluluk duygusunu engelleyebilirler. Asla evi terk etmez, okul değiştirmez, işlerini veya arkadaşlarını değiştirmezler, aksini yapmak olgun bir hareket olsa bile.

Aldığımız her şey için borçlu olduğumuzu düşünürüz. Buradaki sorun, böyle bir borcun aslında var olmadığıdır. Aldığımız sevgi, para ya da zaman – veya bizi borçlu hissettiren herhangi bir şey – bir hediye olarak kabul edilmelidir.

"Hediye" zorunlu olduğu için verilmez. Aslında tek yapılması gereken şükran veya minnet duymaktır. Hediyeyi veren kişi, bunun bir getirisi olacağı yönünde hiçbir art niyet taşımaz. Hediyenin amacı, birine olan sevginizi göstermek ve onun için bir şeyler yapmak istemektir. O kadar.

Bize kibar davrananlara, bizim için gerçekten endişelenenlere karşı borcumuz nedir? Onlara sadece teşekkür borçluyuz. Minnet dolu yüreğimizle başkalarına yardım etmeliyiz.

Burada, "almak için verenler" ve bencilce davranmadan, sadece vermiş olmak için verenler, yani gerçekten verici olanlar arasındaki farkı ayırt etmemiz gerekir. Bu farkı görmek genelde kolaydır. Eğer bir şey veren kişi, içten bir teşekkür yüzünden incinir veya öfkelenirse, verdiği hediyeyi muhtemelen borç olarak vermiştir. Eğer bir teşekkür yeterliyse, muhtemelen suçluluk duygusuna neden olmayacak gerçek bir hediye almışsınız demektir.

8. Yanlış İnanış: Sınırlar Kalıcıdır, Bu Yüzden Köprüleri Yakmaya Korkuyorum

"Peki, ya fikrimi değiştirirsem?" diye sordu Carla. "En iyi arkadaşıma karşı sınır belirlediğimde beni bırakmasından ve unutmasından korkuyorum."

Hayır cevabını vermek her zaman size bağlıdır. Sınırlarınızı yöneten, sizsiniz. Onlar sizi yönetemez. Birisine karşı sınırlar belirlediğinizde bunu olgunluk ve sevecenlikle karşılarsa, sınırı yeniden çizmek isteyebilirsiniz. Ayrıca, kendinizi daha güvende hissederseniz de sınırınızı değiştirebilirsiniz.

Anlayacağınız gibi bu yanlış inanışlardan bazıları bozulmuş öğretilerden kaynaklanan gerçek yanlış anlamalardır. Ancak bazıları sadece dik durup, istemediğiniz sorumluluğa hayır deme cesaretsizliğinin bir sonucudur. Hangi yanlış inanışın sizi engellediğini ve tuzağa düşürdüğünü gözden geçirmek çok yararlı olacaktır.

İkinci Kısım

Sınırlarla İlgili Uyuşmazlıklar

Yedinci Bölüm

Sınırlar ve Aileniz

Susie'nin sorunu daha önce çok kez gördüğüm türden bir sorundu. Otuz yaşındaki bu bayan, anne babasının evine gidip kendi evine döndüğünde ağır bir depresyon geçiriyordu.

Bana sorununu anlattığında, her aile ziyaretinden döndüğünde ağır depresyona girdiğini fark edip etmediğini sordum.

"Bu çok gülünç," dedi. "Ben artık orada yaşamıyorum. Onları görmeye gitmek beni nasıl böyle etkileyebilir?"

Aile ziyaretlerinden bahsetmesini istediğimde, eski arkadaşları ve aile üyeleri ile yemek masasında yaptıkları toplantılardan bahsetti. Özellikle sadece ailesi olduğu zamanlar çok keyif aldığını söyledi.

"Sadece aile demekle neyi kastediyorsun?" diye sordum.

"Yani, başka zamanlar annem ve babam arkadaşlarımdan bazılarını davet ederlerdi, ama bu yemekleri o kadar çok sevmezdim."

"Neden?"

Susie bir dakika düşündü ve "Sanırım kendimi suçlu hissetmeye başlıyorum," diye cevap verdi. Anne babasının arkadaşlarının yaşamlarıyla kendi yaşamını karşılaştırdıklarını ve bu konudaki göze batmayan yorumlarını sayıp dökmeye başladı. Çocuk büyütürken büyükanne ve büyükbabaların "aktif" rol almalarının ne kadar muhteşem olduğu hakkında konuşuyorlardı. Arkadaşlarının görev aldığı sosyal faaliyetlerden ve o da orada yaşasa, onun da bu etkinliklere katılmasının ne kadar hoş olacağından bahsediyorlardı. Böylece liste uzayıp gidiyordu.

Kısa sürede Susie kendisiyle ilgili bir şey keşfetti. Evine döndüğünde, ailesinin oturduğu şehirde değil de kendi yaşadığı yerde kalmaya devam ettiği için kötülük ettiğini düşünüyordu. Anne babasının söylediklerini yapması gerektiği hissine kapılıyor ve bu durumdan oldukça rahatsız oluyordu.

Susie'nin sorunu çok sık rastladığım bir problemdi. Seçimlerini *dışarıdan* yapmaktaydı. Kariyer hedefini gerçekleştirmek üzere ailesinden uzağa taşınmıştı. Faturalarını kendisi ödüyordu. Hatta evlenmiş ve bir çocuk sahibi olmuştu. Ancak *içeride* her şey farklıydı. Duygusal açıdan, ayrı bir insan olma, yaşamı hakkında serbestçe kararlar alabilme ve anne babasının istediklerini yapmadığı zamanlarda suçluluk duymama izni yoktu. Hâlâ baskı görünce teslim oluyordu.

Asıl sorun "içeridedir". Unutmayın ki sınırlar insanların mülkünü tanımlar. Susie ve onun gibiler, kendilerine gerçek anlamda "sahip" olamazlar. Kendi yaşamlarına sahip olanlar, nereye gittikleri konusunda kendi seçimlerini yaptıklarında kendilerini suçlu hissetmezler. Diğer insanları dikkate alırlar, ancak başkalarının dilekleri doğrultusunda seçimler yaptıklarında bu seçimi suçluluk duygusuyla değil, sevgi duygusuyla yaparlar.

Sınır Yokluğunun Belirtileri

Şimdi de, bizi büyüten ailemizle aramızda sınırların bulunmadığını gösteren birkaç yaygın belirtiyi inceleyelim:

Virüsü Kapmak

Şu duruma çok sık rastlanır: Eşlerden biri içinde büyüdüğü ailesi ile sağlıklı duygusal sınırlara sahip değildir. O yüzden ailesi ile telefon aracılığıyla veya yüz yüze iletişim kurduğu zaman depresyona girer, tartışma yaratır, kendini eleştirir, mükemmeliyetçi, öfkeli, kavgacı veya çekingen bir hale bürünür. Sanki ailesinden bir şey "kapmıştır" ve bunu yeni ailesine bulaştırır.

Kendisini yetiştiren ailesi, yeni ailesini aşağı süzülme yöntemiyle etkileme gücüne sahiptir. Bir kimseyle olan ilişkinizin başkalarıyla olan ilişkilerinizi etkilemesi, sınırlarla ilgili sorunlarınızın bulunduğunu kesin olarak gösterir, çünkü o kişiye hayatınızda gereğinden fazla güç veriyorsunuz demektir.

Danışmanlık yaptığım bayanlardan biri, annesiyle konuşana kadar terapide büyük ilerleme kaydediyordu, ancak annesiyle konuştuktan sonra üç hafta boyunca kabuğuna çekildi. "Ben hiç değişmiyorum. Hiçbir iyileşme kaydedemiyorum," gibi şeyler söylüyordu. Annesinin onun hakkındaki düşüncelerini benimsiyor, ayrı bir duruş sergileyemiyordu. Annesiyle arasındaki farklılıkların erimesine göz yumuyordu, bu da diğer ilişkilerini etkilemekteydi. Annesiyle bir kere iletişim kurduktan sonra içine kapanıyor, neredeyse herkesi hayatından dışlıyordu. Kendisi değil, annesi onun yaşamının sahibiydi.

İkinci Adam

"Ona nasıl davrandığını görseniz inanamazsınız," diyordu Dan. "Tamamen onun isteklerine odaklanıyor. Onu eleştirirse daha da iyi olmaya çabalıyor. Ve beni neredeyse görmezden geliyor. Hayatındaki 'ikinci adam' olmaktan bıktım usandım."

Dan'in anlattığı kişi eşi Jane'in sevgilisi değil, babasıydı. Dan, Jane'in kendi istekleriyle değil de babasının istekleriyle daha fazla ilgilendiğini hissetmekten bıkmıştı.

Bu, ailemiz ile aramızda sınırlarımızın olmadığını gösteren çok yaygın bir işarettir: Karşı taraf eşinden arta kalanlarla yetinmek zorundaymış hissine kapılır. Eşi anne babasına daha çok bağlıymış gibi hisseder. Eşi "evlenmeden önce aileden ayrılma" gerekliliğini henüz duymamıştır, bu nedenle sınır sorunu vardır. Evliliğin yürümesi için, eşlerin aileleriyle olan bağlarını gevşetmeleri ve yeni aileleriyle yeni bağlar oluşturmaları gerekir.

Bu elbette eşlerin kendi aileleriyle ilişkileri olmaması gerektiği anlamına gelmez. Ancak aileleri ile aralarında açık sınırlar oluşturmaları gerekir. Pek çok evlilik, eşlerden birinin ailesi ile arasında belirgin sınırlar oluşturamaması ve bunun sonucu olarak eşinin ve çocuklarının "arta kalanlarla" yetinmek zorunda kalmaları nedeniyle yıkılmaktadır.

Harçlığımı Verir misin Lütfen?

Terry ve Sherry göz alıcı bir çiftti. Büyük bir evleri vardı, hesapsızca harcama yaptıkları tatillere çıkarlardı, çocukları piyano ve bale dersleri alırdı, kendi kayak takımları, buz patenleri ve sörf tahtaları vardı. Terry ve Sherry başarının getirdiği her türlü şeye sahipti. Ancak bir sorunları vardı. Bu yaşam tarzını karşılayan para, Terry'nin maaşından gelmiyordu. Terry ve Sherry, Terry'nin ailesinden oldukça büyük maddi destek görüyordu.

Terry'nin ailesi her zaman oğulları için en iyisini istemiş ve bunu elde etmesi için her türlü yardımda bulunmuşlardı. Evlerine, gittikleri tatillere, çocukların uğraşılarına katkıda bulunmuşlardı. Yardımları sayesinde Terry ve Sherry başka türlü elde edemeyecekleri imkanlara kavuşmuştu, ama gene de genç çifte pahalıya mal oluyordu.

Anne babasının düzenli maddi yardımı Terry'nin öz saygısını yaralıyordu. Sherry de parasal olarak katkıda bulundukları için kayınvalide ve kayınpederine danışmadan hiçbir harcama yapamayacağını hissediyordu.

Terry, günümüzdeki evli ya da bekar yetişkin gençlerde sıklıkla görülen bir sınır sorununa örnek teşkil ediyor: Maddi olarak henüz bir yetişkin değil. Annesiyle babasının, kendisi ve Sherry için "bizim sahip olduğumuz her şeye onlar da sahip olsun" isteğine sınır koyamamış. Üstelik, onların başarı hakkındaki düşünceleriyle kendi düşünceleri o kadar iç içe geçmiş ki, bu isteklere kendi içinden bile hayır diyemiyor. Kendisini daha özgür hissetmek adına aldığı paradan ve hediyelerden vazgeçmek isteyip istemediğinden emin değil.

Terry'nin öyküsü, mali sınır sorununun "yukarı" tarafıdır. Bu sorunun ayrıca "başım dertte" tarafı vardır. Pek çok yetişkin evlat, sorumsuzluk, uyuşturucu veya alkol kullanımı, denetimsiz harcama veya modern "bana uygun yeri bulamadım" sendromu nedeniyle sürekli olarak mali çıkmazlara girmektedir. Anne babalar ise "bu sefer düzelecek" diye düşünüp, çocuklarının başarısız ve sorumsuz olmalarını maddi olarak karşılamaya devam ederler. Aslında bu anne babalar çocuklarının bağımsız kalmalarına engel olur ve evlatlarını ömür boyu sakat bırakmaktadırlar.

Maddi açıdan kendi başına ayakta duramayan bir yetişkin hâlâ çocuktur. Yetişkin olabilmek için, kendi olanaklarınızla yaşayabilmeli ve başarısızlıklarınızın bedelini kendiniz ödeyebilmelisiniz.

Anne, Çoraplarım Nerede?

Ebedi çocukluk sendromunu yaşayan bir kimse maddi yönden kendi başına ayakta durabilir, ancak hayatıyla ilgili görevlerini ailesinin yerine getirmesine izin verir.

Bu yetişkin evlat genellikle "annemle babamlarda" vakit geçirir, onlarla birlikte tatile gider, kirli çamaşırlarını yıkatır, yemeğini sık sık onlarda yer. O, annenin ve babanın en yakın dert ortağıdır, onlarla "her şeyi" paylaşır. Otuzlu yaşlarındadır, ama mesleki yönden kendine uygun bir yer bulamamıştır, birikimi yoktur, ne bir emeklilik planı ne de sağlık sigortası vardır. Dışarıdan bakıldığında bunlar ciddi sorunlarmış gibi görünmez. Ancak genellikle anne ve baba, yetişkin çocuklarının duygusal olarak evden ayrılmasını önlemektedirler.

Bu genellikle her şeyin çok güzel olduğu ve bu yüzden bırakıp gitmenin zorlaştığı, arkadaşça davranan, sevecen ailelerde görülür (Psikologlar böyle aileleri "sarmaşık aile" diye adlandırırlar çünkü çocuklar ailelerinden açık ve net sınırlarla ayrılamazlar). Bu bir sorunmuş gibi görünmez, çünkü herkes çok iyi anlaşmaktadır. Aile üyeleri birbirleriyle oldukça mutludur.

Ancak, bu yetişkin çocukların *diğer* yetişkinlerle ilişkileri düzgün olamayabilir. Ailelerinde "yüz karası" ilan edilmiş kişileri arkadaş veya sevgili olarak seçebilir, karşı cinsten birine veya işlerine bağlanmakta güçlük çekebilirler.

Genellikle maddi durumları bir sorun oluşturur. Yüksek ve pek çok kredi kartı borçları bulunur, ödemedikleri vergileri vardır. Günlük harcamalarını karşılayabilecek kadar para kazansalar da, asla geleceği düşünmezler. Bu aslında ergenlik çağındaki çocukların maddi durumlarına benzer. Ergenlik çağındaki gençler sörf tahtası, mp3 çalar veya elbise alacak kadar para kazanırlar ama bugünden ötesini göremez, geleceği düşünmezler. Hafta sonu için yeterince para kazandım mı? Büyüme çağındaki gençler – ve ailelerinden ayrılmamış yetişkin çocuklar – hâlâ anne babalarının koruması altındadır; geleceği düşünmenin anne babalarının görevi olduğunu zannederler.

Üç Kişi Demek Kalabalık Demektir

Görevlerini yerine getiremeyen ailelerde *üçgenleme* diye adlandırılan bir sınır sorunu yaygın olarak bulunur. Bu sınır sorununu şöyle tanımlayabiliriz: A kişisi, B kişisine kızar. A kişisi bunu B kişisine söylemez. A kişisi C kişisini arar ve B kişisini C kişisine şikayet eder. C kişisi, A kişisinin kendisine güvenmesinden hoşlanır ve A kişisi ne zaman üçgenleme oyunu oynamak istese, C kişisi onu dinler.

Bu süre içinde kendisini yalnız hisseden B kişisi C kişisini arar ve laf arasında A kişisi ile arasında geçenlerden bahseder. C kişisi, A kişisine yaptığı gibi B kişisine de dert ortaklığı yapar. A ve B kişileri uzlaşmamıştır, ama C kişisinin iki arkadaşı vardır.

Üçgenleme, iki kişinin aralarındaki düşünce ayrılığını çözememesi ve üçüncü bir kişiyi kendi taraflarına çekmesidir. Bu bir sınır sorunudur, çünkü üçüncü kişinin bu ayrılıkta yeri yoktur, ancak *birbiriyle yüzleşmekten çekinen kişiler tarafından rahatlamak için kullanılmaktadır.* Böylelikle anlaşmazlıklar devam eder, insanlar değişmez ve gereksiz yere düşman olurlar.

Böyle bir üçgenin içinde insanlar doğruyu söylemez, öfkelerini güzel kelimeler ve övgülerle örterler. A kişisi, B kişisine karşı genellikle çok nazik ve incedir hatta övgülerde bile bulunur, halbuki A kişisi C ile konuştuğunda tüm öfkesi açığa çıkar.

Bu durum açık ve net bir sınır eksikliğidir, çünkü A kişisi kendi öfkesini "sahiplenmez". Halbuki, A'nın öfkelendiği kişinin bunu A kişisinden duymaya hakkı vardır. Şimdiye kadar pek çok kez, "John senin hakkında ne dedi, biliyor musun?" gibi bir sözle yaralanmışsınızdır, değil mi? Üstelik John'la son görüştüğünüzde her şey yolunda gibi davranmıştır.

Bununla birlikte, C kişisi uzlaşmazlığın içine çekilmekte ve onun uzlaşmazlık hakkındaki bilgisi, B kişisi ile olan ilişkisinde araya girerek ilişkilerinde sorun yaratmaktadır. Dedikodu insanların arasına girer. Dedikodusunu yaptığımız insanlar hakkındaki düşüncelerimiz etkilenir ve onların kendilerini savunmalarına olanak tanımayız. Üçüncü bir kişiden duyduğumuz şey çoğunlukla doğru değildir.

Üçgenleme, kişilerin anne babalarıyla aralarında meydana gelen yaygın bir sınır sorunudur. Bir ebeveyn ile çocuk, veya eşler arasındaki eski uzlaşmazlıklar, aile bireylerinden birisinin diğerini araması ve üçüncü kişi hakkında konuşmasıyla sonuçlanır. Bu davranış kalıbı son derece yıkıcıdır ve insanların aile üyesi olarak görevlerini doğru bir şekilde gerçekleştirmelerini engeller.

Bu sorunu çözmek için, önce aranızda uzlaşmazlık bulunan kişiyle doğrudan konuşabilirsiniz. Aranızdaki sorunu o kişiyle halletmeye çalışın, eğer o kişi böyle bir sorun olduğunu inkar ederse, dedikodu yapıp öfkenizi kusmak yerine sorunu çözmenin yolunu bulmaya çalışın ve işin iç yüzünü kavrayabilmek için üçüncü bir kişiyle konuşun.

Bir kimsenin kendisi hakkında yüzüne söylemeyi düşünmediğiniz bir şeyi asla üçüncü bir kişiye söylemeyin.

Burada Kim Çocuk Şimdi?

Bazı insanlar anne babalarına bakmaları için doğarlar. Onlar bu işe gönüllü olmamışlardır, ancak bu görev kendilerine verilmiştir. Günümüzde bu kişileri "bağımlı" olarak adlandırıyoruz. Yaşamlarının ilk yıllarında sorumsuz ve çocukça davranışlara takılı kalmış anne babalarından sorumlu olmayı öğrenmişlerdir. Yetişkin kimseler haline geldiklerinde, kendileri ile sorumsuz ebeveynleri arasında sınırlarını oluşturmada zorlanırlar. Ne zaman yaşamlarını ayırmaya kalkışsalar bencilce davrandıklarını düşünürler.

Bu tarz sınır sorunlarında iki durum ortaya çıkmaktadır. Birincisi, anne ve babanız gerçekten de "ihtiyaç içinde" olmayabilir.

Sorumsuz olabilirler, talepkar olabilirler veya mağdurmuş gibi davranıyor olabilirler. Kendi yüklerinin sorumluluğunu almaları gerekiyor olabilir.

İkincisi, gerçekten "ihtiyaç içinde" olduklarında, onlara ne kadar verip ne kadar veremeyeceğiniz konusunda kesin sınırlar belirlememiş olabilirsiniz. Verdiklerinize sınır koyamayabilirsiniz, örneğin anne babanızın yaşlanmaya uyum sağlayamaması gibi bir sorun tüm ailenizi yönetiyor olabilir. Böyle bir durum, evlilikleri yıkıp, çocuklara zarar verebilir. Bir aile neleri vermek istediğini ve neleri vermek istemediğini belirlemelidir, böylelikle anne babaya içerlemek yerine onları sevmeye ve takdir etmeye devam edebilirler.

Doğru sınırlar belirlemek insanlara içerlememizi engeller. *İnsanlara yardımcı olmak ve vermek iyi davranışlardır*. Ancak verdiklerinizin, durumunuzu ve kaynaklarınızı zorlamadığından emin olmanız gerekir.

Ama Biz Kardeşiz

Sıklıkla rastlanan bir başka durum da yetişkin kardeş ilişkisidir. Sorumsuz bir yetişkin çocuk, sorumluluk sahibi yetişkin kardeşine yaslanır, büyümekten ve aileyi bırakmaktan kaçınır (Burada bahsettiğimiz kimseler gerçekten de ihtiyaç içinde olan, zihinsel veya fiziksel yönden engelli kişiler değildir). Sorumluluklarını kabul etmeyen çocuk yetişkin biri haline geldiğinde eski aile içi oyunları oynamaya devam eder.

Burada sorunu zorlaştıran durum, o kişi kardeşiniz olduğu için suçluluk duymanız ve üzerinizde baskı hissetmenizdir. En yakın arkadaşları için asla yapmayacakları şeyleri çılgınca ve hiçbir yardımı dokunmayacağı halde kardeşleri için yapan çok insan vardır. Ailelerimiz sırf "ailemiz" oldukları için çitlerimizi yıkabilirler.

Peki Bunu Neden Yapıyoruz?

Neden bu davranış kalıplarını sergilemeye devam ediyoruz? Hata nerede?

Bu davranışlarda bulunmaya devam etmemizin bir nedeni, ailemizde sınırlarla ilgili kuralları öğrenmemiş olmamız ve yetişkin insanlar olduğumuzda ortaya çıkan sınır sorunlarımızın, aslında çocukluktan beri var olan eski sınır sorunlarımız olmasıdır.

Bir başka neden ise, yetişkinliğe geçişteki değişimi ve ruhsal benimseme evresini geçirmemiş olmamızdır. Şimdi her iki nedeni de inceleyelim.

Eski Sınır Sorunları

Uzaydan gelen adamla ilgili öyküyü hatırlıyor musunuz? Başka bir gezegende yetişmişti ve Dünya'daki yerçekimi kuralına ya da takas aracı olarak paranın kullanılmasına aşina değildi.

Büyürken evde öğrendiğiniz davranış kalıpları, aynı oyuncularla yetişkinliğe taşınır: Sorumsuz davranışların sonucunun çekilmemesi, yüzleşme eksikliği, sınırlardaki eksiklik, kendiniz yerine başkalarının sorumluluğunu üstlenme, mecburiyetten ve gücendirme korkusuyla verici olma, kıskanma, pasif kalma ve gizlilik. Bu davranış kalıpları yeni değildir, sadece daha önce yüzleşmediğiniz ve pişmanlık duymadığınız davranış kalıplarıdır.

Bu davranış kalıplarının kökleri çok derinlere uzanmaktadır. Aile bireyleriniz yaşamınızı düzenlemeyi öğrendiğiniz kişilerdir, bu nedenle varlıklarıyla eski davranış kalıplarınıza geri dönmenize neden olabilirler. Siz de büyümek yerine otomatik olarak *hafızadan* hareket etmeye başlarsınız.

Değişmek istiyorsanız, bu "aile hataları"nı belirlemeli ve onlardan uzaklaşmalısınız. Bunların hata olduğunu itiraf etmeli, bu hatalardan ötürü pişmanlık duymalı ve onlarla başa çıkma tarzınızı değiştirmelisiniz. Sınırlarınızı oluşturmada ilk adım, hâlâ sürdürmeye devam ettiğiniz eski aile tarzı davranışların farkında olmaktır.

Aileniz ile aranızdaki sınır mücadelelerine bakın, hangi kuralların çiğnenmekte olduğunu belirleyin ve sonra da bunların yaşamınıza getirdiği olumsuz sonuçların altını çizin.

Benimseme

Bu kitap ruhsal gelişim üzerine yazılmış bir kitap değildir, ancak sınırlar büyümenin temel bir parçasıdır. Büyümedeki adımlardan birisi de, anne baba otoritesinden çıkmak ve yaşamın otoritesi altına girmektir.

Çocuklar büyüyene dek anne babalarının otoritesi altındadır. Anne babalar gerçek anlamda çocuklarından sorumludur. Ancak kişi yetişkin olduğunda ve "aklının erdiği" bir yaşa geldiğinde, kendini yönetenlerin sorumluluğundan çıkarak kendinden sorumlu hale gelir. Buna rağmen bizler, yaşamımızın kurallarına boyun eğmek yerine, anne babamızı memnun etmeye çalışır, onların geleneksel yöntemlerine uymamız gerektiğini hissederiz.

En sağlam bağlarımızın ailemizle aramızda olması ve belirli şeylerin doğru biçimde yapılması gerekir. Gerçeği söylememiz, sınırlarımızı belirlememiz, sorumluluk alıp taleplerde bulunmamız, birbirimizle yüzleşmemiz, birbirimizi affetmemiz ve benzeri şeyler yapmamız gerekir. Bu sağlam kurallar ve değerler aileyi ayakta tutar.

Yetişkinler olarak bizi yöneten kimselerin sorumluluğu altında olmadığımızda, yaşamımızın sorumluluğunu kendi üzerimize alabilir, gerçekten olgun kararlar verebilir, kendi isteklerimiz üzerinde kontrol sahibi olabiliriz.

Ailenizle Aranızdaki Sınır Sorunlarının Çözümü

Ailenizle aranızda sınırlar oluşturmak zordur, ancak bunun büyük getirileri vardır. Bu, belirli ayırt edilebilir aşamaları olan bir süreçtir.

Belirtileri Tanımlayın

Yaşamınızın ne durumda olduğuna bakın ve anne babanız ve kardeşlerinizle nerelerde sınır sorunlarının bulunduğunu tespit edin. Sormanız gereken soru şudur: *Sahip olduğum şeylerin kontrolünü nerede kaybettim?* Bu alanları belirleyin ve ailenizle nasıl bir bağlantısı olduğunu bulun, şimdi sorunlarınızı çözmeye koyulabilirsiniz.

Anlaşmazlığı Tanımlayın

İlişkinizde hangi öğelerin bulunmadığını belirleyin. Örneğin, hangi "sınır kurallarını" ihlal ediyorsunuz? Üçgenleme yapıyor musunuz? Kardeşiniz veya anne babanıza *karşı* sorumlu olmayıp, onların *yerine* sorumluluklarını üstleniyor musunuz? Bir olayda ortaya çıkan sonuçları kabullenmelerini sağlayamıyor ve davranışlarının cezasını siz mi çekiyorsunuz? Ailenize ve aranızdaki anlaşmazlığa karşı pasif ve tepkisel mi davranıyorsunuz?

Tam olarak ne yaptığınızı anlamadıkça ilişkinize dahil edemediğiniz öğe eksik kalmaya devam eder. Önyargılarınızı unutun ve ilişkilerinize nesnel bir gözle bakmaya çalışın. Ancak bu şekilde aile bireyleri ile olan ilişkinizi açık ve net bir şekilde görebilirsiniz. Sorunu kendinizde arayın ve sınırlarınızı nerelerde ihlal ettiğinizi ortaya çıkarın.

Anlaşmazlığa Neden Olan İhtiyacı Tanımlayın

Sebepsiz yere uygunsuz biçimde davranmazsınız. Büyük olasılıkla ruhunuzun derinliklerinde yatan ve daha önce ailenizin karşılamadığı bir ihtiyacınızı yerine getirmeye çalışıyorsunuz. Belki de kafamızın karışık olmasının sebebi sevilme, onaylanma veya kabul edilme ihtiyacımızdır.

İyi Olanı Kabul Edin

İhtiyacınızın ne olduğunu anlamak yeterli değildir. *O ihtiyacı mutlaka karşılamanız gerekir.* İyi bir destek sistemine ulaşın ve iyilikleri içinize alın. Yeteneğinizi daha fazla gizlemeyin ve daha iyisini elde etmeyi bekleyin. Sevgiye yanıt vermeyi ve kabul etmeyi öğrenin, başta acemilik çekseniz de yılmayın.

Sınır Koyma Becerilerinizi Kullanın

Sınır koyma beceriniz çok kırılgan ve yenidir. Bu yeteneğinizi hemen zor bir durumu çözmek için kullanamazsınız. Onu saygıya değer durumlarda uygulayın. Sınırlarınızı sevecek ve onlara saygı duyacak kişilere hayır diyerek işe başlayın.

Fiziksel bir yaranız iyileşmemişken en ağır yükleri taşımazsınız. Kendinizi ağır şeylerle yavaş yavaş alıştırırsınız. Sınır koyma becerilerinizi kullanırken de bu şekilde davranın.

Kötülüklere Hayır Deyin

Yeni sınır koyma becerilerinizi güvenli koşullarda uygulamanın yanı sıra, sizi incitebilecek durumlardan da uzak durun. İyileşmenin başlangıç aşamalarında, geçmişte sizi istismar etmiş ve kontrol altına almış kişilerden uzak kalmanız gerekir.

Sizi geçmişte istismar etmiş ve hayatınızı denetlemiş birisiyle yeniden ilişki kurmaya hazır olduğunuzu düşünürseniz, görüşmeye bir arkadaşınızla birlikte gidin. İncitici durum ve ilişkilerin sizi çektiğini unutmayın. Sarmaya çalıştığınız yaralar ciddidir ve uygun araçlarınız olmadan yeni bir ilişki kuramazsınız. Uzlaşma arzunuzun güçlü olması yüzünden yeniden sizi kontrolü altına alan bir ilişkinin içine çekilmemeye dikkat edin.

Saldırgan Davranışları Affedin

Affetmek kadar sınırları belirginleştiren başka bir şey yoktur. Birisini bağışlamanız, onu zor bir durumdan kurtardığınız veya size olan borcunu sildiğiniz anlamına gelir. Birisini bağışlamayı reddederseniz, bu, o kimseden bir şeyler istemeye devam ettiğiniz anlamına gelir ve istediğiniz intikam dahi olsa, *bu sizi o kişiye sonsuza dek bağlı kılar.*

Bir aile bireyini affetmeyi reddetmek, insanların yıllarca takılı kalmalarının ve görevlerini yerine getiremeyen ailelerinden ayrılamamalarının en büyük nedenlerinden birisidir. Onlardan bir şeyler istemeye devam ederler. En iyisi, size verecek bir şeyi olmayan bu kişileri affetmektir. Böylelikle acınızı dindirebilirsiniz, çünkü asla gerçekleşmeyecek olan ve umutlarınızı erteleyip yüreğinizi acıtan geri alma talebiniz ortadan kalkmış olur.

O kişileri affetmezseniz, sadece sizi yaralayan kişinin yaptığı şeyi itiraf etmesini isteseniz bile, vermek istemediği bir şeyi talep etmiş olursunuz. Bu davranış sizi ona "bağlar" ve sınırlarınızı yıkar. Sizi büyüten, görevlerini yerine getiremeyen ailenizi bırakın gitsin. Onları serbest bıraktığınızda, özgürlüğüne kavuşan siz olacaksınız.

Tepki Değil, Cevap Verin

Birinin söylediği veya yaptığı bir şeye *tepki gösterdiğinizde*, bu sınırlarla ilgili bir sorununuz olabileceğini gösterir. Birisi bir şey yaparak veya söyleyerek zarar görmenize yol açabiliyorsa, o kişi sizi kontrolü altında tutmaktadır, yani sınırlarınız kaybolup gitmiştir. *Cevap verdiğinizde* kontrol sizin elinize geçer, olasılıklar ve seçenekler de arkasından gelir.

Tepkisel bir tavır aldığınızı hissederseniz, geri çekilerek yeniden kontrolü elinize alın, böylelikle aile bireyleri yapmak veya söylemek istemediğiniz bir şey yapmanızı veya söylemenizi sağlayamaz, sonuç olarak ayrı bir duruş sergilemenizi ihlal edecek bir durum ortaya çıkmaz. Sınırlarınızı korurken sizin için en uygun seçeneği seçin. Cevap vermek ve tepki vermek arasındaki fark, seçimlerimizdir. Tepki verirseniz kontrol *başkalarının* eline geçer. Yanıt verdiğinizde ise, kontrol eden taraf *siz* olursunuz.

Suçluluk Duygusuyla Değil, Özgürce ve Sorumluluk Alarak Sevmeyi Öğrenin

En iyi sınırlar sevecen sınırlardır. Devamlı surette kendini koruma ihtiyacı duyan kişi sevgi ve özgürlük konusunda birçok şey kaçırır. Sınırlar asla sevmeyi bir kenara bırakmak anlamına gelmez. Aksine, sınırlarınızı ortaya koyarak sevme özgürlüğünüzü kazanırsınız. Başkaları için kendinizi feda etmek ve ödün vermek iyi bir davranıştır. Ancak, bu seçimi yapmak için sınırlarınızın olması gerekir.

Özgürlüğünüzü artırmak için anlamlı şeyler vermeyi deneyin. Bazen sınırlarını geliştiren kişiler birisine iyilik yapmanın o kişiye bağlanmaları anlamına geldiğini düşünür. Oysa birisi için iyi bir şey yapmayı hür iradenizle seçerseniz, sınırlarınız gelişir. Birbirine bağımlı olanlar ise iyilik yapmazlar, ancak korku duydukları için kötülüğe izin verirler.

Sekizinci Bölüm

Sınırlar ve Arkadaşlarınız

Marsha hangi kanalın açık olduğuna bile bakmadan televizyonu açtı. En yakın arkadaşı Tammy ile yaptığı telefon konuşmasını düşünüyordu. Tammy'ye birlikte sinemaya gitmeyi teklif etmişti. Tammy'nin o gece için başka planları vardı. Bir kez daha Marsha önce davranmış ve bir kez daha hayal kırıklığına uğramıştı. Tammy onu hiç aramıyordu. Arkadaşlığın böyle mi olması gerekiyordu?

Arkadaşlık. Bu kelime iki kişinin birbirine doğru yöneldiği, yakınlık ve bağlılık içeren duyguları akla getiriyor. Arkadaşlar yaşamımızın ne kadar anlamlı olduğunu gösteren sembollerdir. Dünyadaki en mutsuz kişiler, kendilerini ifade edecekleri ve sevilecekleri ilişkilerden yoksun olan kişilerdir.

Arkadaşlık geniş bir kavramdır. Bu kitapta bahsedilen ilişkilerin çoğunda arkadaşlık önemli bir ayrıntıdır. Ancak sınırları daha iyi anlamak için, gelin arkadaşlığı tanımlayalım: *Amaç esasına dayanmak-*

tan çok, *bağlılık esasına dayanan* ve *romantik anlam taşımayan ilişki.* Yani, çalışma veya okul gibi ortak bir işe dayalı ilişkileri burada hariç tutalım. Arkadaşlığa sadece bizde hatırları olduğu için içinde yer aldığımız ilişkiler olarak bakabiliriz.

Arkadaşlarla ilgili sınır çatışmaları, çok çeşitli biçimlerde ve boyutlarda karşımıza çıkar. Bazı çelişkilere ve bunların sınırlarla nasıl çözümlenebileceğine bakalım.

1. Çatışma: Uyumlu/Uyumlu

Bazı yönleriyle harika bir arkadaşlıktı, bazı yönleriyle ise çok kötüydü. Sean ve Tim aynı sporları yapmaktan, aynı etkinliklerden ve aynı hobilerden zevk alıyor, aynı restoranlara gitmeyi seviyorlardı. Ancak birbirlerine karşı aşırı derecede kibar davranıyorlardı. İkisi de birbirine hayır demekte zorlanıyordu.

Bu sorunun varlığını bir hafta sonu aynı gün hem rafting turu, hem de 60'lar konseri olunca fark ettiler. Sean ve Tim ikisinden de hoşlanıyordu, ancak ikisine birden gidemezlerdi. Sean Tim'i arayıp, raftinge gitmeyi teklif etti. "Tabii ki olur," diye cevap verdi arkadaşı. Ancak birbirlerinden habersiz olarak, ikisi de aslında raftinge gitmek istemiyor, konsere gitmeye can atıyordu.

Nehrin yarısına ulaşmışlardı ki Sean ve Tim aslında ne istedikleri konusunda dürüst davranmaya başladı. Yorulmuş ve ıslanmış olan Tim, "Buraya gelmek senin fikrindi!" diye patladı.

"Tim," dedi Sean, şaşırarak. "Ben de *sen* raftinge gitmek istiyorsun sanmıştım."

"Yok, hayır! Beni arayınca buraya gelmek istiyorsun sandım! Dostum," diye devam etti Tim pişmanlıkla, "belki de artık birbirimize porselen biblo muamelesi yapmaktan vazgeçmeliyiz."

İki uyumlu kişinin birbirleriyle ilişki kurması sonucu olarak her ikisi de gerçekten istediğini yapamaz. İkisi de birbirine doğruyu söylemekten o kadar korkar ki, ne istediğini söyleyemezler.

Gelin bu çelişkiyi bir kontrol listesi aracılığıyla inceleyelim. Sorulardan oluşan bu liste sayesinde sınırlarınızı oluşturma sürecinin neresinde bulunduğunuzu anlayacak ve varmak istediğiniz yere nasıl gideceğinizi öğreneceksiniz.

1. *Belirtiler nelerdir?* Uyumlu/uyumlu çatışmasının belirtilerinden birisi, tatmin olamama ve izin vermemeniz gereken bir şeyin meydana gelmesine göz yumma.
2. *Nelerden kaynaklanır?* Uyumlu kişiler, hayır demekten kaçınarak başkalarını mutlu etmek zorunda oldukları ortamlarda yetişmiştir. Yetiştikleri ortamların birbirine benzediği iki uyumlu kişinin birbirine yardımcı olması olanaksızdır.
3. *Sınır çatışması nerede?* Uyumlu kişiler başkalarıyla aralarındaki huzuru bozmamak için kendi sınırlarından ödün verir.
4. *Kimin sahiplenmesi gerekir?* Uyumlu kişiler, başkalarını yatıştırmak veya memnun etmek için sarf ettikleri çabaların sorumluluğunu üstlenmelidir. Sean ve Tim'in her ikisi de nazik davranarak birbirlerini kontrol ettiklerini itiraf etmek zorundadır.
5. *Nelere ihtiyaç duyarlar?* Uyumlu kişilerin kendilerini destekleyecek ilişkilere sahip olmaları gerekir, bu ilişkileri destek grupları, ev içi çalışma grupları veya danışmanlarla kurabilirler.
6. *Nereden başlamalı?* İki uyumlu kişi de sıradan şeyler için sınırlar belirleyerek işe başlar. Restoran seçimi, müzik ve beğendikleri konularla ilgili sınır koyarak başlayabilirler.
7. *Birbirlerine karşı nasıl sınır belirlerler?* Sean ve Tim birbiriyle yüz yüze konuşur, sonunda gerçeği dile getirerek belir-

lemek istedikleri sınırları açıklarlar. Birbirlerine karşı daha doğru sınırlar belirleyeceklerine dair söz verirler.

8. *Bundan sonra ne olur?* Sean ve Tim ilgi alanlarının sandıkları kadar benzer olmadığını itiraf etmek zorunda kalabilir. Birbirlerinden daha çok ayrılmaları gerekebilir. Farklı etkinliklere katılmak, farklı arkadaşlara sahip olmak ilişkiyi bozmaz, üstelik uzun vadede arkadaşlıkları için yararlı olabilir.

2. Çatışma: Uyumlu/Saldırgan Denetleyici

Uyumlu/saldırgan denetleyici çatışması, arkadaşlık anlaşmazlıklarının en kolay ayırt edilebilir olanıdır ve klasik belirtileri vardır. Uyumlu olan taraf, ilişki içinde kendisini sindirilmiş ve kullanılmış hisseder, saldırgan denetleyici ise uyumlunun sürekli mızmızlanmasına sinirlenir.

"Eh, peki o zaman, madem ısrar ediyorsun," uyumlu kimselerin sıklıkla kullandığı bir cümledir. Genellikle saldırgan denetleyici, uyumlu kişinin zamanının, yetenek veya kaynaklarının bir kısmını kullanma konusunda ısrarcıdır. Saldırgan denetleyici isteklerini dile getirmede güçlük yaşamaz. Bazen de istediğini sormadan alır. "İhtiyacım vardı," saldırgan denetleyiciye göre uyumlunun sahip olduklarının bir kısmını alması için yeterli bir sebeptir, bunlar araba anahtarları, bir bardak şeker veya zamanından çaldığı üç saat olabilir.

Genellikle bu ilişkiden memnun olmayan taraf uyumlu taraftır, bu nedenle harekete geçmesi gereken kişi de odur. Şimdi de, bu ilişkiyi kontrol listesinden geçirelim:

1. *Belirtiler nelerdir?* Uyumlu kişi kendini kontrol altında ve kızgın hisseder, saldırgan denetleyici kendini iyi hisseder, ancak rahatsız edilmekten hoşlanmaz.
2. *Nelerden kaynaklanır?* Uyumlu kişi büyük ihtimalle ken-

disine çelişkileri kucaklamak yerine onlardan uzak durmayı öğretmiş bir ailede yetişmiştir. Saldırgan denetleyici ise, memnuniyetini erteleme ve kendi sorumluluğunu üstlenme konularında hiçbir eğitim almamıştır.

3. *Sınır çatışması nerede?* İki belirgin sınır çatışması vardır. Biri uyumlunun arkadaşına karşı bariz sınırlar oluşturamaması, diğeri de saldırgan denetleyicinin uyumlunun sınırlarına saygı göstermemesidir.

4. *Kimin üstlenmesi gerekir?* Uyumlu kişinin saldırgan denetleyicinin kurbanı olmadığını anlaması gerekir, çünkü sahip olduklarını tamamen kendi isteğiyle ve gümüş tepside arkadaşına sunmaktadır. Gücünü sunmak arkadaşını denetlemenin bir yoludur. Uyumlu kişi onu memnun ederek saldırgan denetleyiciyi kontrolü altında tutmakta, bunun onu yatıştıracağını ve davranışını değiştirmesini sağlayacağını düşünmektedir. Saldırgan denetleyicinin hayır yanıtını kabul etmede ve başkalarının sınırlarını kabullenmede zorluk çektiğini anlamalıdır. Arkadaşını kontrol etme ihtiyacının sorumluluğunu da üstlenmesi gerekmektedir.

5. *Nelere ihtiyaç duyarlar?* Bu arkadaşlık ilişkisinde diğerine göre daha mutsuz olan tarafın, yani uyumlu kişinin sınır çelişkileri konusunda yardım alabileceği bir destek grubuyla iletişim kurması gerekmektedir.

6. *Nasıl başlayacaklar?* Arkadaşıyla yüzleşmeye hazırlanan uyumlu tarafın kendisini destekleyecek insanlarla sınır belirleme konusunu çalışması ve pratik yapması gerekmektedir. Saldırgan denetleyici ise insanları çiğneyip geçtiğini kendisine anlatacak ve başkalarının sınırlarına nasıl saygı gösterebileceği konusunda dürüst yanıtlar verecek arkadaşlarından faydalanabilir.

7. *Nasıl sınır belirleyecekler?* Uyumlu kişi kendisini kontrol altına almaya çalışması ve gözdağı vermesi konusunda arkadaşıyla yüzleşir. Bir daha onu kontrol etmeye kalkıştığında kendisini terk edeceğini söyler.

Uyumlu taraf arkadaşını denetlemeye kalkışmaz. Yüzleşme, saldırgan denetleyicinin seçeneklerinin elinden alınacağını söyleyen bir ültimatom değildir. Uyumlu taraf arkadaşının denetiminin kendisini incittiğini ve arkadaşlıklarını yaraladığını anlatmak için sınırlar belirler. Bu sınırlar uyumlu kişinin daha fazla incinmesini engeller. Saldırgan denetleyici istediği kadar öfkelenip arkadaşını sindirmeye çalışabilir, ancak uyumlu kişi karşısında olmayacak ve ondan bir zarar görmeyecektir. Odanın, evin veya arkadaşlıklarının dışında olacaktır – ta ki, geri dönmesi sorun oluşturmayacak hale gelinceye dek.

Saldırgan denetleyici hareketlerinin sonuçlarını görür. Arkadaşının onunla birlikte olmaması, ilişkiyi özlemesine yol açabilir, böylelikle arkadaşını kaçıran kontrol edici davranışlarının sorumluluğunu üstlenmeye başlayabilir.

8. *Peki şimdi ne olacak?* Bu noktada eğer iki arkadaş da hazırsa, ilişkilerini gözden geçirebilirler. Yeniden, "Devamlı eleştirmeyi bırakırsan, ben de dırdırı keserim" gibi temel kurallar belirleyerek, yeni bir ilişkiye adım atabilirler.

3. Çatışma: Uyumlu/Yönlendiren Denetleyici

"Cathy, çok zor durumdayım, beni kurtarabileceğine inandığım bir tek sen varsın. Çocuklar için bakıcı bulamıyorum ve bir toplantıya yetişmem lazım..."

Cathy, arkadaşı Sharon'ın durumunu dinledi. Her zamanki gibi, aynı hikaye. Sharon gerektiği gibi plan program yapmamış, önceden çocuklara bakacak birisini ayarlamamıştı. Kendi kendine yarattığı bu acil durumlar meydana geldiğinde yardım istemek için hep Cathy'yi arardı.

Cathy bu konumda olmaktan nefret ediyordu. Sharon bunu kasıtlı olarak yapmazdı, bir sebepten ona ihtiyacı vardı, ancak Cathy yine de kendisini kullanılmış ve istismar edilmiş hissediyordu. Ne yapması gerekiyordu?

Pek çok arkadaşlık, uyumlular ve yönlendiren denetleyiciler arasındaki bu etkileşimlere sıkışıp kalmaktadır. Neden Sharon'ı denetleyici olarak sınıflandırıyoruz? Arkadaşını bilinçli olarak yönlendirmeye çalışmıyor, ancak niyeti ne kadar iyi olursa olsun başı sıkıştığında arkadaşlarını kullanıyor. Nasıl olsa varlar diyerek, iyilik yapmaktan kaçınmayacaklarını düşünüyor. Arkadaşları da, "Sharon da böyle işte" diyerek bu tavırlarına katlanıyor ve bu gibi durumlarda duydukları hoşnutsuzluğu bastırıyorlar.

Şimdi bu çatışmayı, sınırlarla ilgili denetim listemize göre ele alalım:

1. *Belirtiler nelerdir?* Uyumlu kişi (Cathy), manipüle edici denetleyicinin (Sharon) son dakika isteklerinden dolayı öfke duymaktadır. Cathy, arkadaşlığına değer verilmediği duygusuna kapılmaktadır. Arkadaşından uzak durmaya başlar.
2. *Nelerden kaynaklanır?* Sharon'ın anne ve babası, başı her sıkıştığında onun yardımına koşmuşlar, bu uğurda gece 3'lere kadar dönem ödevlerini bitirmesine yardım etmişler, otuzlu yaşlarının ortalarına kadar borç para vermişlerdi. Son derece iyi insanların var olduğu ve hep yardımcı oldukları son derece bağışlayıcı bir dünyada yaşamıştı Sharon. Asla kendi sorumsuzluğu, disiplinsizliği ve plansızlığı ile yüz yüze kalmamıştı.

Cathy çocukken, hayır dediğinde annesinin yüzünde beliren kırılmış ifadeden hoşlanmazdı. Sınırlar belirleyerek başkalarını incitmekten korkarak büyüdü. Cathy, arkadaşları, özellikle de Sharon ile çelişkiye düşmemek için her şeyi yapardı.

3. *Sınırlarla ilgili çatışma nedir?* Sharon, önceden plan yaparak programının sorumluluğunu üstlenmemektedir. Sorumluluklar "ondan kaçtığında", yardım etmesi için en yakınındaki uyumlu kişiyi aramaktadır. Cathy koşarak yardımına gider.
4. *Sorumluluğu kimin üstlenmesi gerekir?* Bu örnekte karşı tarafın isteğini yapmak zorunda kalan Cathy, sürekli "evet" diyerek Sharon'ın önceden plan yapmaktan kaçma eylemini kışkırttığını görüyor. Cathy'nin kendisini bir kurban gibi görmekten vazgeçerek, "hayır" deme sorumluluğunu üstlenmesi gerekir.
5. *Cathy'nin neye ihtiyacı vardır?* Cathy, arkadaşıyla arasındaki sınır sorunları ile ilgilenirken kendisine destek verecek kişilerle bağlantı kurmaya ihtiyaç duyar.
6. *Nereden başlamalıdır?* Cathy, kendisine destek olacak arkadaşlarına hayır deme alışkanlığını edinir. Destekleyici bir ortamda, karşısındakinin düşüncelerine katılmamayı, kendi düşüncelerini ifade etmeyi ve yüzleşmeyi öğrenir.
7. *Cathy sınırlarını nasıl oluşturmalıdır?* Bir dahaki buluşmalarında Cathy, Sharon'a kullanıldığını ve kendisinden yararlandığını hissettiğini anlatır. Karşılıklı olarak fayda sağlayacak bir ilişkilerinin olmasından memnuniyet duyacağını belirtir. Sonra da arkadaşına, bundan sonra "son dakikada haber verildiğinde" çocuk bakıcılığı yapamayacağını söyler.
8. *Bundan sonra ne olur?* Arkadaşlıkları büyür ve derinleşir. Bir süre sonra Cathy ve Sharon, aslında onları birbirine yakınlaştıran çatışmayı hatırladıklarında gülerler.

4. Çatışma: Uyumlu/Tepkisiz

Bu bölümün başında bahsettiğimiz Marsha ile Tammy'nin arkadaşlığını hatırlıyor musunuz? Arkadaşlardan birinin bütün işleri yaparken diğerinin hiçbir şey yapmaması, uyumlu/tepkisiz ilişkisinde yaşanan çelişkilere verilebilecek bir örnektir. Taraflardan biri kızıp içerlerken, diğeri sorunun ne olduğunu merak eder. Marsha bu arkadaşlığın Tammy'nin gözünde kendisi için olduğu kadar değerli olmadığını hissetmiştir.

Şimdi bu ilişkiyi analiz edelim:

1. *Belirtiler nelerdir?* Marsha kendisini depresyonda, öfkeli ve önemsiz hissetmektedir. Tammy ise arkadaşının ihtiyaç ve talepleri yüzünden kendisini suçlu veya bunalmış hissedebilir.
2. *Nelerden kaynaklanır?* Marsha her zaman, bütün işleri yüklenip önemli ilişkilerindeki insanları kontrol etmezse terk edileceğinden ve yalnız kalacağından korkuyordu.

Tammy ise daha önce hiçbir ilişkisi için çaba sarf etmemişti. Her zaman popüler ve aranılan biriydi, pasif davransa bile arkadaşlıklarından istediğini alabiliyordu. Tepkisiz olduğu için kimseyi kaybetmemiş, hatta arkadaşları, onunla birlikte vakit geçirmek için Tammy'den çok daha fazla çaba harcamışlardı.

3. *Sınırlarla ilgili çatışma nedir?* Burada iki sınır çatışması bulunmaktadır. İlki, Marsha'nın arkadaşlığı için fazla sorumluluk üstlenmesi ve arkadaşının kendi yükünü taşımasına izin vermemesidir.

İkincisi, Tammy'nin arkadaşlık ilişkisi için yeterince sorumluluk üstlenmemesidir. Marsha'nın pek çok seçenekle birlikte kendisine geleceğini bilir. Başkası yapıyor nasıl olsa, niye kendisi çalışsın?

4. *Kimin sahiplenmesi gerekmektedir?* Marsha'nın, Tammy'nin hiçbir şey yapmamasını kolaylaştırdığını anlaması ve bunun sorumluluğunu üstlenmesi gerekmektedir. Kendi planlama, arama ve tüm işleri yapma girişimlerinin, sevgiyi gizlice denetleme çabaları olduğunu görmektedir.
5. *Neye ihtiyaçları var?* Her iki kadının da başka arkadaşların desteğine ihtiyaçları vardır. Etraflarında koşulsuz sevgiye dayalı bir-iki ilişki olmadan, bu soruna tarafsız bir gözle bakamazlar.
6. *Nereden başlamalılar?* Marsha, kendisini destekleyen arkadaşlarıyla sınırlar belirleme üzerinde çalışır. Eğer Tammy ile ilişkisini kesecek olursa, tarafların kendi ağırlıklarını taşıdıkları başka arkadaşlıklara sahip olabileceğini fark eder.
7. *Sınırları nasıl belirlemeliler?* Marsha Tammy'ye duygularından bahsederek ona gelecekte arkadaşlıklarında eşit sorumluluklar üstlenmeleri gerekeceğini söyler. Yani Marsha onu arar, Tammy aramazsa Marsha da artık aramayacaktır. Marsha Tammy'nin kendisini özleyeceğini ve aramaya başlayacağını ümit eder.

En kötü olasılıkla Tammy'nin tepkisizliği yüzünden arkadaşlıkları zayıflar, ama Marsha gene de bir şey kazanmış olacaktır: Bunun aslında karşılıklı bir bağlılık olmadığını öğrenecektir. Üzülecektir, ama daha sonra bu üzüntüsünü yenerek gerçek arkadaşlar aramaya koyulabilir.

8. *Bundan sonra neler olur?* Önemsiz gibi görünen bu kriz, arkadaşlıklarını kalıcı olarak değiştirir. Ya ilişkiyi koparır ya da daha iyi bir arkadaşlık ilişkisinin inşa edilebilmesi için gereken zemini sağlar.

Arkadaşlıkta Sınır Çatışmalarıyla İlgili Sorular

Arkadaşlıklardaki sınır çatışmaları ile uğraşmak zordur, çünkü ilişkiyi sağlayan tek bağlantı, birlikteliğin kendisidir. Nikah yüzüğü yoktur. İş bağlantısı yoktur. Sadece arkadaşlık vardır ve bu ilişki genelde çok hassas bir yapıya sahip olup kolaylıkla zarar görür.

Yukarıda bahsedilen çatışmaları yaşayan kişiler, arkadaşlıkları hakkında sınırlar belirlemeyi düşündüklerinde, genelde şu soruları yöneltmektedirler.

Soru 1: Arkadaşlıklar Kolay Bozulmaz mı?

Arkadaşlık ilişkilerinin pek çoğunda tarafları bir arada tutan iş, evlilik gibi dış bağlılıklar bulunmaz. İlişkide bulunan insanların yaşamında gerçek dalgalanmalar olmadan da telefonun sesi aniden kesilebilir ve ilişki ölebilir. Öyleyse, sınır çelişkileri ortaya çıktığında arkadaşlıkların bozulma riski daha yüksektir, değil mi?

Bu tarz düşünme iki sorunu beraberinde getirir. Birincisi, evlilik, iş gibi dış kurumların, ilişkileri bir arada tutan şeyler olduğunu farz etmektir. Bağlantılarımızın değil, taahhütlerimizin bizi bir arada tuttuğu varsayılır. Oysa işin gerçeği bundan çok uzaktır.

Seçim ve bağlılık, iyi arkadaşlık için *gereken* bileşenlerdir. Sadece iyi gün dostlarıyla yetinemeyiz. Ancak deneyimlerimiz bağlılığa veya sadece seçim gücüne güvenemeyeceğimizi söyler, çünkü bunlar bizi yarı yolda bırakabilir.

Yaşam bize, tüm bağlılıkların sevgi dolu bir ilişkiye dayalı olduğunu öğretir. Sevilmek, bağlanmaya ve isteyerek karar almaya götürür ve bu olgular aynen bu sırayla meydana gelmelidir.

Bu kural arkadaşlığa nasıl uygulanır? Şöyle düşünün. En yakın arkadaşınız size şöyle bir şey söylese ne yapardınız: "Yalnızca ben kendimi bu arkadaşlığa adıyorum, eğer yapmasam seninle olan arkadaşlığımız sürmezdi. Beni sana çeken hiçbir şey yok. Ben seninle birlikte olmaktan özellikle hoşlanıyor değilim. Ama yine de seninle arkadaş kalmaya devam edeceğim."

Böyle bir ilişki içinde herhalde kendinizi pek güvende ve değerli hissetmezdiniz. Sevgiyle değil, mecburiyetten sizinle arkadaşlık edilmekte olduğunu düşünürdünüz. Kimsenin sizi kandırmasına izin vermeyin. Arkadaşlıkların hepsinde bağlanma esas alınmalıdır, aksi takdirde bu ilişkiler, zayıf temellere oturtulmuş olur.

Arkadaşlıkların evlilik ve iş gibi kurumsallaşmış ilişkilerden daha zayıf olduğunu düşünmeye yol açan ikinci durum, bu ikisinin bağlılık esasına dayanmadığını varsaymaktır ve bu büyük bir yanılgıdır. Eğer gerçek olsaydı, evlenirken verilen sözler sıfır boşanma oranını garanti ederdi. Ya da işe alınmak demek yüzde yüz işe gitmek anlamına gelirdi. Yaşamımızda büyük önem taşıyan bu iki kurum, büyük ölçüde bağlılık esasına dayanmaktadır.

Arkadaşlarımızı bize bağlı tutan tek bir öğe vardır; bu ne performansımız, ne sevecenliğimiz, ne onların suçluluk hissetmesi ne de mecbur olmalarıdır ve bu gerçeğin farkına varmak korkutucudur. Onların bizi aramaya, bizimle zaman geçirmeye ve bize katlanmaya devam etmelerini sağlayan tek şey, sevgidir. Ve bu da bizim kontrol edemediğimiz tek şeydir.

Herhangi bir anda, herhangi biri, bir ilişkiyi bitirebilir. Ancak, bizler gittikçe daha fazla bağlılık temeline dayalı bir yaşantıya girdikçe, sevgiye güvenmeyi öğreniriz. Gerçek arkadaşlıkta bağların kolaylıkla koparılamayacağını öğreniriz. Ve iyi bir ilişkide bağlılığa zarar vermeyen ve sağlamlaştıran sınırlar belirleyebiliriz.

Soru 2: Romantik Arkadaşlıklarda Sınırları Nasıl Belirleyebilirim?

Bazı bekarlar romantik ilişkilerde yalan söylemeyen ve sınırlar belirleyen kişiler olmak için büyük mücadele verirler. Romantik ilişkilerde yaşanan çelişkilerin çoğu, ilişkiyi kaybetme korkusundan doğar. Müşterilerimden biri şöyle diyebilir: "Hayatımda çok beğendiğim biri var, ancak ona hayır dersem bir daha görememekten korkuyorum."

Romantik çerçevede geçerli bir çift özel kural vardır:

1. *Romantik ilişkiler doğaları gereği risklidir.* Başkalarıyla iyi bağlantılar geliştirmemiş ve sınırlarına saygı gösterilmemiş pek çok bekar, uyumlu arkadaşlık kurallarını karşı cinsten biriyle flört ederek öğrenir. Bu ilişkilerin güvenli yanının onlara sevmeyi, sevilmeyi ve sınırlar belirlemeyi öğretmesini umar.

Bu kişiler genellikle birkaç aylık birlikteliklerden sonra o ilişkiden, ilişkiye girmeden önce olduklarından daha çok yara almış ve incinmiş olarak çıkarlar. Kendilerini bırakılmış, terk edilmiş veya kullanılmış hissederler. Bu, birisiyle çıkma ile ilgili bir sorun değildir. Çıkmadaki veya gezmedeki amacı anlamakla ilgili bir sorundur.

Karşı cinsten birisiyle gezmenin amacı, deneyim ve beceri kazanmaktır. Asıl amaç, er ya da geç evlenip evlenmemeye karar vermektir. Birlikte zaman geçirmek, ne tür bir insanı tamamladığımızı ve kiminle ruhsal ve duygusal yönden uyumlu olduğumuzu anlamak için gerçekleştirilir, flört etmek evlilik için pratik alanıdır.

Bu gerçek, kendi içinde yerleşik bir çelişkiye neden olur. Biriyle çıktığımızda, herhangi bir zaman, "İşler yürümüyor" deme ve o ilişkiyi bitirme özgürlüğümüz bulunur. Karşımızdaki kişi de aynı özgürlüğe sahiptir.

Peki, sınırları zedelenmiş bir insan için bu ne anlama gelir? Genellikle karakterinin olgunlaşmamış, gelişmemiş yönlerini yetişkinlere özel romantik ilişkiye taşır. Düşük bağlılık ve yüksek risk bulunan bir ortamda yaralarını sarmak için güven, bağlılık ve istikrar arar. Genellikle kendini birlikte çıktığı kişiye doğru atıverir, çünkü çok ihtiyacı vardır. Ve "işler yürümediğinde" de mahvolur.

Bu, üç yaşındaki bir çocuğu savaşta ön saflara göndermeye benzer. Flört etmek, yetişkinlerin birbirlerinin evlilik için uygun olup olmadığını anlamaları için bir yöntemdir; narin, incinmiş ruhların tedavi edilmeyi bekleyecekleri bir yer değil. Bu tedavinin sağlanacağı en uygun yer, destek grupları, terapi ve hemcinslerle kurulacak arkadaşlıklar gibi, romantizmin dışındaki ortamlardır. Romantik olan ve olmayan arkadaşlıkların amaçlarını ayrı tutmalıyız.

En iyisi, sınır belirleme yeteneklerini bağlılığın daha güçlü olduğu bu romantizm dışı ortamlarda öğrenmektir. Doğru sınırlarımızı anlama, belirleme ve korumayı bir kez öğrendiğimizde, onları flört etmek, birlikte olmak adı verilen oyun sahalarında da kullanabiliriz.

2. *Romantizmde sınırları belirlemek gerekir.* Olgun sınırlara sahip bireyler bazen flört döneminin ilk zamanlarında karşılarındakini memnun etmek için sınırlarını askıya alırlar. Ancak romantizmde yalan söylememek, ilişkiyi tanımlamaya yardımcı olur. Bireylerin nerede başlayıp diğerinin nerede bittiklerini bilmelerine yardım eder.

Birbirlerinin sınırlarını göz ardı etmek veya önemsememek bir flört ilişkisini en çok baltalayan etmenlerden biridir. Evlilik öncesi danışmanlık için gelen bir çifte sorarız, "Fikir ayrılığına düştüğünüz konular nelerdir? Nerelerde inatlaşırsınız?" Gelen cevap, "şaşılacak şey, birbirimizi öylesine tamamlıyoruz ki, farklı yönlerimiz pek az" olduğunda, bu çifte bir ev ödevi veririz: Birbirinize hangi konularda yalan söylediğinizi bulun. Eğer ilişkide bir umut varsa, bu ödev genellikle yardımcı olur.

Soru 3: Ya En Yakın Arkadaşlarım Ailemse?

Sınırlarını geliştirmekte olan bireyler bazen şöyle derler: "Ama benim en iyi arkadaşım, annem (veya babam veya kız kardeşim veya ağabeyim)." Genellikle içinde büyüdükleri ailenin en iyi arkadaşları olmasından dolayı şanslı olduklarını düşünürler. Kendi anne babaları ve kardeşlerinin yanı sıra, etraflarında yakın dostlardan oluşan bir çembere ihtiyaçları olduğunu hiç düşünmezler.

Ailenin gerçek görevini yanlış anlarlar. Aile, içinde olgunlaştığımız, ihtiyacımız olan kaynaklar ve yeteneklere sahip bir ortam olarak tasarlanmıştır. Bu ortam görevini yerine getirdiğinde genç yetişkini yuvayı terk etmeye ve dış dünyaya bağlanmaya teşvik etmelidir. Bu genç yetişkin, yaşamda ne yapacaksa, onu yapmakta özgürdür.

Hiç kimse, sınırlarını belirlemeden, evden ayrılmadan ve bir başka yere bağlanmadan gerçek anlamda bir yetişkin olamaz. Aksi halde kendi değerlerimizi, inanç ve düşüncelerimizi – yani kimliğimizi – oluşturup oluşturmadığımızı, ya da ailemizin fikirlerini taklit edip etmediğimizi asla bilemeyiz.

Ailemiz en yakın arkadaşlarımız olabilir mi? Kesinlikle olabilir. Ancak aile bireylerinizi hiç sorgulamamış, onlarla aranızda sınırlar belirlememiş veya anlaşmazlıklar yaşamamışsanız, ailenizle yetişkinlerin sahip olduğu türden bir ilişkiye sahip olmayabilirsiniz. Eğer ailenizden başka "en iyi arkadaşınız" yoksa, bu ilişkilere yakından bakmanız gerekir. Ayrılmak ve bireyselleşmekten, kendi başına ayakta durabilen bir yetişkin olmaktan korkuyor olabilirsiniz.

Soru 4: İhtiyacı Olan Arkadaşlarımla Aramda Nasıl Sınır Belirleyebilirim?

Bir gün bir çalışma seansında, kendisini son derece soyutlanmış ve kontrol dışı hisseden bir bayanla konuşuyordum. Arkadaşlarıyla arasında sınırlar belirlemek onun için olanaksızdı, çünkü arkadaşları sürekli kriz yaşıyordu.

Ondan ilişkilerinin niteliğini tanımlamasını istedim. "Pek çok arkadaşım var. Haftada iki gece bir el sanatları kursunda gönüllü olarak çalışıyorum. Haftada bir çalışmaları yönetiyorum. İki ayrı atölye çalışmasında görevliyim ve korodayım."

"Haftanızı nasıl geçirdiğinizi dinlerken ben yoruluyorum," dedim. "Peki, buradaki ilişkilerinizin niteliği nasıl?"

"Harika. İnsanlar yardım görüyor. Yeni beceriler öğreniyorlar ve bunları uyguluyorlar."

"Ancak ben," dedim, "dostluklarınızdan söz ediyorum, siz bana etkinlikleri anlatıyorsunuz. İkisi aynı şey değil."

Aradaki farkı hiç düşünmemişti. Onun dostluk anlayışı, kendisine ihtiyaç duyan insanlar bulmak ve onlarla ilişki kurmaktı. Kendisi için bir şeyler istemeyi bilmiyordu.

Sınır çelişkilerinin kaynağı işte buydu. Bu "el sanatları kursları" bir kenara bırakılacak olursa bu bayanın hiçbir şeyi kalmazdı. Hayır diyemiyordu. Hayır derse soyutlanabilirdi ve böyle bir şeye katlanamazdı.

Ancak yine de, tükendiğini hissetmiş ve yardım istemeye gelmişti.

Sınırlarınızı oluşturarak, önemli ilişkilerinizin kötüye gitmesini önleyebilirsiniz. Ve romantik ilişkiler sizi evliliğe götürdüğünde, ilişkilerin bu en yakın olanı için bile sınırların nasıl belirlenebileceğini ve nasıl korunacağını hatırlamanız gerekebilir.

Dokuzuncu Bölüm

Sınırlar ve Eşiniz

Sınırların karıştırılabileceği bir ilişki varsa, o da evliliktir, çünkü evlilikte eşler birbirlerine bağlanır, tek kişi haline gelirler. Sınırlar ise ayrı ve bağımsız olmamızı destekler. Evliliğin hedeflerinden biri de ayrı olmaktan vazgeçerek, iki yerine "bir" olmaktır. Ne kadar akıl karıştırıcı bir durum, özellikle de daha yolun başında bulunan ve belirgin sınırları bulunmayan birisi için!

Zayıf sınırlar yüzünden başarısızlığa uğrayan evliliklerin sayısı, diğer sebeplerle başarısız olan evliliklerden daha fazladır. Bu bölümde sınır kurallarını ve sınırlarla ilgili inanışları, evlilik ilişkisi açısından değerlendireceğiz.

Bu Senin mi, Benim mi, Yoksa Bizim mi?

Evlilikte bazı görevleri eşlerden biri yerine getirir, bazılarını ise birlikte yaparlar. Evlendikleri gün ikisi bir olur ancak bireysel kimliklerini kaybetmezler. Her birisi ilişkiye katkıda bulunur ve her birinin de kendine ait bir yaşamı vardır.

Takım elbiseyi kimin giyeceği ve kravatı da kimin takacağına karar verirken hiç kimse zorlanmaz herhalde. Bütçeyi kimin ayarlayacağı ve çimleri kimin biçeceğine karar vermek ise biraz daha zor olabilir. Ancak bu görevler, eşlerin bireysel yetenek ve ilgilerine göre düzenlenebilir. Konu kişilik bileşenleri olduğunda sınırlar aklımızı karıştırabilir. Kişilik bileşenleri, her insanın sahip olduğu ve bir başkasıyla paylaşabileceği şeylerdir.

Bir kimse, bir başkasının kişilik sınırlarını ihlal ettiğinde, çizgiyi aşarak o kişinin duygu, tutum, davranış, seçim ve değerlerini kontrol etmeye kalktığında sorunlar ortaya çıkar. Bunları yalnızca kişilerin kendisi kontrol edebilir. Bu bileşenleri denetlemeye çalışmak, birisinin sınırlarını ihlal etmek demektir ve böyle bir girişim eninde sonunda başarısızlığa uğrar.

Şimdi, sık rastlanan bazı örneklere bakalım:

Duygular

İki kişi arasında yakınlığı teşvik eden en önemli bileşenlerden biri, taraflardan ikisinin de kendi duygularının sorumluluğunu üzerine alabilmesidir.

Eşinin içki içmesi yüzünden evlilikle ilgili sorunlar yasayan bir bayana ve eşine danışmanlık hizmeti veriyordum. Bayandan, kocası içtiğinde neler hissettiğini eşine anlatmasını istedim.

"İçki içtiğinde sanki ne yaptığını düşünmediğini hissediyorum. İçki içtiğinde sanki..."

"Hayır, siz onun içmesini değerlendiriyorsunuz. Siz bu durumda ne hissediyorsunuz?"

"Beni hiç umursamadığını hissediyorum..."

"Hayır," dedim, "Bu sizin onun hakkındaki *düşünceleriniz*. İçki içtiğinde neler *hissediyorsunuz?"*

Kadın ağlamaya başladı. "Kendimi çok yalnız ve korkmuş hissediyorum." Nihayet ne hissettiğini söylemişti.

O anda adam uzanıp eşinin kolunu tuttu. "Korktuğunu hiç bilmiyordum," dedi. "Seni korkutmayı ister miyim?"

Bu konuşma, ilişkilerinde gerçekten bir dönüm noktası oldu. Kadın yıllarca içinde bulunduğu durumdan ve olması gereken durumdan bahsederek eşinin başının etini yemişti. O da karısını suçlayarak ve yaptıklarına mazeretler bularak yanıt vermişti. Saatlerce konuşmalarına rağmen, birbirlerine dertlerini tam olarak anlatamamışlardı. İkisi de duygularının sorumluluğunu üstlenip bunları karşısındakine iletememişti.

Bizler duygularımızı, "Senin ... olduğunu düşünüyorum" şeklinde iletmeyiz. Duygularımızı, "Kendimi hüzünlü, incinmiş, yalnız, korkmuş ... hissediyorum," diyerek iletiriz. Bu kırılganlık duygusu, yakınlığın ve ilginin başlangıcıdır.

Duygular aynı zamanda bir şey yapmamız gerektiğini bildiren uyarı sinyalleridir. Örneğin, birisine yaptığı bir şey için kızmışsanız, ona gidip kızgın olduğunuzu ve nedenini söylemeniz, tamamen kendi sorumluluğunuzdadır. Eğer öfkenizin onun sorunu olduğunu ve bunu onun tamir etmesi gerektiğini düşünürseniz, yıllarca beklemeniz gerekebilir. Ve öfkeniz de gitgide büyüyebilir. Eğer öfkeliyseniz, birisi size karşı hatalı davranmış olsa da, bu konuda bir şeyler yapmak sizin sorumluluğunuzdadır.

Susan'ın alması gereken ders buydu. Kocası Jim işten eve geç döndüğünde ve birlikte zaman geçirecek zamanları kalmadığında Susan kızıyordu. Ancak bunu kocasına anlatmak yerine, akşamın geri kalan bölümünde sessizleşiyordu. Jim'in de ne olduğunu anlamaya çalışmaktan canı sıkılıyordu. Sonunda, onun somurtmasından bıkıp, eşiyle ilgilenmiyordu.

Kırılmış duygular veya öfkeyle ilgilenmemek bir ilişkiyi öldürebilir. Susan'ın, Jim'in kendisini konuşturmaya çalışmasını beklememesi ve neler hissettiğini ona anlatması gerekirdi. Onu asıl incitenin kocası olduğunu hissetse de, kendi üzüntüsünün ve öfkesinin sorumluluğunu alması gerekirdi.

Jim ve Susan'ın sorunu, sadece kadının öfkesini dile getirmesiyle çözülmedi. Bir adım daha atması ve arzularını da ifade etmesi gerekti.

Arzular

Arzular, eşlerden her birinin sorumluluğunu üstlenmesi gereken kişilik öğelerinden diğeridir.

Susan öfkeliydi, çünkü Jim'in evde olmasını istiyordu. Onu geç kalmakla suçluyordu. Konuşmak için odama girdiklerinde aramızda şöyle bir diyalog gerçekleşti:

"Susan, Jim'e neden kızdığını bana anlat," dedim.

"Çünkü geç geliyor," diye cevap verdi.

"Sorun bu olamaz," dedim. "İnsanları insanlar kızdırmaz. Öfken senin içindeki bir yerden geliyor."

"Ne demek istiyorsunuz? Eve geç gelen o."

"Peki, ya o gece arkadaşlarınla dışarı çıkmayı planlamış olsaydın? Geç geldiği için yine kızar mıydın?"

"Hayır, kızmazdım. Bu durum farklı."

"Farklı olan nedir? Geç geldiği için ona kızdığını söyledin. Yine eve geç gelseydi, ona kızmazdın."

"Şey, bu durumda beni üzecek bir şey yapıyor olmazdı."

"Tam olarak değil," dedim. "Aradaki fark, onun vermek istemediği bir şeyi senin talep etmiyor olman. Seni inciten şey, bir isteğin yerine getirilmediği için hayal kırıklığına uğratılmış olman, onun geç gelmesi değil. Burada sorun, bu talepten kimin sorumlu olduğunda yatıyor. Bu senin isteğin, onun değil. Bu isteğini yerine getirmekle yükümlü olan kişi sensin. Bu bir yaşam kuralıdır. Her istediğimizi elde edemeyiz ve başkalarını cezalandırmak yerine, hayal kırıklığına uğradığımız için üzüntü duymalıyız."

"Peki, ya karşılıklı saygı? Geç saatlere kadar ofiste kalması çok bencilce," dedi kadın.

"O bazı geceler çalışmak istiyor, sen de onun evde olmasını istiyorsun. İkiniz de kendiniz için bir şeyler istiyorsunuz. Senin de onun kadar bencil olduğunu söyleyebiliriz. Tek fark, senin çelişen taleplerinin olması. Evlilik de budur işte, çelişen istekleri düzenlemek."

Bu örnekte kötü taraf yoktu. Hem Jim'in, hem de Susan'ın kendilerine ait ihtiyaçları vardı. Jim geç saatlere kadar çalışmak istiyor, Susan da evde olmasını istiyordu. Kendi istek ve ihtiyaçlarımiz için bir başkasını sorumlu tuttuğumuzda ve kendi hayal kırıklıklarımız için onları suçladığımızda sorunlar ortaya çıkar.

Feda Ettiğim Şeylerle İlgili Sınırlar

Kendi sınırlarımızın yokluğundan ötürü bir başkasını suçladığımızda sorunlar ortaya çıkar. Genellikle insanlar aslında yapmak istediklerinden fazlasını yapar, sonra da gereğinden fazlasını yapmasına engel olmadığı için eşlerine gücenirler.

Bob'un da böyle bir sorunu vardı. Karısı Nancy ideal bir ev istiyordu, kendi yaptıkları bir veranda, bahçe için çevre düzenlemesi ve yeniden tasarlanmış bir yuva. Sürekli evde kocasının yapması gereken bir iş çıkarıyordu. Bob eşinin projelerinden ötürü sinirlenmeye başlamıştı.

Beni görmeye geldiğinde Bob'a neden öfkeli olduğunu sordum.

"Çünkü benden çok fazla şey istiyor. Kendime hiç zaman ayıramaz oldum," dedi.

"Nasıl yani, 'ayıramaz? Sakın, 'ayırmaz' olmasın?"

"Hayır, *ayıramıyorum*. İş yapmazsam kızıyor."

"Bu onun sorunu, onun öfkesi."

"Evet ama, ben de bunu dinlemek zorunda kalıyorum."

"Hiç de zorunda değilsin," dedim. "Tüm bunları onun için yapmayı kabulleniyorsun ve yapmadığında sana söylediği öfke dolu sözleri dinlemeyi seçiyorsun. Onun istediği bir şeyler yapmayı seçtiğinde, bu senin verdiğin bir armağandır; vermek istemezsen, vermezsin. Tüm bunlar için eşini suçlamaktan vazgeç."

Bob bu fikirden hoşlanmamıştı. Hayır demeyi öğrenmek yerine, karısının isteklerinden vazgeçmesini istiyordu.

"Evi düzenlemek için her hafta ne kadar zaman ayırmak istiyorsun?"

Biraz düşündü. "Yaklaşık dört saat. Onun için bazı şeyler üzerinde çalışırım, hobilerime ayıracak vaktim de kalır."

"O halde eşine, zamanın hakkında düşündüğünü ve aileniz için diğer yaptıkların ile birlikte, evle ilgili yapılacak işler için ona haftada dört saat ayırmak istediğini söyle. O da bu süreyi istediği gibi kullanmakta özgür olur."

"Peki ya dört saatin yetmeyeceğini söylerse?"

"Ona bu vaktin tüm isteklerini yerine getirebilmek için yeterli bir süre olamayabileceğini, ancak bunların senin değil, onun istekleri olduğunu söyle. O kendi isteklerinden sorumlu ve nasıl gerçekleştireceği konusunda yaratıcı olmakta serbest. Biraz daha para kazanıp birini tutabilir. Kendisi yapmayı öğrenebilir. Bir arkadaşından yardım isteyebilir. İhtiyaçlarını azaltabilir. Önemli olan, onun isteklerinin sorumluluğunu senin üstlenmeyeceğini öğrenmesi. Sen istediğin zaman vereceksin, o da geri kalanından sorumlu olacak."

Bob tavsiyemin mantıklı olduğunu anladı ve Nancy ile konuşmaya karar verdi. Önceleri konuşmaları hoş sonuçlar getirmiyordu. Daha önce kimse Nancy'ye hayır dememişti ve kabullenmesi kolay olmadı. Fakat, zaman içinde Bob, Nancy'nin bu kadar talepkar olmamasını istemek yerine, kendi sınırlarının sorumluluğunu üstlendi ve sınırları etkisini gösterdi. Nancy, daha önce hiç bilmediği bir şey öğrendi: Dünyanın var olma sebebi kendisi değildi. Diğer insanlar, onun arzu ve isteklerini yapmakla yükümlü kişiler değildi. Başkalarının da kendi istek ve ihtiyaçları vardır, bizler, adil ve sevecen bir ilişki sürdürmeli ve diğer insanların sınırlarına saygılı olmalıyız.

Buradaki kilit öğe, bizim sınırlarımızdan bir başkasının değil, bizzat kendimizin sorumlu olduğudur. Ne vermek istediğimizi ve ne verebileceğimizi yalnızca biz biliriz ve bu çizgiyi çekmede sadece biz sorumlu olabiliriz.

Sınır Kurallarının Evlilikte Uygulanması

Beşinci bölümde sınırlarla ilgili on kuraldan söz ettik. Şimdi de bu kurallardan birkaçını sorunlu evliliklerde ele alalım.

Ektiğini Biçme Kuralı

Bazen eşlerden birisi kontrolden çıkmış ancak bu davranışının sonuçlarına katlanmamış olabilir. Adam eşine bağırır, eşi daha sevecen olmaya çalışır ve daha iyi davranır. Bu örnekte kötülük (adamın bağırması) adam için daha iyi şeyler, yani daha fazla sevgi ortaya çıkarır. Ya da kadın fazla harcama yapar, eşi parasını öder. Yığılan faturaları ödemek için ikinci bir iş bulur.

Bu sorunların çözülmesi için, kişinin davranışlarının doğal sonuçlarını yaşaması gerekmektedir. Kadının kendisini çok fazla eleştiren kocasına, onu azarlamaya devam edecek olursa sorunu mantıklı biçimde tartışabilir hale gelene dek başka bir odada oturacağını söylemesi gerekir. Veya şöyle bir şey söyleyebilir, "Bundan sonra bu konuyu seninle yalnızken tartışmayacağım. Ancak bir danışmanın yanındayken tekrar görüşebilirim." Ya da "Eğer yine bana bağırmaya başlarsan, Jane'lere gidip, geceyi orada geçiririm." Savurgan kadının kocası da ya kredi kartlarını iptal etmeli, ya da bu borçların ödenmesi için onun bir iş daha bulması gerektiğini söylemelidir. Karşı taraf, kontrolden çıkmış eşinin bu hareketlerinin getireceği sonuçlarla yüz yüze kalmasını sağlamalıdır.

Bir arkadaşım, sürekli geç kalan karısının bu durumun sonuçlarıyla yüz yüze kalmasını sağlamaya karar vermişti. Eşini gecikmesi ile ilgili olarak defalarca uyarmıştı, ancak uyarıları hiçbir işe yaramamıştı. Sonunda karısını değil, sadece ona verdiği tepkiyi değiştirebileceğini anladı. Karısının davranışının sonuçlarıyla yüz yüze kalmaktan yorularak, sonuçları ona iade etmeye karar verdi.

Bir gece yemeğe gitmeyi planladılar ve arkadaşım geç kalmak istemiyordu. Önceden eşine zamanında gitmek istediğini söyleyerek, saat 18:00'e kadar hazır olmazsa onsuz gideceğini söyledi. Kadın gecikti, adam da onu beklemeden yola çıktı. Gece eve dönerken karısı, "Bensiz nasıl gidersin!" diye bağırıyordu. Adam karısına, geciktiği için daveti kaçırdığını ve yalnız gitmekten üzüntü duyduğunu, ancak bu yemeği kaçırmak istemediğini söyledi. Buna benzer birkaç olaydan sonra kadın, gecikmesinin kocasını değil, kendisini etkileyeceğini anladı ve değişti.

Bu örnekler, kişileri, kendilerine karşı nasıl davranılmasına izin verdiklerini ve özdenetimlerini ne şekilde uyguladıklarını göstermektedir. Hareketlerinin doğal sonuçlarını sorumlu taraf görmektedir.

Sorumluluk Kuralı

Daha önceki sayfalarda kendimiz için sorumluluk almaktan ve başkalarına karşı sorumlu olmaktan bahsetmiştik. Yukarıdaki örnekler bunu göstermektedir. Sınırlarını belirleyen kişiler, özdenetim davranışları sergiler ve kendileri için sorumluluk alır, eşleriyle yüzleşir, onlara karşı sorumluluk taşırlar. Kişinin sınırlarını belirlemesi evlilik ilişkisi içinde bir sevgi gösterisidir, kötüyü sınırların dışında tutarak iyiyi korumuş olurlar.

Birisinin taleplerine veya kontrol edici tutumuna teslim olmak ve onun öfkesinin, somurtkanlığının ve hayal kırıklığının sorumluluğunu üstlenmek, evlilik ilişkisinde sevgiye zarar verir. Sevdiklerimiz için sorumluluk üstlenmek veya onları kurtarmak yerine, kötülükleri gördüğümüzde yüzleşmemiz ve sorumluluk sahibi davranışlarda bulunmamız gerekir. O zaman gerçekten eşimizi ve evliliğimizi sevmiş oluruz. Mümkün olan en sorumluluk sahibi davranış, genellikle en zor olanıdır.

Güç Kuralı

Bir başkasını kolaylıkla değiştirememenin nedenlerini inceledik. Çok konuşan ve sürekli şikayet eden bir eş, sorunun devam etmesine neden olur. Birisini olduğu gibi kabul etmek, onun öyle olma seçimine saygı duymak ve sonra da uygun sonuçlarla yüzleşmesini sağlamak, çok daha iyi bir yoldur ve karşımızdaki kişinin davranışlarını değiştirmesini sağlayabilir. Bunu yaptığımızda, sahip olduğumuz gücü kullanır ve hiç kimsede bulunmayan bir gücü harcamaya çalışmamış oluruz. Aşağıdaki tepki farklılıklarını inceleyelim:

SINIRLARDAN ÖNCE	SINIRLARDAN SONRA
1. "Bana bağırmayı kes. Daha kibar olmalısın."	1. "İstiyorsan bağırmaya devam edebilirsin. Ama sen bu şekilde davranmayı sürdürdükçe seninle birlikte olamam."
2. "Artık içmeyi bırakman gerekiyor. Ailemiz mahvoluyor. Lütfen beni dinle. Hayatımızı berbat ediyorsun."	2. "İstersen içki sorunun için bir şey yapmamaya devam edebilirsin. Ama ben ve çocuklar bu karmaşaya daha fazla maruz kalmayacağız. Bir daha sarhoş olursan gece kalmak için Wilson'lara gideriz ve onlara neden geldiğimizi söylerim. İçki içmen senin kendi seçimin, neye katlanacağımsa benim."
3. "Porno resimlere bakacak kadar sapık bir insansın. Bu çok iğrenç. Sen ne kadar hasta bir insansın!"	3. "Seni dergilerdeki çıplak kadınlarla paylaşmak istemiyorum. Sen bilirsin. Ben sadece benimle ilgilenen birisiyle beraber olurum. Kararını ver ve seçimini yap."

Tüm bunlar, gücünüzün olduğu şeylerde gücü ele alma, bir başkasını kontrol etmekten ve onun üzerinde güç sahibi olmaktan vazgeçme üzerine örneklerdir.

Değerlendirme Kuralı

Eşinizle yüzleşerek aranızda sınırlar oluşturmaya başladığınızda eşiniz incinebilir. Sınırlarınızı oluşturmanın eşinizde yol açtığı üzüntüyü ve kırılmışlığı değerlendirirken, sevginin ve sınırların birlikte yer aldığını unutmayın. Sınırlarınızı belirlediğinizde, acı çeken kişiye karşı sevecen bir tutumla sorumlu olun.

Akıllı ve sevecen eşler, sınırları kabul edecekler ve eşlerinin sınırlarına sorumluluk sahibi bir tutumla yaklaşacaklardır. Denetleyici ve benmerkezci eşler ise, öfkeyle tepki göstereceklerdir.

Unutmayın ki, sınırınız her zaman sizinle ilgilidir, karşınızdaki kişiyle değil. Eşinizden sınırlarınıza saygı göstermesi de dahil olmak üzere hiç bir şey yapmasını talep etmiyorsunuz. Neleri yapacağınızı, neleri yapmayacağınızı ifade etmek amacıyla sınırlarınızı belirliyorsunuz. Yalnızca bu tür sınırlar zorlayıcıdır, çünkü *kendiniz üzerinde kontrol sahibisiniz.* Sınırları, eşinizi kontrol etmenin bir yolu olarak görmeyin. Aslında durum bunun tam tersidir. Sınırlar, kontrol etmeye çalışmayı bırakmak ve karşınızdaki kişiyi sevmeye başlamaktır. Eşinizi kontrol altına almaya çalışmaktan vazgeçersiniz ve kendi davranışlarının sorumluluğunu almasına izin verirsiniz.

Maruz Kalma Kuralı

Evlilik ilişkinizde sınırlarınızın ne olduğunu açıklamak, başka hiçbir ilişkide olmadığı kadar gereklidir. Geri çekilme, üçgenleme, surat asma, başka birisiyle ilişkiye girme ve pasif-agresif davranışlar gibi edilgen sınırlar da bir ilişki için son derece zarar vericidir. İnsanların sizin üzerinizde kontrolünün bulunmadığını gösteren pasif yöntemler yakınlaşmanızı sağlamaz. Bu davranışlar gerçekte kim olduğunuzu bir başkasına anlatmaz, sadece o kişiyi size yabancılaştırır.

Sınırların önce sözlü olarak, daha sonra da davranışlar aracılığıyla iletilmesi gerekir. Açık ve net olmaları, özür dileyen bir tavırla iletilmemeleri gerekir. Daha önce saydığımız sınır çeşitlerini hatırlayınız: Deri, kelimeler, gerçekler, fiziksel uzaklık, zaman, duygusal uzaklık, diğer kişiler ve sonuçlar. Bu sınırların bir evlilik ilişkisinde çeşitli zamanlarda saygı görmesi ve açığa çıkarılıp ifade edilmesi gerekir.

Deri. Eşlerin birbirlerinin fiziksel sınırlarına saygı göstermesi gerekir. Fiziksel sınırların ihlali, yaralayıcı sevgi gösterilerinden fiziksel istismara kadar değişebilir. Unutmayın, size nasıl davranılmasını istiyorsanız, başkalarına da o şekilde davranmalısınız.

Kelimeler. Kelimeleriniz açık ve net olmalı, sevgi ile dile getirilmelidir. Eşinizle doğrudan yüzleşin. Hayır deyin. Pasif direnişte bulunmayın. Surat asmayın, kendinizi geri çekmeyin. "Bu konuda kendimi rahat hissetmiyorum. İstemem. Yapmayacağım," deyin.

Gerçekler. Dürüst iletişim her zaman en iyisidir. Duygularınız ve kırıldığınız ile ilgili gerçekleri sahiplenmeniz ve bu duyguları eşinize doğrudan, sevecen bir tavırla iletmeniz gerekir.

Fiziksel Uzaklık. Eşinizden uzaklaşmak istediğinizde bunu ona söyleyin. Bazen beslenmek için kendinize bir yer ararsınız, bazen de sınırlar belirlemek için mesafeye ihtiyaç duyarsınız. Her iki durumda da, eşiniz neden kendisinden uzak kalmak istediğinizi tahmin etmek zorunda kalmamalıdır. Eşinizin cezalandırıldığını düşünmemesi için kendisiyle açık bir şekilde iletişim kurun.

Duygusal Mesafe. Sorunlu bir evliliğiniz varsa, örneğin eşiniz bir başkasıyla bir ilişki yaşamışsa, duygusal mesafeye ihtiyacınız olabilir. Eşinize tekrar güvenmeyi beklemek akıllıca olur. Eşinizin gerçekten pişman olup olmadığını anlamak isteyebilirsiniz, eşinizin de davranışının bir bedeli olduğunu görmesi gerekir.

Ayrıca, yaralı bir kalbin iyileşmesi için zamana ihtiyaç vardır. İçinizde bir sürü iyileşmemiş acı varken, hemen güvenmeye başlayamazsınız. Bu acının açığa çıkarılması ve neden olan kişiye ifade edilmesi gerekir. Acı çeken sizseniz, bu acıyı sahiplenmelisiniz.

Zaman. Eşlerden her biri ilişki dışında geçireceği zamana ihtiyaç duyar. Sadece yukarıda belirttiğimiz gibi sınırlar belirlemek için değil, aynı zamanda kendisini beslemek ve geliştirmek için.

Pek çok çift için evliliğin bu yönü sıkıntılıdır. Eşlerden biri kendi başına zaman geçirmek istediğinde, diğeri kendini terk edilmiş hisseder. Halbuki gerçekte eşlerin birbirlerinden ayrı zaman geçirmeye ihtiyaçları vardır, böylelikle tekrar bir araya gelmek istediklerini fark edebilirler. Sağlıklı ilişkilerde eşler birbirlerinin alanlarına saygı duyar ve hedeflerini desteklerler.

Diğer İnsanlar. Bazı eşler, sınırlarını oluştururken başkalarının desteğini ararlar. Daha önce haklarını hiç savunmamışlarsa, bunu öğrenmek için arkadaşlarının desteğine ihtiyaç duyarlar. Sınırlar belirleme ve onları ifade etmede çok zayıfsanız, evliliğiniz için dışarıdan sizi destekleyecek kişiler bulun. İlişkilerinde sınırlar bulunan kişilerden yardım isteyin, danışmanlar, destek grupları gibi.

Sonuçlar. Sonuçları açıklıkla iletin ve söylediğiniz şekilde meydana gelmelerini sağlayın. Sonuçları önceden söylemek ve yürürlüğe koymak, eşinize seçim hakkı verir ve bu sonuçların meydana gelmesini isteyip istemediğine karar verebilir. İnsanlar kendi davranışlarının kontrolünü ellerinde bulundurdukları için, bu davranışların sonuçlarını da kontrol edebilirler.

Ama Bu Boyun Eğmeye Benzemiyor

Sınırlarını belirlemeye çalışan evli bir bayandan ne zaman söz etsek, uzmanların itaatkarlık konusunda ne düşündüğü sorulur. Aşağıda itaatkarlık üzerine tam bir bilimsel inceleme bulunmasa da, akılda tutmanız gereken bazı önemli noktalar var. Gelin onları inceleyelim.

Öncelikle, sadece bayanlar değil her iki taraf da itaatkarlık üzerinde çalışmalıdır. Boyun eğme her zaman tarafların özgür seçimi olmalıdır. Kadınlar kocalarına itaat etmeyi seçer ve kocalar da eşlerine itaat etmeyi seçerler.

İtaatkarlık sorunu konu olduğunda sorulması gereken ilk soru şudur: Evlilik ilişkisinin doğası nedir? Kadın özgürce seçim yapabilir mi, yoksa "yasalar altında" köle midir? Bir koca, eşini "yasalar altında" tutmaya çalıştığında, evlilikle ilgili pek çok sorun ortaya çıkar ve kadın olumsuz duygular hisseder: Öfke, suçluluk, güvensizlik ve eşinden soğuma.

Özgürlük ve merhamet incelenmesi gereken çok farklı konulardır. Erkeğin eşi ile olan ilişkisinin merhamet ve koşulsuz sevgi ile dolu olup olmadığı çok önemlidir. Bazı kocalar eşlerini köleye dönüştürür ve onları itaatsizlikle suçlarlar. Eğer kadın itaatkarsızlığına karşılık öfke veya kınama görürse, o ve kocası merhamet dolu gerçek bir evliliğe sahip değildir, sadece "yasalar önünde" evlidir.

Böyle durumlarda erkek genellikle karısına, ya onu incitecek ya da iradesini alıp götürecek bir şey yaptırmaya çalışmaktadır. Bu hareketlerin her ikisi de erkeğin hatalı olduğunu gösterir. Kocalar kendi bedenlerini sever gibi eşlerini sevmelidir. Eşini seven, kendisini sever. Sonuçta, kendisini besleyip özen gösteren hiç kimse kendi bedeninden nefret etmez. Bu noktadan hareketle, köle benzeri itaatkarlık fikrini savunmak imkansızdır.

Kökeninde denetleyici bir koca bulunmayan bir "itaatkarlık sorunu"na şimdiye kadar hiç rastlamadım. Kadın açık ve net sınırlar belirlemeye başladığında, kocasının denetleyici davranışları açığa çıkar, çünkü artık kocanın çocuksu davranışlarına izin vermemektedir. Kendisini yaralayacak davranışlara karşı sınırlar belirler ve gerçeklerle yüzleşir. Genellikle kadın sınırlar belirlediğinde, eşi de büyümeye başlar.

Denge Sorunu

"Benimle zaman geçirmesini bir türlü sağlayamıyorum. Tek istediği arkadaşlarıyla beraber maça gitmek. Beni hiç görmek istemiyor," diye yakındı Meredith.

"Siz buna ne diyorsunuz?" diye kocasına sordum.

"Hiç de doğru değil," diye yanıtladı Paul. "Sanki tek sahip olduğumuz şey birlikteliğimizmiş gibi. Beni günde iki-üç kere işten arıyor. Eve geldiğimde beni kapıda bekliyor ve konuşmak istiyor. Tüm akşamlarımız ve hafta sonlarımız planlanmış. Bu beni çıldırtıyor. Ben de kaçmaya çalışıyorum, maça gidiyor ya da golf oynuyorum. Boğulduğumu hissediyorum."

"Ne sıklıkla dışarı çıkıyorsunuz?"

"Her fırsat bulduğumda. Haftada iki gece ve cumartesi ya da pazarları öğleden sonra."

"O zamanlar siz ne yapıyorsunuz?" diye Meredith'e sordum.

"Ben de eve dönmesini dört gözle bekliyorum. Onu çok özlüyorum."

"Kendiniz için yapmak istediğiniz bir şey yok mu?"

"Hayır. Benim yaşamım, ailemdir. Ben onlar için yaşarım. Onlar gittiğinde beraber olamıyoruz ve bu durumdan nefret ediyorum."

"Pek de birlikte zaman geçiremiyormuş gibi değilsiniz," dedim. "Ancak tüm zamanınızı birlikte geçirmediğiniz doğru. Ve böyle olduğunda da, sanki Paul ferahlıyor ve siz de üzülüyorsunuz. Bu dengesizliği açıklayabilir misiniz?"

"'Dengesizlikle neyi kastediyorsunuz?" diye sordu Meredith.

"Her evlilikte iki bileşen bulunur, birliktelik ve ayrılık. İyi evliliklerde, taraflar bunların her ikisinden de eşit miktarda taşır. Diyelim ki 100 puanlık birliktelik ve 100 puanlık da ayrılık var. İyi bir ilişkide, taraflardan birisi 50 puanlık birliktelik ve 50 puanlık da ayrılık taşır, diğeri de aynı şekilde. İkisi de kendi başlarına bazı şeyler yaparlar ve bu da karşılıklı olarak birbirlerini özlemelerini sağlar, birliktelik bir miktar yalnızlık gerektirir. Ancak sizin ilişkinizde, bu 200 puanı farklı şekilde bölmüşsünüz. Siz birlikteliğin 100 puanının tümünü ifade etmektesiniz, kocanız ise ayrılığın 100 puanının tümünü ifade ediyor."

"Eğer kocanızın size gelmesini istiyorsanız," diye devam ettim, "ondan uzaklaşmanız ve sizi özlemesini sağlamanız gerekiyor. Paul'un hiç sizi özleme fırsatı bulduğunu sanmıyorum. Siz hep onu kovalıyorsunuz, o da alan kazanmak için uzaklaşıyor. Bir miktar boşluk yaratabilirseniz, o da sizi özlemeye fırsat bulur, o zaman da o sizi kovalar."

"Bu çok doğru," diye söze girdi Paul. "Hayatım, bu tıpkı senin lisansüstü çalışmaların sırasında uzun süre ayrı kaldığımız zamanki gibi. Hatırlıyor musun? Seni görmek için can atıyordum. Oysa şimdi seni özleme fırsatı bulamıyorum, çünkü hep yanımdasın."

Meredith gerçekleri kabullenmek istemiyordu, ancak Paul ile evlilik ilişkisine denge getirmenin yollarının bulma konusunda hevesliydi.

Denge. Bu doğanın bütün sistemlerinde var olan bir öğedir. Her sistem, bulabildiği herhangi bir yolla dengeye kavuşmak ister. Evlilikte de dengelenmesi gereken pek çok taraf bulunur: Güç, dayanıklılık, birliktelik, cinsellik vs. Bu alanlarda yer değiştirmek yerine, eşlerden biri daima güçlü ve diğeri güçsüz, biri her zaman dayanıklı ve diğeri dayanıksız, biri her zaman birliktelik ve diğeri ayrılık ister, biri cinsellik ister ve diğeri istemez olduğunda sorunlar ortaya çıkar. Bu durumların her birinde eşler bir denge yakalamıştır belki, ancak bu denge karşılıklı değildir.

Sınırlar, bölünmüş denge yerine, karşılıklı dengeyi oluşturmaya yardımcı olur. Çiftlerin birbirlerini sorumlu tutmalarında yardımcı olur. Eğer birinin sınırları yoksa ve bir başkasının yerine onun işini yapmaya başlarsa, örneğin ilişkideki tüm birlikteliği yaratmak gibi, o kişi bağımlı olmaya başlar veya bundan da kötüsüne giden bir yola girmiş demektir. Diğer taraf, bölünmüşlüğün diğer yanını yaşayacaktır. Sınırlar tarafları sonuçlardan sorumlu tutar ve dengenin karşılıklı olmasını zorlar.

Yaşamda ve ilişkide dengelenmiş kutuplaşmalar bulunur. Kendinizi eşit olmayan bir ilişki içinde bulduğunuzda, sınırlarınız olmayabilir. Sınırlarınızı belirleyerek bu dengesizliği düzeltebilirsiniz.

Çözüm

Sorunları görmek genelde kolaydır, ancak değişikliği meydana getirecek zor seçimleri yapmak ve riskleri göze almak zordur. Şimdi bir evlilik ilişkisinde kişisel değişime giden basamaklara bakalım.

1. *Belirtileri listeleyin.* Öncelikle sorunu tanımanız gerekir, daha sonra o sorunu çözmek için harekete geçmeyi kabul etmelisiniz. Sadece isteyerek sorunu çözemezsiniz. Sorun cinsellik, çocukların terbiyesi, birliktelik eksikliği veya paranın eşit şekilde harcanmaması olabilir. Sorun her ne ise, o soruna sahip çıkmanız gerekir.
2. *İlişkinizdeki belirli sınır sorununu tanımlayın.* Belirtileri listeledikten sonra belirli sınır sorununa odaklanmalısınız. Sorununuzun belirtisi örneğin, birinin cinsel birliktelikte bulunmak istememesi olabilir, bunun nedeni, kişinin ilişkinin başka alanlarında hayır diyememesi ve kontrol edebildiği tek konunun cinsellik olması olabilir. Veya kendisinin, cinsellik alanında yeterli kontrol sahibi olmadığını hissetmesi olabilir. Kendisini güçsüz hissedebilir, seçeneklerine saygı duyulmadığını düşünüyor olabilir.

3. *Çatışmanın nereden kaynaklandığını bulun.* Bu sınır konusunun ortaya çıktığı ilk ilişki herhalde sizin ilişkiniz değildir. Muhtemelen sorunu bu şekilde ilişkilendirmeyi ailenizdeki önemli bir ilişkiden öğrendiniz. O ilişkide gelişen belirli korkular sizin için hâlâ vardır ve ilişkinizi etkilemektedir. Bu size has konuların adını koymanızı gerektirir, belki de eşinizi anne babanızla karıştırmaktan vazgeçmelisiniz. Anne babalarla yaşanmış çatışmalar evlilik ilişkisinde olduğu kadar başka hiçbir ilişkide tekrarlanmaz.
4. *İyilikleri kabul edin.* Bu adım, bir destek sistemi kurmayı içerir. Unutmayın ki "Sınırlar kendiliğinden oluşmaz." Sınırlarımızı oluşturmadan önce bağlanmaya ve desteğe ihtiyaç duyarız, çünkü pek çok kişi terk edilme korkusu yüzünden daha işin başında sınırlarını belirlemekten vazgeçer.

Evliliğinizde sınırlar belirlemenizi teşvik edecek bir destek sistemi kurun. Bu, bir karşılıklı destek birimi, Al-Anon (Adsız Alkolikler) grubu, bir terapist veya bir evlilik danışmanı olabilir. Sınırları tek başınıza belirlemeyin. Korktuğunuz için sınırlar belirlememiş olabilirsiniz, bu nedenle tek çıkış yolu destek almaktır. Sınırlar, kaslar gibidir. Güvenilir bir destek sistemi içinde oluşturulmaları ve büyütülmeleri gerekir. Büyük bir yükü kısa sürede omuzlamaya kalkarsanız, kaslarınız yırtılabilir veya çekilebilir. Başkalarından yardım isteyin.

5. *Pratik yapın.* İnsanların sizi koşulsuz olarak sevdikleri güvenli ilişkilerinizde yeni sınırlarınızı deneyin. Öğle yemeği için vaktiniz olmadığında yakın bir arkadaşınıza *hayır* deyin. Onunla aynı fikirde olmadığınız zaman bunu ifade edin veya ona karşılık beklemeden bir şey verin. Güvendiğiniz kişilerle sınırlarınızı belirleme üzerine çalıştıkça, evliliğinizde sınırlarınızı belirleme yeteneğiniz de gelişecektir.

6. *Kötülüklere hayır deyin.* Evliliğinizde kötülüklere sınırlar koyun. İstismarın karşısına dikilin, mantıksız taleplere hayır deyin. Risk olmadan ve korkuya karşı durulmadan büyüme ve gelişme olmaz. Başarılı olmanız, yapmayı denemeniz kadar önemli değildir.
7. *Affedin.* Affetmemek demek sınırlarınızın olmaması demektir. Bağışlamayan kişiler, başkalarının onları kontrol etmesine izin verirler. Sizi inciten insanları affetmek ve onlardan bir talepte bulunmaktan vazgeçmek, onlardan çok sizi serbest bırakır. Affetmek, geçmişteki yaşantınız için pasif isteklerde bulunmak yerine, içinde bulunduğunuz zamanda aktif davranmanızı sağlayabilir.
8. *İlerlemeci olun.* Bir başkasının kontrolü elinde bulundurmasına izin vermek yerine, ne yapmak istediğinizi anlayın, yolunuzu belirleyin ve planınıza sadık kalın. Sınırlarınızın neler olduğuna, nelerin bir parçası olmayı isteyeceğinize, bundan sonra nelere hoşgörü göstermeyeceğinize ve hangi sonuçları belirleyeceğinize karar verin. Kendinizi ilerlemeci olarak tanımlarsanız, zamanı geldiğinde sınırlarınızı korumaya hazır olursunuz.
9. *Hür iradenizle ve sorumluluk alarak sevmeyi öğrenin.* Sınırların hedefi, özgür ruhlardan gelen sevgiyi elde etmektir. Kendinizi kontrol ettiğinizde, yıkıcı davranışa ve ben-merkezciliğe teslim olmak yerine, sevdiklerinize yardımcı olabilir, onlara ihtiyaç duyduklarını verebilirsiniz. Böylelikle verdiklerinizin sonucunu alırsınız. Bu birbirine hizmet etmek demektir. Ancak bunun hür iradeyle yapılması gerekir, sınırları bulunmayan bir boyun eğişle değil.

Eşinizle aranızda net sınırlar belirlemek ve bunları kabullenmek, sizi birbirinize çok daha fazla yakınlaştırır. Yalnızca eşinizle sınırlar belirlemekle kalmamalı, çocuklarınızla da sınırlar belirlemelisiniz. Neresinden başlarsanız başlayın, asla geç değildir.

Onuncu Bölüm

Sınırlar ve Çocuklarınız

Shannon kendini tutamıyor, ağlıyordu. Henüz okul çağında olmayan iki çocuk sahibi genç anne, çocuklarına kızdığını, kontrolü kaybettiğini ya da onları hırpaladığını düşünemezdi bile. Ancak bir hafta önce, üç yaşındaki Robby'yi kaldırıp sert bir biçimde sarsmış, çocuğa bağırmıştı. Üstelik böyle bir şey ilk defa olmuyordu. Geçen yıl da pek çok kere çocuklara sert davranmıştı. Ancak ilk defa neredeyse çocuğuna zarar veriyordu; çok korkmuştu.

Bu deneyim Shannon'la kocası Gerald'ı o kadar sarsmıştı ki, olanları konuşmak için arayıp benden randevu aldılar. Genç kadın çok utanıyor ve suçluluk duyuyordu, öyle ki olanları anlatırken benimle göz göze gelmekten çekindi.

O sabah, Shannon kontrolü kaybetmeden önceki birkaç saat tam anlamıyla felaket geçmişti. Kahvaltıda Gerald'la tartışmışlar, genç adam eşine veda bile etmeden işe gitmişti. Bir yaşındaki kızları Tanya mamasını her yere dökmüştü. Robby ise son üç yıl boyunca yapmamasını söyledikleri her şeyi yapmak için sanki o sabahı seçmişti; kedinin kuyruğunu çekmiş, evin kapısını açmayı keşfetmiş, bahçeye çıkıp oradan da sokağa fırlamıştı. Oturma odasının bembeyaz duvarlarını Shannon'ın rujuyla boyamış, Tanya'yı itip yere düşürmüştü.

Bu son yaptığı Shannon'ın bardağını taşırmıştı. Tanya'nın yerde ağladığını, Robby'nin de gülümseyerek meydan okurcasına üstünde durduğunu görmek genç kadına yetmişti. Birdenbire öfkelenen Shannon oğluna doğru koştu. Daha sonra neler olduğunu siz tahmin edin.

Biraz sakinleştiğinde Gerald'la birlikte Robby'yi nasıl eğittiklerini sordum.

"Açıkçası Robby'nin bizden soğumasını veya onun cesaretini kırmayı istemiyoruz," diye anlatmaya başladı Gerald. "Olumsuz olmak o kadar... o kadar... olumsuz ki. Bu nedenle konuşarak onu ikna etmeye, neyi neden yapmaması gerektiğin anlatmaya çalışıyoruz. Bazen 'bu gece sana dondurma yok' diye uyarıyoruz. Bazen yaptığı doğru şeyleri övüyoruz. Kimi zamanlar da kötü davranışlarını görmezden gelmeye çalışıyoruz. Öyle yapınca bir ümit yaptığı şeyi yapmaktan vazgeçiyor."

"Sabrınızı zorlamıyor mu?"

Evet dercesine kafalarını salladılar. "Hem de nasıl," dedi Shannon. "Bizi duymazdan geliyor. Canı ne istiyorsa onu yapmaya devam ediyor. Üstelik içimizden biri patlayıp bağırıncaya kadar hareketlerini sürdürüyor. Galiba sorunlu bir çocuğumuz var."

"Evet, gerçekten bir sorun var," dedim. "Ancak çocuğunuz sorunlu değil. Sanırım Robby, kontrol dışı öfkeye yanıt vermeye alıştırılmamış. Biraz sınırlar ve çocuklar hakkında konuşalım."

Sınırların en çok önem taşıdığı konu çocuk yetiştirmektir. Sınırları ve çocuk yetiştirmeyi ele alma tarzımız, çocuklarımızın karakterini, kendi değerlerini oluşturma biçimlerini, okuldaki başarılarını, seçtikleri arkadaşlarını, evlenecekleri kişiyi ve iş yaşamlarını olağanüstü ölçüde etkiler.

Ailenin Önemi

Sevgi aktiftir, pasif değil. Sevgi, daha çok sevgiyi beraberinde getirir. Aile, sevgi dolu ruhlardan oluşan sosyal bir birim, bebeklerin büyüyüp yetişkin hale gelene ve aileden ayrılacak kadar olgunlaşana kadar beslenip büyüdükleri yerdir. Çocuklar büyüdüklerinde yetişkin bireyler haline gelip sevgi dolu yansımalarını çoğaltırlar.

Sınırlar ve Sorumluluk

Bağlanmak, insanlarla aramızda güçlü bağlantılar kurmak ve daha da önemlisi sorumluluk duygusunu hissetmek, ailelerin çocuklarına verebilecekleri en önemli şeydir. Sorumluluk duygusu, çocukların nelerden sorumlu olduklarını ve nelerden olmadıklarını ayırt etmeleri, nasıl hayır diyebileceklerini ve "hayır"ı nasıl kabullenebileceklerini bilmeleri anlamına gelir. Sorumluluk muazzam bir yetenektir.

Hepimiz on sekiz aylık bir çocuğunki gibi sınırları olan orta yaşlı kişilerle daha önce birlikte olmuşuzdur. Birlikte oldukları insanlar sınırlarını belirlerlerse huysuzlaşıp surat asarlar veya o kişilerle araları bozulmasın diye bir şey söylemez, boyun eğerler. Unutmayın ki bu kimseler sınırlarını belirlemeyi çok uzun yıllar önce öğrenmişlerdir. Sınırlardan korkmayı ya da nefret etmeyi zaten biliyorlardır. Yetişkinlerin öğrendiklerini silip yeniden öğrenmeleri maalesef çok zor bir süreçtir.

Sınırları Yavaş Yavaş Öğretmek mi Daha İyi, Var Olan Sınırları Sonradan Onarmak mı?

Yetişkin çocukları olan tecrübeli bir anne, daha genç bir annenin çocuklarıyla başa çıkabilmek için debelenmesini izlemekteydi. Uslu durmamakta ısrar eden çocukların çileden çıkardığı genç anneyi seyreden tecrübeli anne, genç annenin çocuğu sandalyesinde tek başına oturtma kararını onaylamış ve "En iyisi şimdi yapmak, tatlım. Onu bugün disipline sokarsan, ergenlik çağında rahat edersin," demişti.

Küçük çocukların sınırlarını oluşturmalarını sağlamak, özellikle gelecekleri için son derece önemlidir. Sorumluluklarını, sınır belirlemeyi ve mutluluğu erteleyebilmeyi çocuklara erken yaşlarda öğretirsek, ileriki yılları daha sorunsuz geçer. İşe ne kadar geç başlarsak, hem bizi hem de çocuklarımızı daha zor bir süreç bekliyor demektir.

Çocuklarınız daha büyük yaşlarda ise cesaretinizi kaybetmeyin. Bu yalnızca sınır oluşturma sürecine karşı daha fazla direnç göstereceklerı anlamına gelir. Çocuklar sınırları öğrenmenin pek işe yaramayacağını ve bir şey vermeyeceğini düşünürler. Bu durumda, sınırlar konusunda daha fazla zaman harcamanız ve arkadaşlarınızdan destek almanız gerekecektir! Bu bölümün ilerleyen sayfalarında çocukluğun farklı aşamalarında uygulanabilecek, yaşa uygun sınır görevlerini inceleyeceğiz.

Çocuklarda Sınır Gelişimi

Çocuklarda sınır gelişimi, sorumlulukları öğrenmek anlamına gelir. Onlara sorumluluğun değerini ve limitlerini öğreterek, bağımsız olmayı öğretiriz ve onları yetişkin olduklarında almaları gerekecek görevleri üstlenmeleri için hazırlarız.

Çocuk yetiştirmede çok önemli bir işleve sahip olan sınırlar, disiplin olarak adlandırılır. Disiplin, olumlu (pozitif), olumsuz (negatif) olmak üzere ikiye ayrılır. Olumlu disiplin "*ilerleme*", "*önleme*" ve "*talimat verme*" odaklıdır. Olumlu disiplin, birini bir görev hakkında bilgilendirmek ve eğitmektir. Olumsuz disiplin ise "*düzeltme*", "*cezalandırma*" ve "*sonuç çıkarma*" odaklıdır. Olumsuz disiplin, çocukların hareketlerinin sonuçlarına katlanmasına izin vermek ve bu sayede sorumluluk hakkında ders almalarını sağlamaktır.

Çocukları doğru biçimde yetiştirmek, hem önleyici eğitim ve uygulamayı, hem de düzeltici sonuçları kapsar. Diyelim ki, on dört yaşındaki çocuğunuzun yatma saatini 22:00 olarak belirlediniz ve çocuğunuza "Yeterince uyuyup okulda zinde olabilmen için bu saati belirledik," dediniz. Bu, çocuğu olumlu yönde eğitmektir. Diyelim ki çocuğunuz saat 23:30'a kadar oyalandı ve belirlediğiniz saatte yatmadı. Ertesi gün, "Dün akşam zamanında yatmadığın için bugün telefonu kullanamazsın," dediniz. Bu da çocuğu olumsuz yönde eğitmeye örnektir.

Doğru sınırları geliştirme sürecinde neden hem sopa hem de şeker gerekir? Çünkü bilgi edinerek, bunları yarım yamalak uygulayarak, hatalar yaparak, hatalarımızdan ders alarak ve bir dahaki sefere aynı hataları yapmayarak olgunluğa erişiriz.

Uygulamak, yani pratik yapmak, yaşamın her alanında gereklidir: Kayak yapmayı öğrenirken, ödev yaparken veya bilgisayar kullanırken. Pratik yapmak, sınırları ve sorumluluğu öğrenirken son derece büyük önem taşır. Hatalarımız aynı zamanda öğretmenlerimizdir.

Disiplin, çocuklarımızın içsel sınırlarını geliştirmesi için tasarlanan, ancak dışarıdan gelen bir sınırdır. Çocuğun karakteri yeterince yerleşip, disipline ihtiyacı kalmayıncaya kadar, bir güven yapısı sağlar. Yararlı disiplin çocuğu her zaman daha içsel bir mekanizmaya ve daha çok sorumluluğa götürür.

Disiplin ile cezalandırma arasındaki ayrımı çok iyi yapmalıyız. Cezalandırma bir hatanın bedelini birisine ödetmektir. Yasal anlamda da, kuralları çiğnemenin bedelini ödetmek cezalandırma kapsamına girer. Ancak cezalandırma, insanların pratik yapabilmesine pek olanak tanımaz ve mükemmel bir öğretmen değildir. Bedeli çok ağırdır. Cezalandırma, hatalara yer bırakmaz.

Bununla birlikte, disiplin ve cezalandırmanın zamanla olan ilişkileri birbirlerinden farklıdır. Cezalandırma geriye dönüktür ve geçmişte yapılan hataların bedelinin ödenmesi üzerinde yoğunlaşır. Ancak disiplin ileriye dönüktür. Disiplinle aldığımız dersler, aynı yanlışları tekrar etmememize yardım eder.

Peki bu anlayış bizlere nasıl yardımcı olur? Disiplin bizleri özgürleştirir ve yargılanma korkusu veya ilişkilerimizi kaybetme korkusu olmadan hata yapma konusunda bizleri serbest bırakır. Disiplin anlayışında bizleri bekleyen tek tehlike davranışlarımızın sonuçlarıdır, dışlanma ya da kınanma gibi eylemlerle karşı karşıya kalmayız.

On yaşındaki çocuğuna, "Bir daha yaramazlık yaparsan seni sevmem," diyen bir anneyi ele alalım. Çocuk birdenbire her şekilde kaybedeceği bir duruma düşer: Ya annesine isyan edip yaşamındaki en değerli varlıkla olan ilişkisini kaybedecek, ya da dışarıdan gelen emre boyun eğip, birine karşı çıkma yeteneğini geliştirme şansını kaybedecektir. Annenin az önceki ifadesini şu sözlerle karşılaştıralım: "Seni sevmeyi asla bırakmam. Sen hep kalbimdesin. Ancak yine edepsizlik edersen, CD çalarını üç gün boyunca yok bil." Bu sözleri duyan çocuk için annesiyle olan ilişkisi sürmeye devam eder. Annesi onu kınamaz, çocuk sorumluluk almak ile davranışlarının sonuçlarına katlanmak arasında seçim yapma şansını elde eder, üstelik annesinin sevgisini ve kendini güvende hissetmeyi kaybetme gibi bir riski olmaz. Olgunluğa giden yol budur, disiplinin güvenli bir ortamda uygulanması.

Çocukların Sınır İhtiyaçları

Sınırlar çocuklarımızın duyduğu hangi belirli ihtiyaçlarını karşılamaktadır? Sınır belirleme yeteneğinin, yaşamlarımız boyunca çok büyük katkıda bulunan birtakım önemli görevleri vardır. Gelin bu görevleri yakından inceleyelim.

Kendini Koruma

Hiç insan yavrusu kadar çaresiz bir yaratık gördünüz mü? İnsan yavruları, kendilerine bakmak konusunda hayvan yavrularına göre çok daha yetersizdir. Hayatının ilk yıllarında anne baba ile bebek arasında derin bir bağlılık oluşur. Anne baba, bebeklerine her an dikkat etmeseler, bebeğin hayatta kalamayacağını bilirler. Ebeveynlerin harcadığı tüm bu zaman ve enerji, çocuğun kendisini yeryüzünde güvende hissetmesini sağlayan kalıcı bir bağlılığa dönüşür.

Ancak anne ve baba, bebeğe bakmak ve ihtiyaçlarını karşılamak üzere her zaman yanında olamazlar. Koruma görevinin en nihayetinde çocuklara geçmesi, büyüyen çocukların kendilerini korumaları gerekir.

Sınırlar iyilikleri içeride, kötülükleri ise dışarıda tutmamız için vardır. Hayır demek, gerçeği söylemek ve fiziksel mesafeyi korumak gibi becerilerin aile içinde geliştirilmesi, böylelikle çocuğun kendini koruma sorumluluğunu üzerine alması gerekmektedir.

On iki yaşındaki iki çocuğu ele alalım:

Jimmy sofrada anne babasıyla konuşmaktadır. "Bilin bakalım ne oldu? Bazı çocuklar onlarla birlikte sigara içmemi istediler. İstemiyorum deyince bana korkak dediler. Ben de onlara aptal olduklarını söyledim. Bazılarını gerçekten seviyorum, ama sigara içmiyorum diye beni sevmeyeceklerse, o zaman benim arkadaşım değiller demektir."

Paul okuldan eve döndüğünde gözleri kanlanmış, üstü başı sigara kokmaktadır. Endişelenen anne babası ne olduğunu sorduğunda, önce her şeyi reddeder, sonra birden söyleyiverir: "Bunu herkes yapıyor. Neden arkadaşlarımdan nefret ediyorsunuz?"

Her iki çocuk da sevgi dolu ailelerden gelmektedir, o halde neden bu kadar farklı davranışlar sergilemişlerdir? Jimmy'nin ailesi, çocuklarıyla aralarındaki görüş ayrılıklarını hoş karşılamış ve çocuklarının sınır belirleme konusunda pratik yapmasını sağlamıştır, çocukları kendilerine karşı sınırlar belirlese bile. Örneğin Jimmy'nin annesi, iki yaşındaki oğlu huysuzlandığında çocuğu kucağına alıp sarılırdı. Jimmy, "Anne, bırak nefes alayım" demek istediğinde, "İndir," derdi. Annesi, çocuğuna sarılma içgüdüsüyle mücadele edip oğlunu bırakır ve "Kamyonlarınla oynayalım mı?" diye sorardı.

Jimmy'nin babası da aynı şekilde davranıyor, oğluyla boğuşup şakalaşırken çocuğun sınırlarına dikkat etmeye çalışıyordu. Oyun sertleştiğinde veya çocuk yorulduğunda, "Baba, dur," diyebilir, babası da onu bırakıp ayağa kalkardı ve başka bir oyun oynarlardı.

Jimmy sınırlar konusunda eğitim görüyordu. Korktuğunda, rahatsız olduğunda veya bir şeyleri değiştirmek istediğinde, hayır deme hakkı vardı. Bu kısacık kelime, yaşamın üzerinde güç sahibi olduğunu hissettiriyordu. Böylelikle, çaresiz olduğunu veya ebeveynlerine boyun eğdiğini düşünmezdi. Üstelik Jimmy bu kelimeyi öfke, üzüntü veya "Ama Jimmy, annen şimdi sana sarılmak istiyor, olur mu?" gibi yönlendirici yanıtlar almadan söyleyebiliyordu.

Jimmy bebekliğinden itibaren kendine ait sınırların olmasının iyi bir şey olduğunu ve sınırları sayesinde kendini koruyabileceğini öğrenmişti. Kendisi için iyi olmayan şeylere karşı gelmeyi öğrenmişti.

Jimmy'nin ailesinin en büyük özelliği fikir ayrılığına izin vermesiydi. Örneğin Jimmy, yatma saati konusunda ailesiyle tartışırsa, anne babası onlarla aynı fikirde olmadığı için asla kendilerini geri çekmez veya oğullarını cezalandırmazlardı. Üstelik oğullarının nedenlerini dinler ve mantıklı gelirse kendi fikirlerini değiştirirlerdi.

Aynı zamanda Jimmy'nin aile içinde söz söyleme ve seçim yapma hakkı vardı. Hep birlikte bir yere gidileceği zaman, anne ve babası sinemaya mı gitmelerini, oyun mu, yoksa basketbol mu oynamalarını istediği konusunda onun fikrini dinlerdi. Bu aile, sınırları olmayan bir aile miydi? Aksine! Bu aile sınır oluşturmayı çok önemsiyor ve sınırları çocuklarının geliştireceği bir yetenek olarak görüyordu.

Bazı arkadaşları kendisine sırt çevirip sigara içmesi için baskı yaptıklarında Jimmy'nin karşı gelmesi onun için iyi bir pratik olmuştu. Peki Jimmy bu teklifi reddetmeyi nasıl başarmıştı? Şöyle ki, Jimmy o güne kadar, yani on veya on bir yıldır, önem verdiği kişilerin sevgilerini kaybetme tehlikesi olmadan farklı bir düşünceyi savunma pratiği yapmıştı. Arkadaşlarına karşı durduğunda terk edilme korkusu yaşamamıştı, çünkü daha önce çok kez ailesine karşı durmuş ve sevgilerini hiç kaybetmemişti.

Öte yandan Paul'un aile ortamı daha farklıydı. Onlarda "hayır" kelimesinin getireceği iki ayrı sonuç vardı. Annesi incinir, kendini geri çeker ve surat asıp "Seni bu kadar seven annene nasıl hayır diyebilirsin?" gibi suçluluk duygusu uyandıracak mesajlar verirdi. Babası ise öfkelenir, onu tehdit eder, "Bana cevap verme, genç adam," gibi şeyler söylerdi.

Paul kısa sürede istediğini elde etmek için dışarıya karşı uyumlu olması gerektiğini anladı. Dışarıdan sağlam bir evet yanıtı geliştirdi, böylelikle ailesinin değerleriyle ve denetimiyle aynı fikirdeymiş gibi görünüyordu. Konu ne olursa olsun – akşam yemeğinde ne yeneceği, televizyonun ne zaman izleneceği, hangi giysileri giyeceği veya sokağa çıkmasına izin verilmemesi – düşüncelerini hep içinde tuttu.

Bir keresinde, annesinin kendisine sarılmasına direnmeye çalıştığında, kadın hemen oğlunu bırakmış ve "Bir gün annenin duygularını bu şekilde incittiğin için pişman olacaksın," demişti. Her geçen gün, Paul sınırlarını oluşturmamayı öğreniyordu.

Öğrenilmiş sınır eksikliğinin sonucu olarak Paul mutlu ve saygılı bir çocuk gibi görünüyordu. Fakat çocuklar ergenlik dönemlerinde zor bir sınavdan geçerler. Bu süreçte çocuklarımızın karakterlerinin nasıl gelişmiş olduğunu anlarız.

Paul eğilip bükülüyor, sağlam duramıyordu ve arkadaşlarının baskısına karşı koyamamıştı. Hayatında ilk defa – on iki yaşındayken – hayır dediği kişilerin anne ve babası olması şaşırtıcı mıdır? İçinde barındırdığı öfke hissi ve yıllarca sınırlarının olmayışı, uyum sağlayabilmek için geliştirdiği yaşaması kolay ama sahte benliğini, yani uyumlu kişiliğini örselemeye başlıyordu.

İhtiyaçların Sorumluluğunu Üstlenmek

Yürüttüğüm grup terapisi oturumu oldukça sessiz geçiyordu. Janice'e cevaplanamaz bir soru sormuştum. Soru, "Neye ihtiyacın var?" idi. Aklı karışmış ve düşünceli görünüyordu, arkasına yaslandı.

Az önce Janice pek çok kayıp yaşadığı ve acılarla geçen haftasını anlatmıştı: Kocası ayrılmak için harekete geçmiş, çocukları denetimden çıkmıştı ve işi tehlikedeydi. Bağlanma ve güvenlikle ilgili konularda çalışmaktan grup üyelerinin yüzlerindeki düşünceli ifade oldukça açıktı. Yine de kimse nasıl yardım edeceğini tam olarak bilmiyordu. O nedenle, soruyu sadece Janice'e değil, herkese yöneltmiştim. Ve Janice cevap vermemişti.

Janice'in geçmişi hep böyle davranışlarla doluydu. Çocukluğunun büyük kısmını anne ve babasının duygularının sorumluluğunu üstlenerek geçirmişti. Evin arabulucusu olarak bazen annesinin, bazen de babasının kabarmış tüylerini okşayarak düzeltirken, bir yandan da onları yatıştıracak sözler söylerdi, "Anne, eminim babam sana bağırmak istemedi, kötü bir gün geçirmiştir."

Ailesinin sorumluluklarına karşı doğru olmayan bu tavrın Janice'in hayatına getirdiği sonuçlar oldukça açıktı: Başkalarına karşı aşırı sorumluluk duygusu hissetmek ve kendi ihtiyaçlarına duyarsız kalmak. Janice'in başkalarının duygularına duyarlı bir dedektörü vardı, ancak kendisini gösteren dedektörü bozuktu. Bu yüzden sorumu yanıtlayamamasına şaşmamak gerekirdi. Janice kendi haklı ihtiyaçlarını anlamıyordu. Bu anlayışı ifade edecek kelimeleri bilmiyordu.

Gene de Janice'in öyküsü mutlu sonla bitti. Grup üyelerinden birisi, "Kendimi senin yerine koyuyorum ve ne isteyeceğimi biliyorum. Bu odadaki kişilerin yani sizlerin benimle gerçekten ilgilendiğinizi, beni başarısız olarak görmediğinizi ve bu hafta desteğinizi istemek için sizleri aramama izin vereceğinizi bilmek isterdim."

Janice'in gözleri yaşarmıştı. Arkadaşının söyledikleri ile kendisinin erişemediği bir yere erişmişti.

Janice'in öyküsü, çocuklarda sınır gelişiminin ikinci sonucunu göstermektedir: Kendi ihtiyaçlarımızı sahiplenmek veya onların sorumluluğunu üstlenmek. Yaşam bizim ne zaman aç, yalnız, başı dertte, bunalmış veya biraz ara vermeye ihtiyaç duyduğumuzu bilmemizi ve sonra da ihtiyacımızı karşılamak üzere inisiyatifi ele almamızı ister.

Sınırlar bu görevde temel bir rol oynar. Sınırlarımız kendimizle başkaları arasında ruhsal ve duygusal bir mesafe yaratır ve onlardan ayrı durmamızı sağlar. Bu da ihtiyaçlarımızın işitilmesini ve anlaşılmasını kolaylaştırır. Sınırları tam olarak anlamadığımızda, kendi ihtiyaçlarımızı başkalarının ihtiyaçlarından ayırmamız güçleşir.

Çocuklar başkalarının ihtiyaçları yerine kendi ihtiyaçlarını öğrendikleri takdirde, kendi hayatları için bulunmaz bir avantaj elde ederler. Birinin kendine bakmaması yüzünden kendilerini bitirip tüketmezler.

Çocuklarımızın kendi bireysel ihtiyaçlarını fark etmelerini nasıl sağlayabiliriz? Ailelerin yapacağı en iyi şey, "aileye uygun" olmasa bile, bu ihtiyaçların sözcüklere dökülmesini desteklemektir. Çocuklar, hoşa gitmeyecek bir şeyi isteme iznine sahip olduklarında, bunu elde edemeseler bile, ihtiyaçlarının neler olduğu konusundaki duygularını geliştirebilirler.

Aşağıda, çocuklarınıza yardımcı olmak için kullanabileceğiniz birkaç yöntem bulunmaktadır:

- Duydukları öfke hakkında konuşmalarına izin verin.
- Bir kayıp veya üzüntüyü, onları neşelendirmeye çalışmadan ifade etmelerine izin verin ve duygularını dışarı vurmalarını sağlayın.
- Soru sormaya teşvik edin.
- Soyutlanmış veya üzgün göründüklerinde ne hissettiklerini sorun, olumsuz duygularını kelimelerle anlatmalarına yardım edin. Sahte bir işbirliği duygusu ve aile yakınlığı sağlamak için çocuğun duygularını hafife almayın.

O halde birinin kendi ihtiyaçlarını benimsemesini sağlamak için atılması gereken ilk adım bu ihtiyaçların ne olduğunu belirlemektir ve burada ruhsal dedektörümüz devreye girer. Janice'in radarı bozuktu veya çalışmıyordu, ihtiyaçlarının adını koyamıyordu.

Sahiplenmede ikinci önemli nokta, kendi sorumluluğumuzu başkasına yüklemeden kendi üzerimize almaktır. Çocuklarımızın, kendi sorumsuzluk ve hatalarının acı veren sonuçlarını yaşamalarına izin vermeliyiz. Onlar evden ayrılmaya hazır hale gelene kadar çocuklarımızın kendi yaşamları hakkında derin bir sorumluluk duygusu edinmiş olmaları gerekmekte ve şu şekilde düşünebilmelidirler:

Hayatta başarılı ya da başarısız olmam büyük ölçüde bana bağlıdır.

Rahatlama ve yönlendirilme için başkalarından akıl almam gerekse de, yaptığım seçimlerden sadece ben sorumluyum.

Yaşam boyu önemli ilişkilerim beni derinden etkilese bile, yaşadığım sorunlar yüzünden kendimden başka hiç kimseyi suçlayamam.

Hep başarısızlığa uğrayacak ve desteğe ihtiyaç duyacak olsam da, beni devamlı olarak ruhsal, duygusal, mali veya sosyal krizlerden kurtaracak, aşırı sorumluluk sahibi birisine güvenemem.

Deneyimli anne babalar, çocuklarının "güvenli bir şekilde üzülmelerine" izin verirler. "Güvenli bir şekilde üzülmek" çocuğun, yaşına uygun sonuçlarla karşılaşmasını sağlar. Altı yaşındaki bir çocuğun hava karardıktan sonra dışarı çıkmasına izin vermek, onu eğitmek ve yetişkin haline gelmesine yardımcı olmak değildir, çünkü çocuk böyle bir karar alabilecek kadar olgun değildir. Daha en baştan, böyle seçimler yapma konumuna getirilmemelidir.

Pat'in anne babası, kızlarının güvenli bir biçimde üzülmesine izin vermişlerdi. Liseye başlayan Pat'e o yıl alacağı bütün okul harçlığını toplu olarak verdiler. Yemek, kıyafet, sosyal ve ders dışı etkinlikler için gereken harcamayı yapmak Pat'in sorumluluğu altındaydı. Verdikleri para tüm bunlar için yeterliydi, hatta biraz da fazlası vardı. Dışarıdan bakıldığında bu bir rüya gibi görünüyordu – bir sürü para ve nasıl harcanacağı konusunda hiçbir kısıtlama yok!

Pat ilk dönem çok güzel elbiseler aldı. Arkadaşlarıyla görüştü. Hatta birkaç kez onları eve davet etti. Üç buçuk aylık ilk dönemin ilk bir ayı bu şekilde devam etti. Sonraki iki buçuk ay daha verimsiz geçti. Pat sık sık evde oturdu, kalan parasını okul yemekleri için ayırdı ve yeni elbiselerini tekrar tekrar giydi.

Bir sonraki dönem daha da iyiydi – ve lise ikinci sınıfa geldiğinde bir banka hesabı ve uygulanabilir bir bütçesi vardı. Pat sınırlarını geliştiriyordu. Aslında alışverişi çok sevmesine rağmen, normalde isteyeceği CD'lere, yemeklere ve dergilere hayır demeye başladı. Kendi yaşamının sorumluluğunu almayı öğreniyordu. Sonunda Pat, lise mezunu olup da yıllarca birisi tarafından denetim altında tutulduktan sonra yemek pişirmeyi, temizlik yapmayı veya bütçesini ayarlamayı bilemeyen pek çok kişiden biri olup çıkmadı.

Çocuğumuzun davranışları ile bu davranışların sonuçları arasında olabildiğince yakın ilişki kurmak son derece önemlidir. Bu sayede, gerçek hayatı en verimli şekilde deneyimlemiş olurlar.

Çocuk yetiştirmede önemli olan başka bir alan da ev ödevleridir. Anne babalar, çocuklarının sorumluluk almasına yardımcı olabilirler ya da devamlı olarak çocuğun sorumluluğunu ondan alarak yanlış bir anne baba portresi çizerler. Çocuğunuz ağlayarak gelip, "yarına yetiştirilecek on sayfalık ödevim var ve daha yeni başladım" dediğinde, bu zor bir durumdur. Çocuğunu seven anne babalar içgüdüsel olarak araştırmayı, düzenlemeyi veya yazma işini yaparak çocuklarını kurtarmak ister. Peki bunu neden yaparız? Çünkü çocuklarımızı severiz. Ama çocuklarını seven anne babalar olarak, çocuklarımızın kötü not getirip karnelerini bozmalarına izin verebilmeliyiz. Böylelikle çocuğumuz, iyi plan yapmamanın sonucunu deneyim edinmiş olur.

Kontrol Etme ve Seçim Yapma Olanağına Sahip Olmak

"Dişçiye gitmeyeceğim. Beni zorlayamazsınız!" On bir yaşındaki Pamela ayaklarını yere vurdu ve kapıda bekleyen babası Sal'a kaşlarını çattı.

Bazen Sal Pamela'nın güç gösterilerine düşünmeden tepki verip "Görürüz bakalım!" der ve çığlıklar atan çocuğu arabaya sürüklerdi.

Ancak, bu konularda aile danışmanlığı gören ve pek çok kitap okuyan Sal, artık kaçınılmaz olana hazırdı. Sakin bir şekilde kızına "Tamamen haklısın, tatlım. Seni dişçiye zorla götüremem. İstemiyorsan gitmek zorunda değilsin. Ancak, kuralımızı hatırla: Diş doktoruna gitmemeyi seçersen, yarın akşamki partiye gitmemeyi de seçmiş olursun. Kararın ne olursa olsun saygı duyacağım. Randevunu iptal edeyim mi?"

Pamela'nın aklı karışmıştı, biraz düşündü, sonra yavaşça cevap verdi, "Gideceğim. Ancak mecbur olduğum için gitmiyorum." Pamela haklıydı. Randevusuna gitmeyi seçmişti çünkü akşam partide olmak istiyordu.

Çocukların yaşamlarında kontrol etme ve seçim yapma şansına sahip olduklarını hissetmeye ihtiyaçları vardır. Kendilerini anne babalarına bağımlı, yardımlarına muhtaç kişiler olarak değil, kendi hayatlarıyla ilgili seçimlerde bulunabilen, talep eden ve bir şeyler yapabilen kişiler olarak görmek isterler.

Çocuklar hayata başladıklarında yardıma muhtaç ve anne babalarına bağımlıdırlar. Ancak doğru şekilde anne babalık etmek demek, çocuklara düşünmeyi, karar almayı ve yaşamlarının her alanına hükmetmeyi öğretmek demektir. Bu da sabah ne giyeceğine karar vermekten, okulda hangi derslerin seçileceğine kadar her şeyi kapsar. Yaşa uygun kararlar almayı öğrenmek, çocuklarda güven ve kontrol duygusunun gelişmesinde yardımcı olur.

Endişeli ve iyi niyetli anne babalar, çocukların kendilerini üzecek kararlar almalarını engellemeye çalışır, çocuklarını hata yapmaktan, dizlerini kanatmaktan korurlar. Şu şekilde düşünürler: "Gel senin yerine ben karar vereyim." Bunun sonucu olarak çocuğun karakterinde geliştirilmesi gereken çok önemli bir bölüm gelişemez, bu da hakkını koruma veya değişiklik yapma yeteneğidir. Çocuklar kendi kaderlerini kendileri çizmek ister. Bu da seçim yapmaktan kaçınmak yerine seçimlerini tartmalarına yardım eder. Kendileri adına yapılan seçimlere öfkelenmek yerine, kendi seçimlerinin sonuçlarını görmeyi öğrenirler.

Hedeflerden Alınacak Hazzı Ertelemek

Şimdi kelimesi, küçük çocuklar için var olan bir kelimedir. Küçük çocuklar "şimdiki zamanı" yaşarlar. İki yaşındaki bir çocuğa yarın tatlı yiyeceğini anlatmaya çalışın. Kandıramazsınız, çünkü ona göre "yarın", "asla" demektir. Yeni doğan bebeklerin aslında "sonra"yı anlama becerileri yoktur. Bu nedenle altı aylık bir bebek, annesi odadan çıkınca paniğe kapılır. Onun, sonsuza dek geri gelmeyeceğinden emindir.

Ancak gelişimimizin bir evresinde, "sonra"nın, yani bir iyiliği daha büyük bir iyilik için ertelemenin değerini öğreniriz. Bu yetenek, *hazzı erteleme* olarak adlandırılır. Bu, ileride elde edeceklerimiz için dürtü, istek ve arzularımıza hayır diyebilmektir.

Genellikle bu beceri yaşamın ilk yılı geride kalmadan önce öğrenilemez, çünkü bu bir yıllık süreçte çocuğun en büyük ihtiyacı bağlanmadır. Ancak hazzın ertelenmesini öğretmek, ikinci yılın hemen başlarında başlayabilir. Tatlı yemekten sonra gelir, önce değil.

Daha büyük çocukların da bu beceriyi kazanmaları gerekir. Örneğin aile, yıl sonuna kadar bazı giyecekleri ve hobi için kullanılacak eşyaları satın alamaz. Bu süreç sırasında geliştirilen sınırlar yaşamın sonraki kısımları için paha biçilmezdir.

Hazzın nasıl erteleneceğini öğrenmek çocukların hedeflerini öğrenmelerine yardımcı olur. Onlar için önemli olan şeylere para ve zaman ayırmayı öğrenir, almayı seçtikleri şeye değer verirler. Tanıdığım bir aile, oğullarının ilk arabasını alması için para biriktirmesini sağlamıştı. Çocuk bir plan yapıp babasının yardımıyla işe başladığında daha on üç yaşındaydı. On altı yaşındayken tüm hafta sonu ve yazın kazandığı paralarla bir araba sahibi olduğunda, ona bebekmiş gibi davranıyordu.

Başkalarının Sınırlarına Saygı Duymak

Çocukların erken yaştan itibaren anne baba, kardeş ve arkadaşlarının sınırlarını kabul etmeyi öğrenmeleri gerekir. İnsanların her zaman onlarla oynamak istemeyeceğini, başkalarının onların istediği televizyon programlarını seyretmek istemeyebileceğini, başkalarının farklı yerlerde yemek yemek isteyebileceğini bilmeleri gerekir. Dünyanın onların etrafında dönmediğini bilmeleri gerekir.

Bu, iki nedenden dolayı önemlidir. Birincisi, sınırları kabul etmeyi öğrenme yeteneği bize kendi sorumluluğumuzu üstlenmeyi öğretir. İnsanların her zaman elimizin altında olmadığını bilmek, dışarıdan yönlendirilmek yerine kendi işimizi görmemize yardımcı olur. Böylelikle kendi sırt çantamızı taşıyabiliriz.

İstediğini alana kadar hayır cevabını duymayan, sürekli mızmızlanan, ikna etmeye çalışan, huysuzlanan, somurtan bir çocukla hiç beraber oldunuz mu? Sorun, başkalarının sınırların ne kadar nefret eder ve direnirsek, başkalarına o kadar bağımlı olacağımızdır. Kendimizle ilgilenmek yerine, başkalarının bizimle ilgilenmelerini bekleriz.

Er ya da geç birisi bize, görmezden gelemeyeceğimiz bir "hayır" diyecektir. Bu yaşamın kuralıdır.

Başkalarının sınırlarına direnen birisinin yaşamındaki "hayır"lar şu şekilde sıralanır:

1. anne babanın "hayır"ı
2. kardeşlerin "hayır"ı
3. öğretmenlerin "hayır"ı
4. arkadaşların "hayır"ı
5. patronların ve şeflerin "hayır"ı
6. eşlerin "hayır"ı

7. aşırı yeme, alkolizm veya yaşam tarzından ötürü yaşanan sağlık problemlerinin "hayır"ı
8. polis, mahkeme, hatta hapse girmenin "hayır"ı

Bazı insanlar yaşamın erken çağlarında sınırları kabul etmeyi öğrenirler, yani yukarıda ilk hayır cevabını kabul ederler. Ancak bazı insanların yaşamın sınırlarını kabullenmeleri gerektiğini anlamaları için sekizinci "hayır"a kadar ilerlemeleri gerekir. Kontrol duygusundan yoksun pek çok genç, otuzlu yaşlarına gelene dek olgunlaşmaz, sürekli bir işleri ve kalacak yerleri olmadığı için yorgun düşerler. Maddi yönden dibe vurmaları, hatta bir süre sokaklarda yaşamaları gerekebilir. Zamanla bir işte tutunmaya, para biriktirmeye ve olgunlaşmaya adım atar, yavaş yavaş yaşamın sınırlarını kabullenmeye başlarlar.

Ne kadar sert olduğumuzu düşünürsek düşünelim, her zaman bizden daha sert birisi çıkar. Çocuklarımıza hayır cevabını kabul etmeyi öğretmezsek, onları çok daha az seven birisi bu işi yapabilir. Daha sert birisi. Daha kuvvetli. Çoğu anne baba, çocuklarını böyle zor bir dönemden korumak ister. Sınırları ne kadar erken öğretirsek, çocuklar için o kadar faydalı olur.

Çocuk için başkasının sınırlarını kabul etmenin önemli olma nedenlerinden ikincisi, hatta daha da önemli olan nedeni şudur: *Başkalarının sınırlarına dikkat etmek, çocukların sevmesine yardımcı olur.* Başkalarının sınırlarına saygı duyma fikri, hak vermenin, kendisini karşısındakinin yerine koymanın veya insanları sevilmek istediğimiz gibi sevmenin temelidir. Çocukların "hayır"larına saygı gösterilmesi gerekir, böylelikle onlar da başkalarının "hayır"larına saygı göstermeyi öğrenirler.

Diyelim ki, altı yaşındaki oğlunuzun kazara ama dikkat etmeden attığı top sertçe başınıza çarptı. Bunu yok saydığınızda veya canınız yanmamış gibi davrandığınızda, çocuğunuz hareketleriyle hiçbir şeyi etkilemediğini düşünecek, herhangi bir sorumluluk almaktan veya başkalarının ihtiyaçlarını fark etmekten kaçacaktır. Ancak ona, "Bilerek yapmadığının farkındayım ama top canımı yaktı. Dikkat et!" demeniz, çocuğunuzu suçlamadan, onun sevdiklerini incitebileceğini ve hareketlerinin bir anlam ifade ettiğini görmesini sağlar.

Bu ilke çocuğa öğretilmezse, büyüdüğünde sevecen bir yetişkin olması zordur. Böyle çocuklar genellikle benmerkezci ve denetleyici olurlar. Bir müşterimin ailesi ona başkalarının sınırlarını görmezden gelmeyi öğretmişti. Buna bağlı olarak, büyüdüğünde hırsızlık suçundan hapse girmişti. Ancak, bu süreç acı verici olmakla birlikte, başkalarıyla empati kurmayı öğretmişti.

"Başka insanların da ihtiyaçları ve acıları olduğunu hiç bilmezdim," demişti bir keresinde. "Sadece kendimle ilgili konulara odaklanmayı öğrenmiştim. Başkalarının ihtiyaçlarına saygı duymadığımı anlamaya başladığımda, bir şeyler oldu. Kalbimde başkaları için yer açıldı. Kendi ihtiyaçlarımı görmezden gelmedim, ancak ilk defa gelişme gördüm. Davranışlarım eşimi ve ailemi incittiği için kendimi suçlu hissetmeye başladım."

Evet, çok uzun bir yol alması gerekiyordu. Ama doğru yoldaydı. Yaşamda sınırları öğrenmek, gerçekten sevecen bir kişi olmanın başlangıcıydı.

Dönemsel Sınırlar: Yaşa Uygun Sınır Eğitimi

İçindekiler bölümüne baktıktan sonra ilk göz attığınız bölüm bu olduysa, büyük ihtimalle anne veya babasınızdır. Yine büyük ihtimalle, çocuklarınızla sınırlar konusunda zorluklar yaşamaktasınız. Belki bu bölümü sadece olası sorunları engellemek için okuyorsunuz. Ancak büyük olasılıkla kurtulmak istediğiniz bir sorununuz var: Yeni doğmuş bebeğiniz ara vermeden bağırıyor. Yeni yürümeye başlayan çocuğunuz evi birbirine katıyor. İlkokula giden çocuğunuzun okulda davranış sorunları var. Ortaokula giden çocuğunuz edepsizce davranıyor. Lisedeki çocuğunuz içki içiyor.

Tüm bu konular muhtemel sınır sorunlarına işaret etmektedir. Bu bölümde, çocuklarınızın yaşına uygun olarak öğrenmeleri gereken sınır görevlerini ana hatlarıyla inceleyeceksiniz. Anne babalar olarak çocuklarımızın gelişimsel ihtiyaç ve yeteneklerini göz önünde bulundurmamız gerekir. Ne onlardan yapamayacakları bir şey istemeliyiz, ne de çok az şey talep etmeliyiz.

Aşağıda, çocukluktaki belirli evreler için temel görevler bulunmaktadır. Doğumdan üç yaşına kadar geçen süre hakkında daha detaylı bilgi için 4. Bölüm'ü okuyabilir, çocuklukta sınırların nasıl oluşturulduğunu inceleyebilirsiniz.

Doğumdan Beş Aya Kadar

Bu evrede yeni doğan bebek, anne, baba veya kendisine bakan kişi ile bir bağ oluşturmaya ihtiyaç duyar. Ait olma, güvende olma ve sevilme duygularını hissetmek, çocuğun gerçekleştirmesi gereken görevlerdir. Bu süreçte çocuğa sınırlar belirlemek, güvende olmasını sağlamak kadar önemli değildir.

Buradaki tek gerçek sınır annenin sakinleştirici varlığıdır. Anne çocuğu korur. Annenin görevi yeni doğmuş bebeğin yoğun, korkutucu ve çelişkili duygularla başa çıkmasına yardımcı olmaktır. Kendi başlarına bırakılan bebekler, yalnızlıklarından ve içsel yapının olmayışından ötürü korkarlar.

Asırlar boyu anneler bebeklerini kundaklamış veya onları sıkıca sarmalamışlardır. Kundaklama bebeğin vücut ısısını dengelerken, sıkı sıkı sarmak da kendisini güvende hissetmesini sağlar, bu bir çeşit dış sınırdır. Bebek benliğinin nerede başlayıp nerede bittiğini bilir. Yeni doğan bebeklerin etraflarına sarılan örtü gittiğinde genellikle panik duyarlar.

Çığlık atan dört aylık bir bebek, dünyanın oldukça güvenli bir yer olup olmadığını anlamaya çalışmaktadır. Büyük bir dehşet yaşar ve soyutlandığını hisseder. Etrafında hiç kimse yokken rahat olmayı öğrenmemiştir.

Bazı öğretmenler, bebeğin beslenme ve kucağa alınmasının bir program dahilinde yapılmasını tavsiye ederler. "Geceleri beşikten almayı bıraktıktan sonra, dört aylık bebeğim ağlamayı kesti," derler. Bu, doğru olabilir. Ancak ağlamanın kesilmesinin bir başka nedeni, bebeğin depresyon yaşaması, umudunu kesmesi ve kendini geri çekmesi olabilir.

Hazzın ertelenmesi yaşamın ilk yılından sonraki evreye, bebekle anne arasında bir güven temeli oluşturulduktan sonraya bırakılmalıdır.

Beş – On Ay

4. Bölümde gördüğümüz gibi, çocuklar yaşamlarının ilk yılının ikinci yarısındaki "oluşum" sürecini yaşarlar. "Annem ve ben aynı kişi değiliz" fikrini benimsemeye başlarlar. Bebeklerin emekleyerek gittikleri korkutucu, büyüleyici bir dünya vardır. Büyük bir bağımlılık ihtiyaçları olduğu halde, çocuklar anneleriyle bir olmaktan çıkmaya başlarlar.

Bu aşamada anne babaların çocuğa sağlam sınırlar geliştirmede yardımcı olmaları için, hâlâ çocuğun tutunabileceği bir dal olmakla birlikte, onun ayrı bir duruş sergileme çabalarını da desteklemeleri gerekir. Çocuğunuzu, başka insanların ve nesnelerin büyülemesine izin verin. Evinizi bebeğinizin keşfedebileceği güvenli bir yer haline getirin.

Ancak çocuklarınızdaki oluşum evresine yardımcı olmak, onların derin bağlanma ihtiyaçlarını ihmal etmeniz anlamına gelmez. Bağlanmak hâlâ bir bebeğin ilk görevidir. Çocuğunuzun bağlanma ve duygusal güvenlik ihtiyaçlarını dikkatle karşılamak ve dışarıya, sizden de uzağa bakmasına izin vermelisiniz.

Pek çok anne, çocuğun kendisine olan aşkından uzaklaşıp, büyük ve geniş dünyaya geçişini zor bulur. Böylesine derin bir yakınlığın kaybı büyüktür, özellikle de hamilelik ve doğumla geçen süreden sonra. Böyle bir durumda sorumluluk sahibi anne, birilerine yakın olma ihtiyacını yaşamındaki diğer yetişkinlerle karşılamaya çalışacaktır. Bebeğini yumurtadan çıkması için yüreklendirirken, günü geldiğinde "terk edip gitmeye" hazırlayacaktır.

Bu noktada bebeklerin çoğu *hayır* kelimesini tam olarak anlayamaz ve uygun yanıt veremezler. En iyisi, onları kaldırarak tehlikeli yerlerden uzak tutmak ve korumaktır.

On – On Sekiz Ay

Bu deneyim edinme ve uygulama sürecinde bebeğiniz konuşmaya başlamakla kalmaz, aynı zamanda yürür. Bebeğinizin önünde olanaklar serilidir. Dünya, bu çocuğun istiridyesidir, kabuğunu açıp oynamanın yollarını bulmak için çok zaman harcar. Şimdi çocuğunuz duygusal ve bilişsel olarak hayır kelimesini anlayabilir ve yanıt verebilir.

Bu aşamada sınırlar artarak önem kazanır, hem işitilmeye, hem de anlaşılmaya başlar. Bu yaşta hayır işlevinin gelişmeye başlamasını sağlamak çok önemlidir. Hayır, çocuğunuzun yaşamda sorumluluk almanın iyi sonuçlar verip vermediğini, ya da birinin kendini geri çekmesine yol açıp açmadığını anlama yoludur. Anne baba olarak, bebeğinizin hayır'ına sevinmeyi öğrenmelisiniz.

Aynı zamanda çocuğunuzun evrenin merkezi olmadığını anlamasına yardımcı olmak gibi hassas bir göreviniz vardır. Hayatta sınırlar bulunur. Kapılara resim yapmanın, insanların arasındayken bağırmanın sonuçları vardır. Ancak bu görevinizi yerine getirirken, çocuğunuzun heyecan duygusunu ve dünyaya duyduğu merakı öldürmemelisiniz.

On Sekiz – Otuz Altı Ay

Çocuk artık ayrı, fakat bağlı bir ruhun sorumluluğunu alma gibi önemli bir görevi öğrenmektedir. Bu aşamada çocuk, hayatın sınırları olduğunu fark eden, ancak ayrı olmanın, bağlanamayacağımız anlamına gelmediğini de anlayan daha bilinçli bir çocuk haline gelir. Bu evrede çocuğun hedefi aşağıdaki becerileri edinmektir:

1. Duygusal olarak başkalarına bağlı olurken bir yandan da kendisi olma ve ayrı olabilme özgürlüğünden vazgeçmeme.
2. Sevgiyi kaybetme korkusu olmadan, başkalarına uygun şekilde hayır diyebilme.
3. Kendini duygusal olarak geri çekmeden, başkalarından gelecek uygun hayır'ları kabul edebilme.

On sekiz ile otuz altı ay arasındaki evrede, çocuğun bağımsız olmayı öğrenmesi gerekir. Anne baba denetiminden çıkmak ister, ancak bu isteği anne babasına olan derin bağlılığıyla çatışır. Deneyimli anne babalar, çocuğun bağlılığını kaybetmeden bireyselleşme duygusu edinmesine ve her şeye gücünün yetmediğini kabullenmesine yardımcı olacaktır.

Bu süreçte çocuğa sınırları öğretmek için, uygun zamanlarda hayır'ını kabul etmeli, ancak kendi kesin hayır'ınızda da ısrarcı olmalısınız. Tüm çarpışmaları kazanmaya çalışmak sizin için kolaydır ancak karşınıza çıkacak pek çok çarpışma olacaktır. Büyük resmi yani bağlılığı unutursanız, sonunda savaşı kaybedersiniz. Öylesine bir kasırgayı kontrol altına almaya çalışarak enerjinizi boşa harcamayın. Çarpışmalarınızı dikkatle seçin ve önemli olanlarını kazanın.

Akıllı anne babalar çocuklarının mutlu olmasından ve eğlenmesinden zevk duyarlar, ancak deneme sürecindeki çocuğa sürekli ve kesin sınırlar uygularlar. Bu aşamada çocuklar hem evin kurallarını, hem de bunların çiğnenmesiyle ortaya çıkacak sonuçları öğrenebilirler. Uygulanabilir bir disiplin etme süreci aşağıda listelenmiştir:

1. *Birinci ihlal.* Çocuğa, çarşafın üzerine resim yapmamasını söyleyin. Çocuğun bu ihtiyacını başka bir şekilde karşılamasına yardım edin. Çarşafları boyamak yerine, resim yapabileceği bir boyama kitabı veya kağıt verin.

2. *İkinci ihlal.* Çocuğa yine hayır deyin ve sonucunu belirtin. Ya bir dakika ara verecek, ya da boyalarını o gün bir daha alamayacaktır.

3. *Üçüncü ihlal.* Nedenlerini açıklayarak sonuçları uygulayın, sonra çocuğa öfkelenmesi ve anne babasından ayrı kalması için birkaç dakika verin.

4. *Rahatlama ve yeniden bağlanma.* Çocuğu kucağınıza alıp rahatlatın ve size karşı yeniden bağlılık kurmasına yardım edin. Bu hareket, sonuç ve kayıp arasındaki farkı görmesine yardımcı olacaktır. Acı veren sonuçlar asla bir bağlılığı kaybetmeyi içermemelidir.

Üç – Beş Yaş

Bu aşamada çocuklar, cinsel rollerin geliştirildiği bir sürece girerler. Her çocuk kendini anne ya da babasıyla özdeşleştirir. Küçük oğlanlar babaları, küçük kızlar da anneleri gibi olmak ister. Aynı zamanda o ebeveyne karşı rekabetçi duygular geliştirir, hemcinsleri olan ebeveyni alt ederek, karşı cins ebeveynle evlenmek isterler. Yetişkin olduklarında bürünecekleri cinsel rollere hazırlanırlar.

Burada anne babaların sınırlarla ilgili yapacakları şeyler çok önemlidir. Anneler nazikçe ancak kararlılıkla kızlarının kendilerini tanımasına ve rekabet etmesine izin vermelidir. Aynı zamanda oğullarının sahiplenici tutumuyla başa çıkabilmeli, onlara "Annenle evlenmek istediğini biliyorum, ancak annen, babanla evli" diyebilmelidirler. Babalar da kızları ve oğullarına karşı aynı görevleri yerine getirmelidir. Bu, çocukların kendilerini karşı cins anne ya da babaları ile özdeşleştirmelerine ve uygun karakter özellikleri edinmelerine yardım eder.

Çocuklarında yeni yeni ortaya çıkmaya başlayan cinsellikten korkan anne babalar, genelde bu yoğun özleme eleştirel gözle bakarlar. Kendi korkuları yüzünden çocuğa saldırarak veya suçlayarak, çocuklarının cinselliğini bastırabilirler. Diğer yandan, ihtiyaç içindeki ebeveyn bazen duygusal, hatta bazen cinsel olarak karşı cinsten çocuğun aklını çelebilir. Oğluna, "Baban beni anlamıyor, beni tek anlayan sensin" diyen bir anne, oğlunun yıllarca cinsiyet rolünü anlamada güçlük çekmesine neden olabilir. Olgun ebeveynler cinsel rollerin ortaya çıkmasına izin vermek ile ebeveynle çocuk arasındaki çizgilerin net olması arasındaki sınırı korumalıdır.

Altı - On Bir Yaş

Latensi veya gizlilik dönemi olarak adlandırılan bu dönemde çocuk, yaklaşmakta olan ergenlik çağına girmeye hazırlanır. Bu yıllar çocukluk döneminin son yıllarıdır. Bu yıllar, okuldaki çalışmalar ve oyun aracılığıyla görev dağılımını ve bunun yanı sıra kendi yaşıtı hemcinslere bağlanmayı öğrenme yönünden önemlidir.

Çalışma ve arkadaşlar bakımından oldukça dolu geçen bu dönem, anne babalara da kendine özgü görevler getirir. Burada çocuklarınızın ödevler, ev işi ve projeler gibi görevlerin temellerini oluşturmalarına yardımcı olmalısınız. Planlamayı ve bir işi bitirene kadar çalışma disiplinini öğrenmeleri gerekir. Hazzın ertelenmesi, hedefe odaklanma ve zamanı iyi kullanma gibi sınırları da öğrenmeleri gerekmektedir.

On Bir – On Sekiz Yaş

Yetişkinlikten önceki son evre olan ergenlik çağı, cinsel anlamda olgunlaşma, herhangi bir ortamda kimliğin tam olarak oluşması, mesleki eğilimler ve eş seçimleri gibi önemli görevleri içermektedir. Bu süreç, hem çocuk hem de anne için korkutucu, ancak heyecan verici olabilir.

Bu zamana kadar, "anne babadan ayrılma" sürecinin başlamış olması gerekir. Çocuğunuzla aranızdaki bazı şeyler değişmeye başlar. Çocuğunuzu kontrol altında tutmak yerine, onun üzerinde etki sahibi olursunuz. Onun hem özgürlüğünü, hem de sorumluluğunu artırırsınız. Yasaklamaları, sınırları ve sonuçları daha fazla esnek bir tutumla yeniden tartışırsınız.

Tüm bu değişiklikler, bir uzay mekiğinin fırlatılmasından önceki geri sayıma benzer. Yetişkin bir gencin dünyaya fırlatılmasına hazırlanırsınız. Akıllı anne babalar, çocuklarının kaçınılmaz bir şekilde toplumun içine gireceklerini asla unutmazlar. Artık sormaları gereken soru, "Onun gerektiği gibi davranmasını nasıl sağlayabilirim?" değil, "Onun kendi başına ayakta kalmasını nasıl sağlayabilirim?" olmalıdır.

Gençlerin olabildiğinde kendi ilişkilerini, programlarını, değerlerini ve parasal sınırlarını belirlemeleri gerekir. Sınırlarını aştıklarında, gerçek hayattaki sonuçlarla karşılaşmaları gerekir. On yedi yaşında olup, hâlâ televizyon seyretme ve telefonla konuşma konusundaki yasaklamalarla disipline edilen bir genç, bir yıl sonra üniversiteye gittiğinde ciddi sorunlarla karşılaşabilir. Öğretim üyeleri, dekanlar ve yurt amirleri bu tarz yasaklamalar getirmezler; kalır not, ihtar veya okuldan uzaklaştırma gibi yöntemlere başvururlar.

Sınırlar konusunda eğitilmemiş bir çocuğunuz varsa, ne yapacağınızı bilemeyebilirsiniz. Çocuklarınız her ne noktadaysa, oradan başlamanız gerekir. Hayır deme ve hayırı kabullenme becerisi yetersizse, evdeki kuralları ve onların ihlal edilmesi durumunda karşılaşılacak sonuçları açıklığa kavuşturmak, genelde gencin evi terk etmeden önceki birkaç yılında ona yardımcı olabilir.

Ancak aşağıdaki belirtiler daha ciddi bir soruna işaret ediyor olabilir:

- Gencin aile bireylerinden soyutlanması
- Depresyonda olması
- İsyankar tavırlar
- Ailede sürekli çatışma
- Yanlış arkadaşlar
- Okulda sorunlar
- Yemek yemede düzensizlikler
- Alkol kullanımı
- Uyuşturucu kullanımı
- İntihara sürükleyen fikirler veya davranışlar

Bu sorunları gözlemleyen pek çok anne baba ya çok fazla, ya da çok az tepki gösterir. Aşırı katı ebeveynler, yetişkin çocuğun evden uzaklaşması riskiyle karşı karşıyadır. Fazla yumuşak ebeveyn, çocuğun saygı duyacağı birisine ihtiyaç duyduğu bir zamanda, onun en iyi arkadaşı olmak ister. Bu noktada ebeveynler, gençlerle ilgili durumlarda uzman olan bir danışmana başvurmayı düşünmelidir. Profesyonel yardımı göz ardı etmenin bedeli çok yüksektir.

Disiplin Türleri

Pek çok anne babanın kafası, sınırlara saygı duymayı çocuklarına nasıl öğretecekleri konusunda karışıktır. Tokat atma, ara verme, kısıtlamalarda bulunma ve harçlık verme konusunda sayısız kitap ve makale okurlar. Bu soru bu kitabın kapsamında değildir, ancak bazı düşünceler, arayış içindeki anne babalara yol gösterebilir.

Sonuçlar, çocuğun kendi yaşamının sorumluluğunu ve denetimini kendi üstüne alma hissini artırmak için oluşturulur. Çocuğun çaresizlik duygusunu artıran disiplin, ona yarar vermez. On altı yaşındaki bir kızı sınıfa sürüklemek, iki yıl sonra lisede kendisine ihtiyaç duyacağı içsel güdülenmenin oluşmasını sağlamaz. Halbuki kendi yararına bir okul seçmesine yardım edecek bir ödüller ve sonuçlar sistemi, başarılı olma ihtimalini artırır.

1. *Sonuçların yaşa uygun olması gerekir.* Disiplininizin anlamı üzerinde düşünmeniz gerekir. Örneğin tokat atma, bir genci küçük düşürür ve öfkelendirir, ancak doğru olarak uygulandığında, dört yaşındaki bir çocuğun içsel yapısını oluşturmasına yardım edebilir.
2. *Sonuçların, sınır ihlalinin ciddiyetiyle aynı doğrultuda olması gerekir.* Nasıl ki ceza sisteminde değişik suçlar için değişik cezalar varsa, büyük ve küçük çaplı ihlaller için de aralarındaki farkı ayırt etmeniz gerekir. Aksi halde ciddi cezalar anlamını yitirir.
3. Bir müşterim bir zamanlar şöyle demişti: "Hem küçük, hem de büyük suçlar için dayak yedim. Ben de sadece büyük şeyler yapmaya başladım, nasıl olsa sonuç aynıydı. Böylesi çok daha verimliymiş gibi geliyordu." Bir kez ölüm cezasına çarptırıldığınızda, iyi davranmakla elinize geçecek pek bir şey yoktur!
4. *Sınırların amacı, kendiliğinden ortaya çıkan sonuçlarla içsel bir güdülenme duygusu yaratmaktır.* İyi bir anne baba olmak, çocuklarınızın isteyerek yataktan çıkması, okula gitmesi, sorumluluk taşıması, kendilerini başkalarının yerine koyarak onlara hak vermesi ve bizler için değil, kendileri için önemli olduğundan başkalarıyla ilgilenmesini sağlayabilmek de-

mektir. Gerçek olgunluk, ancak sevgi ve sınırlar bir çocuğun karakterinin gerçek parçaları halinde geldiğinde ortaya çıkar. Aksi takdirde, zamanla kendilerine zarar verecek uyumlu papağanlar yetiştirmiş oluruz.

Anne babaların ciddi bir sorumluluğu bulunmaktadır: Çocuklarını içsel sınırlara sahip olma ve başkalarının sınırlarına saygı duyma konusunda eğitmek.

Verdiğimiz eğitimin önemseneceği konusunda hiçbir garanti yoktur. Dinleme ve öğrenme sorumluluğu çocuklardadır. Yaşları ne kadar büyürse, sorumlulukları da o kadar artar. Yine de kendi sınır sorunlarımızı öğrenip, bunların sorumluluğunu üstlendikçe ve büyüdükçe, bu becerilerin büyük ölçüde ihtiyacın duyulduğu büyükler dünyasında, çocuklarımızın da sınırları öğrenme olasılığını artırmış oluruz.

On Birinci Bölüm

Sınırlar ve İşiniz

Bu bölümde, sınırların işinizle ilgili pek çok sorunun çözülmesinde nasıl fayda sağlayabileceğine ve yaptığınız işte kendinizi nasıl daha mutlu ve daha tatmin olmuş hissedebileceğinize göz atacağız.

Kariyer ve Karakter Gelişimi

İş ruhsal yönden tatmin olduğumuz bir etkinliktir. İşyerimiz, karakterimizi geliştirdiğimiz yerdir. Bunu asla unutmayalım ve işyerinde sınırlar belirlemenin bizi ruhsal açıdan nasıl geliştireceğini inceleyelim.

İşyerindeki Sorunlar

İşyerinde sınırların olmayışı birtakım sorunlara yol açar. Şirketlerdeki çalışanlara danışmanlık yaparken, yönetimsel sorunlara yol açan temel öğenin sınır eksikliği olduğunu görmüştüm. Çalışanlar kendi işleri ile ilgili sorumlulukları üstlenip net sınırlar belirleseydi, danışmanlığını yaptığım sorunlardan pek çoğu var olmazdı.

Sınırlar koymanın, işyerinde sıklıkla görülen sorunları nasıl çözdüğünü inceleyelim.

1. Sorun: Başkasının Sorumluluklarını Yüklenmek

Susie sektörde eğitim seminerleri planlayan küçük bir şirkette yönetici asistanı olarak çalışıyor. Eğitim seminerlerini planlamak ve konuşmacıların programlarını yönetmekten sorumlu. Çalışma arkadaşı Jack ise eğitim araçlarından sorumlu, malzemeleri eğitim alanına götürüyor, araçları kuruyor ve yemekleri ısmarlıyor. Susie ve Jack, birlikte organizasyonları gerçekleştiriyorlar.

İlk birkaç ay işinden çok hoşnut olan Susie, enerjisini yitirmeye başlamıştı. Sonunda iş arkadaşı ve sosyal hayatta da arkadaşı olan Lynda, sorunun ne olduğunu sordu. Susie ilk başta neler olduğunu anlayamamıştı, sonra fark etti: Sorun Jack'ti!

Jack Susie'den bir şeyler istemeye, "hazır dışarıdayken benim yerime şunu alıver" veya "malzeme kutusunu lütfen atölyeye getir" demeye başlamıştı. Sorumluluklarını yavaş yavaş Susie'ye aktarıyordu.

"Jack'in işini yapmayı bırakman lazım," dedi Lynda Susie'ye. "Sadece kendi işini yap, Jack'i de boş ver."

"Ama ya işler kötüye giderse?" diye sordu Susie.

Lynda omuz silkti. "O zaman Jack'i suçlarlar. Bu onun işi, senin sorumluluğun değil."

"Jack yardım etmediğim için kızar," dedi Susie.

"Kızsın," dedi Lynda. "Kızması kötü çalışma alışkanlıkları kadar zarar vermez."

Böylelikle Susie Jack'e karşı sınırlar belirlemeye başladı. Ona dedi ki, "Bu hafta senin getirmen gereken malzemeleri taşıyacak zamanım yok." Jack işleri kendi başına bitirecek zaman bulamadığında Susie şunu dedi: "Bu işi önceden yapmadığına üzüldüm, zor durumda olmanı da anlıyorum. Belki bir dahaki sefere işlerini daha iyi planlarsın. Bu benim işim değil."

Eğitimcilerden bazıları eğitim araç gereçlerinin kurulmamış olmasına kızdı, katılımcılar mola verdiklerinde yiyecek bulamadıkları için sinirlendiler. Ancak şirketin patronu problemi inceledi ve bu sorundan sorumlu olan kişiyi buldu. Bu kişi Jack'ti. Patron Jack'e kendine çeki düzen vermesini ya da başka bir iş aramasını söyledi. Sonunda Susie işini yeniden sevmeye, Jack ise daha sorumlu davranmaya başladı. Tüm bunlar, Susie'nin sınırlarını belirlemesi ve onlara bağlı kalması sayesinde oldu.

Bir başkasının sorumluluklarını yükleniyor ve bundan dolayı güceniyorsanız, duygularınızın sorumluluğunu üzerinize almalı ve mutsuzluğunuzun sebebinin birlikte çalıştığınız kişinin hatası değil, kendi hatanız olduğunu anlamalısınız. Diğer sınır çatışmalarında olduğu gibi, önce *kendinizden* sorumlu olmalısınız.

Ondan sonra birlikte çalıştığınız kişiye *karşı* sorumlu bir şekilde davranmalısınız. Çalışma arkadaşınıza durumunuzu açıklayın. Sorumluluğunuzda olmayan bir şey yapmanızı istediğinde hayır diyerek, yapmanızı istediği şeyi yapmayı reddedin. Hayır dediğiniz için size kızarsa, sınırlarınız konusunda katı davranın ve öfkesini anlamaya çalışın. Siz de arkadaşınıza öfkelenmeyin. Öfkeye karşı öfkeyle savaşmak, onun oyununa sürüklenmek olur. Duygusal mesafenizi koruyun ve "Bu seni sinirlendiriyorsa üzgünüm. Ancak bu iş benim sorumluluğumda değil. Umarım halledersin" deyin.

Tartışmayı sürdürürse tartışmanın sizin için bittiğini ve başka bir konuda konuşmaya hazır olduğunda gelip sizinle görüşebileceğini söyleyin. İşini neden onun yerine yapamayacağınızı açıklama tuzağına düşmeyin. Elinizde fırsat olsa onun işini yapmanız gerekir şeklindeki düşünceye atlamış olursunuz, zaten o da bunun bir yolunu bulmaya çalışacaktır. Kimseye sorumluluğunuzda olmayan bir şeyi neden yapmadığınızı açıklamak zorunda değilsiniz.

Sorumluluklarını yerine getirmeyen kişilerle çalışan ve kendi sorumluluklarından fazlasını üstlenen pek çok kişi, çalışma arkadaşlarının davranışlarının sonuçlarına katlanır. Sürekli onların kusurlarını örter veya onları kurtarırlar, bu yüzden de ne işlerinden ne de bu kişilerle olan ilişkilerinden memnun olurlar. Sınırlarının olmayışı hem onlara acı verir, hem de karşı tarafın kendini geliştirmesini engeller. Böyle davranan insanlardan biriyseniz, sınırlarınızı oluşturmayı öğrenmeniz gerekmektedir.

Bununla birlikte, bir iş arkadaşınızın bazen gerçekten de yardıma ihtiyacı olabilir. Sorumluluk sahibi iş arkadaşını kurtarmak veya iyi niyetli bir iş arkadaşı için tavizde bulunmak tamamen doğru bir davranıştır. Bu sevgidir ve iyi şirketler sevgiyle çalışan kuruluşlardır.

Bizler aynı hastanede çalışan psikologlar olarak genellikle birbirimizin boşluğunu doldurur veya vizitelerini devralırız. Ancak birimiz diğerinden yararlanmaya başlarsa, buna son vermemiz gerekir, çünkü bu noktada başkasının görevini yapmak yardımcı olmaz, ancak kötü bir davranış kalıbının ortaya çıkmasına yol açar.

İyilik etmek ve ödün vermek, medeni hayatın bir parçasıdır, her şeyi hoş karşılamak ise değildir. Aradaki farkı, verdiklerinizin diğer kişinin daha iyi mi, yoksa kötü mü davranışlarda bulunmasına neden olduğuna bakarak anlayabilirsiniz.

2. Sorun: Çok Fazla Mesai Yapmak

Mesleğime yeni başladığımda haftada yirmi saat çalışıp büromu idare edecek bir bayanı işe almıştım. İkinci gününde yardımcıma bir yığın iş verdim. Aşağı yukarı on dakika sonra kapımı vurarak, elinde kağıtlarla geldi.

"Senin için ne yapabilirim, Laurie?" diye sordum.

"Bir sorun var," dedi.

"Öyle mi? Nedir?" diye sorarken, cevabı hakkında hiçbir fikrim yoktu.

"Beni haftada yirmi saat çalışmam için işe aldınız, şimdi de neredeyse kırk saatlik iş veriyorsunuz. İşin hangi yarısını yapmamı istersiniz?"

Haklıydı. Bir sorun vardı. İş yükümü pek iyi yönetememiştim. Ya çalışanımdan daha fazla yardım almak için daha fazla ödeme yapmam, ya projeleri küçültmem ya da başka birisini işe almam gerekiyordu. Ancak Laurie haklıydı: Bu *benim* sorunumdu, onun değil. Bunun sorumluluğunu üstlenmem ve halletmem gerekiyordu.

Çoğu işveren benim kadar şanslı olmaz. Çalışanları patronlarının kötü planlamalarının sorumluluğunu üstlerine alır ve patronlarına karşı asla sınırlar belirlemez. Bu nedenle işverenler çok geç olmadan, tükenen veya aşırı yorulan iyi bir çalışanı kaybetmeden, sınırlarının olmadığını görmeye zorlanmaz. Böyle patronların net sınırlara ihtiyaçları vardır, ancak pek çok çalışan Laurie gibi bunları belirtmekten çekinir, çünkü ya işe ihtiyaçları vardır ya da onaylanmamaktan korkarlar.

İşe ihtiyacınız olduğu veya işten çıkarılmaktan korktuğunuz için çok fazla iş yapıyorsanız, bir sorununuz var demektir. Düşündüğünüzde daha fazla mesai yapıyorsanız, işinizin kölesi olmuşsunuz demektir, artık siz sözleşmeli bir çalışan değil, bir kölesinizdir. Açık iş sözleşmeleri ilgili taraflardan neler beklendiğini belirtir ve bu görevler için taraflara yaptırım uygulanabilir. Her işin açık görev tanımları bulunmalı, gereken nitelikler belirlenmiş olmalıdır.

Zor gibi görünse de, kendi sorumluluğunuzu üstlenmeli ve içinde bulunduğunuz durumu değiştirecek adımlar atmalısınız. İşte size, uygulamak isteyebileceğiniz birkaç öneri:

1. *İşinizde sınırlar belirleyin.* Ne kadar fazla mesai yapmak istediğinize karar verin. Dönemsel yoğunluklar olduğunda biraz fazla mesai yapmanız beklenebilir.
2. *Görev tanımınızı* yeniden gözden geçirin, eğer varsa.
3. *Sonraki ay içinde tamamlamanız gereken işlerin listesini yapın.* Bu listenin bir kopyasını alın ve her bir madde için kendi önceliğinizi belirleyin ve görev tanımınıza uymayan görevleri belirtin.
4. *Patronunuzla fazla iş yükünüz hakkında görüşün.* Gelecek ay tamamlamanız gereken işlerin listesini birlikte gözden geçirmelisiniz. Patronunuzdan, bu görevleri önceliklerine göre sıralamasını rica edin. Görevlerin hepsinin yerine getirilmesini isterse ve bu görevleri ayırabileceğiniz zaman için tamamlayamayacağınızı düşünürseniz, bu görevlerin yerine getirilmesi için patronunuzun bir kişiyi geçici olarak işe alması gerekebilir. Alanınız dışında kalan görevleri de üstlendiğinizi düşünüyorsanız, görev tanımınızı patronunuzla birlikte gözden geçirebilirsiniz.

Patronunuzun sizden bekledikleri hâlâ mantıklı değilse, bir-iki iş arkadaşınızla birlikte ikinci bir görüşme yapabilir veya sorununuzu insan kaynakları departmanından birisiyle konuşabilirsiniz. Eğer o da üstesinden gelebileceğiniz işler konusunda akla yatkın konuşmuyorsa, şirket içinde veya dışında başka iş olanakları aramaya başlayabilirsiniz.

Başka iş fırsatları bulmak için akşam kurslarına gidip daha fazla eğitim almanız gerekebilir. Yüzlerce iş ilanını gözden geçirmeniz ve yığınla özgeçmiş göndermeniz gerekebilir. Kendi işinizi kurmak isteyebilirsiniz, şimdiki işinizi bırakıp yenisini bulana kadar yaşamınızı sürdürebilmek için para biriktirmeye başlayabilirsiniz.

Ne yaparsanız yapın, fazla iş yükünün sizin sorumluluğunuz ve sorununuz olduğunu unutmayın. İşiniz sizi delirtiyorsa bu konuda bir şeyler yapmanız gerekir. Sorumluluğunuzu üstlenin ve sorunuza sahip çıkın. Sizi istismar eden bir durumda kurbanmışsınız gibi davranmayı bir kenara bırakın ve sınırlarınızı belirlemeye başlayın.

3. Sorun: Önceliklerin Yanlış Belirlenmesi

Şimdiye kadar bir başkasına karşı sınırlar belirlemekten bahsettik. Aynı zamanda kendinize karşı da sınırlar belirlemeniz gerekir. Ne kadar zamanınız ve enerjiniz olduğunu bilmeniz ve çalışmanızı buna uygun olarak yönetmeniz gerekir. Neyi ne zaman yapacağınızı bilin ve dışında kalan her şeye hayır deyin. Sınırlarınızı bilin ve Laurie'nin yaptığı gibi bunları uygulayın. Birlikte çalıştığınız arkadaşlarınıza veya patronunuza şöyle deyin: "Bugün A işini yapacaksam, B işini Çarşamba'ya kadar yapamam. Böylesi sizin için uygun mu, yoksa hangisi üzerinde çalışacağımı yeniden düşünmemize gerek var mı?"

Verimli çalışan kimseler şu ikisini yaparlar: Mükemmel bir iş ortaya koymaya çalışır ve zamanlarını en çok önem verdikleri şeylere harcarlar. Çok sayıda çalışan işini mükemmel yapar, ancak önemsiz şeylerin kendilerini yoldan saptırmalarına izin verirler, çünkü önemsiz şeyleri de çok iyi yapabilirler! Kendilerini çok iyi bir iş yapıyormuş gibi hissederler, ancak patronları önemli hedeflere yönelik çalışmadıkları için kızdıklarında, bu kadar gayret göstermelerine rağmen takdir edilmediklerini hisseder, bundan dolayı öfkelenirler. Çok çalışmışlardır, ancak zamanlarını neye ayıracakları konusunda sınırlarını belirlememişler ve gerçekten önem taşıyan şeylere dikkat etmemişlerdir.

Önemsiz şeylere ve elinizden gelenin en iyisini yapmaktan daha azını yapma eğilimine hayır deyin. En önemli hedeflerinize ulaşmak için en büyük çabayı sarf ederseniz, amaçlarınıza ulaşırsınız. Ayrıca, önemli olanları başarmak için bir plan yapmanız ve görevlerinizin etrafına çitler inşa etmeniz gerekir. Sınırlarınızın ne olduğunu fark edin ve işinizin hayatınızı kontrol etmesine izin vermeyin. Sınırlara sahip olmak, sizi öncelikler belirlemeye zorlayacaktır. Çalışmak için haftada sadece belli bir süre harcamaya karar verirseniz, bu süreyi daha akıllıca kullanırsınız. Zamanınızın sınırlı olmadığını düşündüğünüzde her şeye evet diyebilirsiniz. Sadece en iyiye evet deyin, bazen sadece iyiye hayır demek zorunda kalabilirsiniz.

Bir çalışanın işi fazlaca seyahat etmesini gerektiriyordu. O nedenle karısıyla baş başa verip yılın üçte birinden fazlasını iş seyahatine ayırmamaya karar verdi. Bir iş teklifi aldığında zaman planlamasını gözden geçirip bu işin gecelerini harcamak istediği bir iş olup olmadığına bakmaya başladı. Bu plan sayesinde seyahatlerinde daha seçici davranarak, hayatının iş dışında kalan kısmına daha fazla zaman ayırmayı başardı.

İşi yüzünden evinden çok fazla ayrı kalan bir şirket başkanı, ofiste haftalık olarak sadece kırk saat geçirme kararı aldı. İlk başta gerçekten de çok güçlük çekti, çünkü zamanını ve verdiği sözleri planlamaya alışkın değildi. Ancak sadece belirlediği kadar zamanı olduğunu fark ederek, yavaş yavaş o vakti daha akıllıca kullanmaya başladı, üstelik tüm vaktini daha akıllıca çalışmaya verdiğinden kısa zamanda daha çok hedefini gerçekleştirdi.

İşiniz, çalışmaya ayırdığınız zamanı dolduracak şekilde artmaya başlar. Bir toplantının ne kadar süreceğini önceden belirlemezseniz, gündem maddesini sonsuza kadar tartışabilirsiniz. İşleriniz için belirli süreler tanımlayın ve bunlara sadık kalın. Daha akıllıca çalıştığınızı ve işinizi eskisinden daha çok sevdiğinizi göreceksiniz.

4. Sorun: Çalışma Arkadaşlarından Kaynaklanan Sorunlar

Personel danışmanları, işyerindeki stresten kötü etkilenen çalışanları genelde bir hastane programına gönderir. Bu tarz durumlar ortaya çıktığında ise, "işyerindeki stres"in kaynağının aslında gerilmiş kişiyi çıldırtan bir iş arkadaşı olduğu anlaşılır. Bu kişi, stres altındaki çalışanın duygusal yaşantısını büyük ölçüde etkilemekte ve stres yaşayan kişi bu durumdan nasıl kurtulacağını bilememektedir.

Böyle durumlarla karşılaştığınızda *Güç Kuralı*'nı hatırlamanız gerekir: *Sadece kendinizi değiştirme gücüne sahipsiniz. Başkalarını değiştiremezsiniz.* Kendinizi sorun olarak görmeniz gerekir, bir başkasını değil. Bir başkasını çözülmesi gereken sorun olarak görürseniz, o kişiye kendiniz ve sağlığınız üzerinde güç vermiş olursunuz. Kendiniz dışında kimseyi değiştiremeyeceğiniz için, kontrolü elinizden kaybetmiş olursunuz. Burada asıl sorun, problem yaratan kişiyle nasıl bir ilişki kurduğunuzdur. Acı çeken *sizsiniz* ve bunu onarma gücü yalnızca *sizdedir.*

Pek çok kişi, bir başkası üzerinde kontrol sahibi olmadıklarını ve o kişiye karşı tepkilerini değiştirmeleri gerektiğini düşündüklerinde büyük ölçüde rahatlar. O kişinin kendilerini etkilemesini engellemeleri gerekmektedir. Bu düşünce tarzı yaşamınızı değiştirecek, gerçek bir öz denetim hissi verecektir.

5. Sorun: Eleştirel Tutumlar

Stres çoğunlukla aşırı eleştirel bir patron veya iş arkadaşıyla aynı ortamda çalışmanız neticesinde ortaya çıkar. İnsanlar ya bu eleştirel kişiyi sürekli yenmeye çalışır, ki bu neredeyse hiçbir zaman gerçekleşmez, ya da kendilerini kışkırtıp öfkelendirmesine izin verirler. Bazı kişiler eleştiriyi içselleştirir ve morallerini bozarlar. Bu tepkiler, kişinin eleştirel iş arkadaşından veya patronunda ayrı bir birey olarak duramadığını ve sınırlarını koruyamadığını gösterir.

Eleştirel kimseleri kendi hallerine bırakın, onları değiştirmeye çalışmayın, ancak kendinizi onlardan ayrı tutun ve sizinle ilgili düşüncelerini içselleştirmeyin. Kendinizle ilgili daha olumlu ve onaylayan düşüncelerinizin olduğundan emin olun, daha sonra içsel olarak o fikirlere katılmayın.

Belki de aşırı eleştirel kişiyle yüzleşmek istiyorsunuz. O zaman şunları yapmalısınız: Önce ona tutumu karşısında ne hissettiğinizi ve nasıl etkilendiğinizi anlatın. Akıllıysa sizi dinleyecektir. Dinlemezse ve tutumu başkalarına da fazla olumsuz geliyorsa, iki veya daha fazla kişi ile birlikte onunla görüşebilirsiniz. Tavırlarını değiştirmeyi kabul etmezse, bu tutumunu denetim altına almadıkça onunla konuşmayacağınızı söyleyebilirsiniz.

Ya da şirketin şikayet politikasını izleyebilirsiniz. Unutmamanız gereken şey, bu kişiyi kontrol edemeyeceğiniz, ancak ondan fiziksel veya duygusal olarak uzak durarak, davranışlarına daha az maruz kalabileceğinizdir. İşte bu öz-denetimdir.

Bu şekilde davranan kimselerin onaylarını almaya çalışmayın. Bu hem işe yaramaz, hem de elinize geçecek tek şey, denetlenmekte olduğunuz hissidir. Ayrıca, kavgalardan, tartışmalardan uzak durun. Asla kazanamazsınız. Sınırlarınızı koruyun. Oyunlarının içine sürüklenmeyin.

6. Sorun: Otorite ile Sürtüşme

Patronunuzla geçinmede güçlük yaşıyorsanız, "duygu yöneltimi" veya aktarımı yaşıyor olabilirsiniz. Duygu aktarımı, geçmişte kalmış, bitmemiş bazı işlere ait olan gerçek duyguları şimdiki zamana ve kişilere aktarmak anlamına gelir.

Duygu aktarımı, patronlara karşı sıkça duyulur çünkü onlar otoriteyi temsil eden figürlerdir. İşveren-çalışan ilişkisi, otoriteyle olan sürtüşmelerinizi tetikleyebilir. Mevcut ilişkiniz için uygun olmayan sert tepkiler verebilirsiniz.

Patronunuzun, bir şeyi farklı yapmanızı istediğini söylediğini düşünün. Kendinizi hemen "denetim altına alınmış" hissedersiniz. *Asla bir şeyi doğru yaptığımı düşünmüyor. Ona göstereceğim,* diye düşünürsünüz. Patronunuz bunu öylesine söylemiş olabilir, ancak bu sözlerin tetiklediği duygular çok güçlüdür. Gerçekte bu etkileşim, anne babanız ya da öğretmenleriniz gibi, geçmişinizdeki otorite figürleriyle aranızdaki ilişkilerde çözemediğiniz sorunlarla ve bu sorunların yarattığı acıyla ilişkili olabilir.

Duygu aktarımı yaşadığınız bir ilişki başladığında, anne babanızla birlikteyken gösterdiğiniz bütün eski davranış kalıplarını ortaya dökmeye başlayabilirsiniz, fakat bu asla işe yaramaz. İşyerinizde çalışan değil, çocuk olursunuz.

Sınırlara sahip olmak, duygu aktarımlarınızın sorumluluğunu üstlenmektir. Birisine karşı güçlü tepkiler duyduğunuzu anlarsanız, biraz zaman ayırarak içinize bakın ve bu duyguların tanıdık olup olmadığını anlamaya çalışın. Bu duygular geçmişteki birini hatırlatıyor mu? Anne veya babanız size böyle davranmış mıydı? Bu insanla aynı kişiliğe mi sahipler?

Bu duygularla başa çıkma sorumluluğu size aittir. Kendi duygularınızla yüzleşmeden karşınızdaki kişilerin gerçekte kim olduğunu dahi anlayamazsınız, çünkü onlara çarpıtılmış algılamanızla ve halledilmemiş meselelerinizin yarattığı duygularla bakarsınız. Duygu aktarımı olmadan insanları net bir biçimde gördüğünüzde, bu kişilere nasıl davranmanız gerektiğini de bilirsiniz.

Başka bir örnek ise, bir iş arkadaşı ile aranızdaki rekabete yönelik güçlü duygular olabilir. Bu, kardeşler arasında görülen ve hâlâ süren bir rekabet gibi, geçmişten gelen bazı rekabetçi ilişkileri temsil edebilir. Hissettiğiniz güçlü duyguları her zaman kendi sorumluluğunuz olarak görün. Bu davranış sizi tamamlanmamış herhangi bir konunun çözümüne ve tedaviye götürür, ayrıca iş arkadaşlarınıza ve patronlarınıza mantıksızca davranmanızı engeller. Geçmişi geçmişte bırakın ve şu anda yaşadığınız ilişkilerle karıştırmayın.

7. Sorun: İşten Çok Fazla Şey Beklemek

Günümüzde artık daha fazla insan çalıştığı ortamı evi olarak görüyor. Aile ve toplulukların eskisi gibi destekleyici yapılar olmadığı bir toplumda insanlar, bir zamanlar ailelerinin sağladığı duygusal desteği iş arkadaşlarından almaya çalışıyorlar. Özel hayat ile iş yaşamı arasında sınırların olmaması pek çok sorunla karşılaşmanıza neden oluyor.

İdeal bir işyeri, destekleyici, güvenli ve besleyici olmalıdır. Ancak bu atmosfer, çalışanı öncelikle işle ilgili yönlerden desteklemelidir, yeni şeyler öğrenmesine, kendini geliştirmesine ve işini bitirmesine yardımcı olmalıdır. Kişi, anne babasının ona sağlayamadığı şeyleri işyerinden almak istediğinde sorunlar ortaya çıkar. İşyerinden ilgi, ilişki, öz-saygı ve onaylanma bekleyebilir. Halbuki ne işyerinin yapısı buna uygundur, ne de bir çalışanın görevi bunları sağlamaktır. Bu durumun ortaya çıkardığı çelişki şudur: İş, yetişkin birisinin görev yapmasını beklerken, iş arkadaşlarını ailesi gibi görmek isteyen kişi, çocukça ihtiyaçlarının karşılanmasını bekler. Bu farklı beklentilerin çakışması kaçınılmazdır.

Bu sorunu, karşılanmamış çocukluk ihtiyaçlarınızı sahiplenerek ve duygularınızı ele alarak çözebilirsiniz. Buradaki sorun, bunu işyerinizde yapamayacak olmanızdır. Çalıştığınız yerde ve işinizde beklentiler vardır. Size bir şey vermeden istekte bulunurlar, çünkü çalışmanız karşılığında size maaş vereceklerdir. İhtiyaç duyduğunuz duygusal desteğin tümünü vermek zorunda değildirler.

Destek ve duygusal onarım ihtiyaçlarınızı işyeri dışında karşıladığınızdan emin olmanız gerekir. Duygusal yaralardan ve karşılanmamış ihtiyaçlardan kurtulmanıza yardımcı olacak, yetişkin beklentileri olan yetişkin bir dünyada size güç verip destekleyerek işyerinizde daha iyi çalışmanızı sağlayacak iyileştirici ve destekleyici sosyal ağlara katılın. İlişki ihtiyaçlarınızı iş dışında karşılayın, böylelikle şirketin sizden istedikleriyle kendi ihtiyaçlarınızı karıştırmaz ve en verimli biçimde çalışabilirsiniz. Sınırlarınızı sağlam tutun ve hem iyileştirici olmayan, hem de istemeden canınızı yakabilecek işyerine karşı yaralı yönlerinizi koruyun.

8. Sorun: İş Stresini Eve Taşımak

Tıpkı kişisel ilişkilerimizde doğru sınırları koruyup sınırlarımızı işyerinden uzak tuttuğumuz gibi, bazı sınırları da evden uzak tutmalıyız. Bu konunun iki bileşeni bulunmaktadır.

Bu bileşenlerden ilki duygusallıktır. İşyerinizdeki sürtüşmelerle ilgilenmeniz ve çözmeniz gerekir, böylelikle yaşamınızın diğer kısımlarının etkilenmesini önlersiniz. Bu duygularla yüzleşmek yerine inkar ederseniz, hayatınızın diğer taraflarına da bulaşabilecek problemler, örneğin majör depresyon veya hastalık gibi sorunlar ortaya çıkabilir.

İşyerindeki sorunları anladığınızdan emin olun ve onlarla doğrudan yüzleşin, böylelikle işinizin duygusal yaşantınızı denetlememesini sağlayabilirsiniz. İş arkadaşınızın neden sizin için bir takıntı yarattığını veya nasıl olup da hayatınızın iş dışındaki alanlarını denetlediğini anlamaya çalışın. İşteki başarı veya başarısızlıkların sizi nasıl üzdüğünü veya mutlu ettiğini anlayın. Bu önemli karakter konularının üzerinde çalışmanız gerekir, yoksa işiniz sizi ve hayatınızı sahiplenir.

İkinci bileşen, zaman, enerji ve diğer kaynaklar gibi sınırlı öğelerdir. Görevler asla bitmez, o nedenle bunların, kişisel hayatınıza bulaşmadığından, ilişkilerinize ve diğer önemli şeylere mal olmadığından emin olun. Genelde olduğundan daha uzun zaman alacak belirli projelere sınırlar koyun ve devamlı surette fazla mesai yapmadığınızdan emin olun. Tanıdığımız şirketlerden birisi, aileye o denli yüksek değer vermektedir ki, fazla mesai yapanların ücretlerini kesiyorlardı, çünkü çalışanlarının daha verimli olmaları için, işlerine sınırlar koymalarını ve evde aileleriyle olmalarını istiyorlardı. Siz de kendi sınırlarınızı keşfederek, onlara uygun yaşayın. Sınırlarınızın yararlarını göreceksiniz.

9. Sorun: İşinizi Sevmemek

Sınırlar, kişiliğimize göre biçimlenir. Sınırlar ne olduğumuzu ve ne olmadığımızı tanımlar. İşimiz ise kişiliğimizin bir parçasıdır, çünkü işimiz de belli yeteneklerimizi ve bu yeteneklerin topluma uygulanmasını içerir.

Ancak pek çok kişi, asla gerçek işyeri kimliğini bulamaz. Neyin "kendileri" olduğunu hiç anlayamadan, bir işten diğerine savrulurlar. Bu bir sınır sorunudur, çünkü bu kişiler kendi yetenekli yönlerini, istek, arzu ve hayallerini sahiplenememiş; başkalarının kendileri hakkındaki tanım ve beklentilerine sınırlar çizememişlerdir.

Bu sorun en çok ailelerinden ayrılmamış kişilerde görülür. Annesine karşı kendi kariyer çizgisini çizemezler ve sonuç olarak, onun istekleriyle özdeşleşir ve mutsuz olurlar.

Hayatınızın İşini Bulmak

Hayatınızın işini bulmak tehlikelidir. Önce kendinizi bağlı bulunduğunuz kişilerden ayırarak ve isteklerinizi takip etmeli, kimliğinizi sağlam şekilde oluşturmalısınız. Ne hissettiğinizi, nasıl düşündüğünüzü ve ne istediğinizi çok iyi bilmelisiniz. Yetenek ve sınırlarınızı değerlendirmelisiniz. Ve sonra da yaşamın size sunduğu yola girip yürümeye başlamalısınız.

On İkinci Bölüm

Sınırlar ve Kendiniz

Sarah derin bir iç çekti. Bir süredir terapiye katılıyor, temel sınır sorunlarını çözmeye çalışıyordu. Anne babası, kocası ve çocuklarıyla arasındaki sorumluluk çatışmalarının çözümünde birtakım gelişmeler olmaya başlamıştı. Ancak o gün, ortaya yeni bir sorun çıktı.

"Bu ilişkiden daha önce söz etmedim, ama galiba anlatmam gerekirdi. Bu kadınla inanılmaz sınır çatışmalarım var. Hem çok yiyor, hem de saldırgan konuşuyor. Güvenilir biri değil, beni hep yüzüstü bırakıyor. Yıllar önce borç para verdim, henüz geri alamadım."

"Neden daha önce bahsetmedin?" diye sordum.

"Çünkü o kadın benim," diye cevap verdi Sarah.

Sarah, çoğumuzun yaşadığı bir çatışmayı yaşıyordu. Şöyle ki, hepimiz sınırların gerekli olduğunu öğreniriz. Başkalarına karşı sınırlarımızı ortaya koymaya başlarız. Çok fazla sorumluluk üstlenir, ancak yeterli olacak kadar sınır belirleriz. Peki, kendimize karşı sınırlar belirlemeye nasıl başlarız?

Bu bölümde, başkalarıyla olan harici sınır çatışmalarını incelemek yerine, kendi *bütünleşmiş sınır çatışmalarımıza* bakacağız. Bu süreç biraz duygusal ve etkileyici geçebilir.

Kendimizi savunmaya almak yerine, kendimize mütevazı bir tutumla bakarsak çok daha iyi ederiz. Başkalarından fikir alsak. Güvendiğimiz kişilere kulak versek. Ve "hata yaptım" diye itiraf etsek.

Denetim Dışı Ruhumuz

Yeme

Teresa'nın utanç duyduğu gizli huyunun sır olarak kalması giderek güçleşiyordu. 1.62 olan boyu biraz kiloyu saklayabilirdi, ancak son birkaç ayda yetmiş kiloya yaklaşmış, hatta geçmişti. Bundan nefret ediyordu. Erkeklerle olan ilişkilerini, dayanıklılığını ve kendisine karşı tutumunu etkiliyordu.

Kontrolden çıkmıştı. Başarılı, ancak stres dolu avukatlık mesleğini yerine getirirken etrafındaki her şey yıkılıyor, sığınabileceği tek yer kurabiye ve şekerler haline geliyordu. On iki saat boyunca çalışmak, insanlardan soyutlanmak demekti; oluşan bu boşluğu yağlı yiyecekler kadar hiçbir şey dolduramıyordu. *Demek bu yüzden bunlara rahat besinler diyorlar,* diye düşünürdü Teresa.

Aşırı yemenin acı verici olmasının nedeni, insanların gözle görebilmesidir. Aşırı kilolu kişi görüntüsünden dolayı kendisinden nefret eder ve utanç duyar. Kontrolsüz davranışları yüzünden acı çeken diğerleri gibi, aşırı kilolu kişi de kendi davranışı yüzünden büyük utanç duyar ki, bu da onu ilişkilerinden geri çekilerek soyutlanmasına ve daha fazla yemesine neden olur.

Hem kronik olarak ve hem de kriz nöbetleri halinde aşırı yiyen kimseler, içsel bir sınır sorunuyla yüz yüzedir. Aşırı yiyenler için yemek sahte bir sınır işlevi görür. Yemeği, kilo alarak ve daha az çekici hale gelerek insanlardan uzaklaşmak için kullanabilirler. Ya da yemeğe sahte bir yakınlık elde etmek için saldırabilirler. Bu kimselere göre yemekten gelecek "rahatlama," sınırların gerekli olduğu gerçek ilişkilerden daha az korkutucudur.

Para

Ünlü bir söz vardır: "Limitimi aşmış olamam, hâlâ boş çeklerim var!" İnsanların para ile ilgili birçok farklı alanda büyük sorunları bulunmaktadır, gelin aşağıdaki örneklere bakalım:

- Harcama dürtüsü
- Sağlıksız bütçe planları
- Kişinin olanaklar dahilinde yaşamaması
- Kredi sorunları
- Arkadaşlardan sürekli borç alma
- Verimsiz tasarruf planları
- Tüm faturaları ödemek için daha fazla çalışma gerekliliği
- Tanıdıklara aşırı müsamaha gösterme

Pek çoğumuz mutlaka kendi mali durumunu kontrol etmek ister. Para biriktirmek, masrafları düşük tutmak ve daha ucuzunu bulmak için dolaşmak gibi davranışların hepsi ekonomik açıdan yararlıdır. Parasal sorunlarını sadece daha fazla gelir ihtiyacı olarak görmeye eğilimli olsak da, sorun yaşam pahalılığı değil, pahalı yaşamaktır.

Zaman

Pek çok kişi, zamanı iyi kullanamadığını hisseder. Onlar, işleri sürekli yetiştirmeye çalışan veya son dakikaya bırakan insanlardı.

Ne kadar gayret etseler de, günlerin ellerinden kayıp gittiğini düşünürler. Görevlerini tamamlamak için bir türlü yeterli zaman bulamadıklarından şikayet ederler. Erken kelimesi, onların kişisel deneyimlerinin bir parçası değilmiş gibidir. Bu kişiler genellikle aşağıdaki durumlarda engellere takılırlar:

- İş toplantıları
- Yemek randevuları
- Proje bitiş tarihleri
- Okul etkinlikleri
- Mektup gönderimleri

Bu kişiler toplantılara on beş dakika geç kaldıklarında trafiğe takıldıklarından, başlarına bir iş geldiğinden veya çocuklarıyla ilgili acil bir durumu çözmeleri gerektiğinden bahsederek nefes nefese özür dilerler.

Zamanlarını kontrol edemeyen bu kişiler, istemeseler de başkalarının zor durumda kalmasına neden olurlar. Sorun genelde, aşağıda sıralanan bir veya birden fazla nedenden dolayı ortaya çıkar:

1. *Her şeye gücü yetme.* Bu kişilerin, verilen bir sürede başarabilecekleri şeyler hakkında gerçekçi olmayan, mucizevi beklentileri vardır. En çok, "Sorun değil, hallederim" cümlesini kullanırlar.
2. *Başkalarının duyguları için aşırı sorumluluk üstlenme.* Bir davetten fazla erken ayrılmanın ev sahibini terk edilmişlik duygusuna iteceğini sanır ve davetlerden, ya da bu tarz sosyal etkinliklerden genelde erken ayrılamazlar.
3. *Gerçekçi endişe eksikliği.* Kendilerini şimdiki zamanda yaşamaya öyle kaptırmışlardır ki, trafiğe çıkma, arabayı park etme veya davete uygun giyinme gibi konular için önceden plan yapmayı ihmal ederler.

4. *Akılcılık.* Geç kalmaları nedeniyle başkalarının karşılaştığı sıkıntı ve zorlukların az olduğunu düşünürler. "Onlar benim arkadaşım, beni anlarlar" diye düşünürler.

Zaman konusunda kişisel sınırlarını geliştirememiş kişi sonunda sadece başkalarını kızdırmakla kalmaz, kendisine de zarar verir. Tamamlanmış bir görevin rahatlığını yaşamadan gün biter. Onun yerine gerçekleşmemiş arzuları, yarım kalmış projeleri vardır ve ertesi gün başlarken yine programın gerisinde olacağını fark eder.

Görevi Tamamlama

Zaman konusundaki sınır sorununu yakından ilgilendiren görev tamamlama, "güzel bitirme" ile ilgilidir. Çoğumuzun hayatta sevgiyi bulma ve çalışma hayatında başarılı olma gibi hedefleri vardır. Veteriner veya avukat olmak isteyebiliriz. Kendi işimize veya bir çiftlik evine sahip olmak isteyebiliriz.

İşe başlama konusunda çok iyi olsalar da, pek çok kişi iyi bir "bitirici" olmadığını fark eder. Yaratıcı fikirler şu veya bu nedenle başarılı olmaz. Sıradan bir işletme programı açmaza sürüklenir.

İşleri tamamlamada başarısız olanların sorunlarına aşağıdakilerden biri neden olur:

1. *Başkalarının oluşturduğu yapılara direnme.* İşleri tamamlamada başarısız olan kimseler, bir planın parçası olan disipline boyun eğmenin, bastırılmak olduğunu düşünür.
2. *Başarı korkusu.* Böyle kişiler başarının başkalarının onları kıskanmasına ve eleştirmesine yol açmasından aşırı endişe duyar. Bu nedenle arkadaşlarını kaybetmektense, kendi başarılarını baltalamayı tercih ederler.
3. *Takipsizlik.* Böyle kişiler, bir projenin kolu çevrilirken sıkıntı veren "vidalar"dan nefret eder. Bu kişiye göre fikri ortaya çıkarmak, onu uygulayacaklara teslim etmekten çok daha heyecan vericidir.

4. *Dikkat dağılabilirliği.* Böyle kişiler, bir proje bitene dek dikkatlerini veremezler. Genellikle konsantre olabilme yeteneklerini hiç geliştirmemişlerdir.
5. *Hazzı erteleyememe.* Böyle kişiler, iyi yapılmış bir işin vereceği tatmin duygusuna erişme uğruna, bir projenin sıkıntılarına katlanamaz. Doğrudan zevkli olan bölüme geçmek ister. Yemekten önce tatlı isteyen çocuklara benzerler.
6. *Dışarıdan gelen baskılara hayır diyememe.* Böyle kişiler, diğer kişi ve projelere hayır diyemez. Hiçbir işi tam olarak bitirecek vakitleri yoktur.

Görev tamamlama sorunları olanlar, en sevdikleri oyuncakları ile kuşatılmış iki yaşındaki çocuklar gibi hissederler. Biraz çekiç sallar, biraz arabasıyla oynar, kuklasıyla konuşur, daha sonra da ellerine bir kitap alırlar. Bunların tümü iki dakika veya daha kısa bir sürede meydana gelir. Görev tamamlama sorunları olan kişilerde bulunan sorunları görmek kolaydır. İçlerindeki hayır deme yeteneği, işlerini bitirmeye yoğunlaşmalarını sağlayacak kadar gelişmemiştir.

Dil

Başkanlık ettiğim bir terapi grubunun katılımcılarından bir beyefendi söz istedi. Konu dışına çıkıyor, konuyu değiştiriyor, ilgisiz detaylar üzerinde aşırı zaman harcıyor ve bir türlü asıl anlatmak istediği konuya gelemiyordu. Diğer katılımcıların dikkati dağılmıştı, sıkılmışlardı ve kimileri uyukluyordu. Tam adamın derdini anlatırken zorluk çektiğinden dem vuracaktım ki, gruptaki bir kadın sesini yükselterek, "Bill, açık konuş, olur mu?" dedi.

"Açık konuşmak," kelimelerine açıklık getirmek veya sınır koymak, pek çokları için sorun olabilir. Dilimizi kullanma şeklimiz ilişkilerimizin niteliğini büyük ölçüde etkileyebilir. Dil bizi "rezil de eder, vezir de". Dilimizi, karşımızdakini anlamak, tanımlamak, cesaretlendirmek, rahatlatmak ve yüreklendirmek için kullandığımızda çok işe yarayabilir. Dilimizi şu amaçlar için kullanmamalıyız:

- Yakınlaşmadan korunmak için durmaksızın konuşma
- Başkalarını denetlemek için konuşmalarda baskın olma
- Dedikodu
- Dolaylı düşmanlık ifade edici alaycı sözler sarf etme
- Doğrudan düşmanlık ifade edici tehditlerde bulunma
- Gerçek övgü yerine dalkavukluk etme
- Baştan çıkarma

Kendilerine karşı sözlü sınırlar oluşturmada güçlük çeken pek çok kişi, sorunlarının gerçekten farkında değildir. Genellikle bir arkadaşları onlara, "Sen benim virgülümü nokta gibi anlıyorsun" dediğinde, gerçekten şaşırırlar.

Başkalarının onu tanımasından ölümüne korkan bir kadın tanırdım. Sorular sorar, çabuk çabuk konuşurdu ki, kimse konuşmayı ona çeviremesin. Ancak bir sorunu vardı: Konuşmayı sürdürmek için nefes alması gerekiyordu ve bu zaman zarfında birileri bir şey söyleyecek fırsatı bulabiliyordu. Ancak kadın, bu sorunun da üstesinden geldi, cümlenin sonu yerine, ortasında nefes almaya başladı. Böylelikle insanlar sözünü nadiren kesebiliyordu. Bu etkin bir strateji olmakla birlikte, bir sorun taşımaktaydı: devamlı olarak, konuşacağı yeni insanlar bulması gerekiyordu, çünkü birkaç maçtan sonra insanlar kayboluyordu.

Dilimizi tutamadığımızda veya sınırlarımızı belirleyemediğimizde, sorumluluğu biz değil kelimelerimiz üstlenir. Ancak bizler hâlâ o kelimelerin sorumluluğunu taşırız. Kelimelerimiz bizim dışımızdaki bir yerden gelmez, onlar kalplerimizin ve beyinlerimizin ürünüdür. "Öyle demek istememiştim" dediğimizde büyük ihtimalle bu sözlerimiz, "Senin hakkında öyle düşündüğümü bilmeni istememiştim" şeklinde anlaşılır. Kelimelerimizin sorumluluğunu almamız gerekir.

Cinsellik

Cinsel problemler, devamlı kendini tatmin dürtüsü, saplantılı cinsel ilişkiler, pornografi, fahişelik, teşhircilik, röntgencilik, açık saçık telefon konuşmaları, çocukları taciz etme, ensest ilişki ve tecavüzü içermektedir.

Cinsel davranışlarını kontrol edemeyen kişi, genelde kendisini son derece soyutlanmış ve utanç içinde hisseder. Cinselliği gerçek dışıdır ve fantezilerle hareket eder, kendi başına buyruk bir yaşama başlar. Görüşmeye gelen beylerden biri bu durumu, "bana ait olmayan deneyim" şeklinde ifade etmişti. Onun için bu, gerçek kişiliğinin odanın diğer köşesinde oturmuş, cinsel davranışlarını seyretmesi gibiydi. Bazı kimselerse kendilerini o denli ölü ve kopuk hissederler ki onlar için yaşadıklarını hissetmenin tek yolu cinselliktir.

Burada sorun, pek çok dahili sınır sorununda da olduğu gibi cinsel sınırsızlığın zalimleşmesi, talepkar ve tatmin edilemez bir hal almasıdır. Kaç kere orgazma ulaşılırsa ulaşılsın, istek sadece daha büyür ve bireyin şehvete hayır diyememesi, onu üzüntü ve umutsuzluğa daha çok iter.

Alkol ve Uyuşturucu Kullanımı

İçsel sınır sorunlarının en net örnekleri alkol ve uyuşturucu bağımlılığıdır. Bu sorunlar, bağımlıların yaşamlarında büyük zarara yol açar. Boşanma, işini kaybetme, parasal açıdan zorluk çekme, sağlık sorunları ve ölüm, bu alanlarda sınırların belirlenmemesinin getirdiği sonuçlardır.

Giderek daha küçük yaştaki çocukların uyuşturucu kullanması çok üzücüdür. Uyuşturucu bağımlılığı, karakterleriyle sınırları arasında bir miktar benzerlik bulunan yetişkinler için zordur. Ancak, sınırları yeni yeni oluşan ve hassas olan çocuklar için bu alışkanlığın sonuçları yaşam boyu sürer.

"Hayır" Dediğimde Neden İşe Yaramıyor?

"Ben hayır deyip uzaklaşıyorum," dedi Burt. "Başkalarıyla sınırlar belirlemede işe yarıyor, ancak kendi görevlerimi zamanında tamamlamaya çalıştığımda, hiçbir işe yaramıyor. Nerede yanlış yapıyorum?"

Gerçekten de hata nerede? Yukarıda belirtilen kontrol dışı maddeleri okuduğunuzda, kendinizi yenik düşmüş hissedebilir, öfkelenebilirsiniz. Bu sorunlu alanlardan bir veya birkaçını büyük olasılıkla biliyorsunuz ve bu içsel alanlarda olgunlaşmış sınırlara sahip olmamanız yüzünden cesaretinizin kırılması size yabancı gelmeyebilir. Peki, sorun nedir? Hayır demek, konu kendimiz olduğunda neden işe yaramaz?

Bu sorunun üç nedeni bulunur:

1. *Kendi kendimizin düşmanı.* Dışarıdan gelen bir sorunla uğraşmak, içimizdeki bir sorunla uğraşmaktan daha kolaydır. Dikkatimizi diğer insanlara karşı sınırlar belirlemekten, kendimize karşı sınırlar belirlemeye kaydırdığımızda, sorumluluklarımız konusunda değişmiş oluruz. Önceden, başkalarından değil, sadece başkalarına karşı sorumluluğumuz vardı, ama şimdi işin içine çok daha fazla girmiş oluruz – başkaları, *biz* olur. *Kendimizden* sorumlu oluruz.

Her şeye kusur bulan, sürekli eleştiren biriyle birlikteyken, onun eleştirilerine daha az maruz kalmanızı sağlayacak sınırlar getirebilirsiniz. İçinde bulunduğunuz konu, oda, ev veya kıtayı değiştirebilirsiniz. Bırakıp gidebilirsiniz. Ancak ya bu eleştirmen, sizin kafanızdaysa? Ya sorunu olan kişi sizseniz? Ya düşmanla karşı karşıya gelmişseniz ve bu sizseniz?

2. *En çok ihtiyaç duyduğumuz zaman, ilişkiden geri çekiliriz.* Jessica yeme bozukluğunu tedavi etmeye gelmişti. Otuz yaşındaydı ve yıllardır, genç kızlık döneminden beri kontrol sorunu yaşıyordu. Bu içsel sınır sorununu çözmek için daha önce neler yaptığını sordum.

"Spor yapmaya ve doğru beslenmeye çalışıyorum," dedi. "Ancak hep başarısız oluyorum."

"Bu konuda kiminle konuşuyorsun?" diye sordum.

"Ne demek istiyorsunuz?" Jessica'nın aklı karışmış gibiydi.

"Bu sorun dayanılmaz hale geldiğinde, yeme sorununu kime anlatıyorsun?"

Jessica'nın gözlerinde yaşlar birikti. "Çok soru soruyorsunuz. Bu kişisel bir mesele. Bunu kimse bilmeden halledemez miyim?"

Hastane programımızda kişilerin kendilerini bu şekilde geri çektiklerini sıklıkla görüyoruz. Acı çeken kimseler, görevlilerle veya diğer hastalarla iletişim kurmaya başlar. Hayatlarında ilk kez, iletişim kurma ihtiyaçlarıyla karşılaşırlar. O zaman beklenmedik bir zorluk ortaya çıkar. Bazen içlerindeki acı dışarı çıktığı için depresyonları geçici bir süreliğine kötüleşir. Bazen travmatik anıları yüzeye çıkar. Bazen aile bireyleriyle ciddi çatışmalar ortaya çıkar. Bu kişiler acı veren, korkutucu duygu ve sorunlarını yeni ilişkilerine taşımak yerine, kendilerini odalarına çekerler. Yeniden denetime girmek için saatlerce veya günlerce çabalarlar.

Ancak bu çabalar sonuç getirmediğinde, nihayet ruhsal acılarını ve yüklerini içlerinden çıkarmaları ve yaşama sokmaları gerektiğini fark ederler. Soyutlanmış kişiye göre bundan daha korkutucu, güvensiz veya akılsızca bir şey olamaz. Böyle bir kişinin kendi ruhsal ve duygusal sorunlarını başkalarına taşımayı göze alması için, kendisini son derece güvende hissetmesi gerekir.

Yemek, uyuşturucu, cinsellik, zaman, görevler, dil veya para konularında sınır sorunlarımız olabilir ve bu sorunları birdenbire çözemeyiz. Eğer yapabilseydik, kendi başımıza çözerdik ve sorunumuz kalmazdı. Kendimizi soyutladıkça mücadelemiz zorlaşır. Tedavi edilmeyen kanserin kısa sürede ölümcül hale gelmesi gibi, kişisel sınır sorunları da artan yalnızlıkla daha da kötüleşir.

3. *Sınır sorunlarımızı çözmek için iratemizi kullanmaya çalışırız.* "Çözdüm!" Pete, savurganlığına karşı elde ettiği zaferden büyük heyecan duyuyordu. Kontrol edemediği maddi durumu onu çok endişelendiriyordu. "Bundan sonra bütçemi aşan harcamalar yapmayacağıma dair kendi kendime söz verdim! Son derece basit ama bir o kadar da gerçek!"

Pete'in hevesini söndürmek istemediğim için, bekleyip sonuçları görmeye karar verdim. Pek uzun süre beklemem gerekmedi. Ertesi hafta, kendisini umutsuz ve cesareti kırılmış hissediyordu.

"Kendimi tutamadım," diye içini döktü. Dışarı çıkıp birkaç spor malzemesi aldım, sonra eşimle yeni mobilyalar aldık. Tam istediğimiz gibiydi. Fiyatı da uygundu. Tek sorun, bütçemizi aşmasıydı. Sanırım ben umutsuz bir vakayım."

Pete umutsuz bir vaka değildi, ancak sorununu çözme biçimi öyleydi. Sınır sorunlarını çözmek için iradesini kullanmaya çalışıyordu. Bu yöntem, denetim dışı davranışlara belki de en sık rastlanan yaklaşımdır, ancak, ne yazık ki işe yaramaz.

İrade yaklaşımı basittir. Sorunlu davranışınızı tekrar etmeyi bırakırsınız. Başka bir deyişle, "Sadece hayır dersiniz." Bu yaklaşımda "yapmamayı seç", "hayır demeye karar ver" ve "asla yapmamayı aklına koy" gibi yaptırımlar yer alır.

Sadece iragemize güvenirsek, mutlaka başarısız oluruz. Kötünün hakkından gelebilmek için bize gereken tek şey irade ise, gerçekten bir kurtarıcıya ihtiyacımız yok demektir. Gerçek şudur ki kişisel sınır mücadelelerinde irade, tek başına hiçbir işe yaramaz.

Jessica'nın yeme bağımlılığı, Pete'in para bağımlılığı, bir başkasının saçma veya iftiracı konuşma bağımlılığı, veya bir başkasının, bir projede asla gecikmeyeceği konusundaki aşırı isteği, zorlamakla, bir şeyler yaptırmaya çalışmakla düzeltilemez.

Kendinize Karşı Sınırlar Belirlemek

Kendinize karşı sınırlar belirleme konusunda olgun olmayı öğrenmek kolay değildir. Gelişimimizi engelleyen pek çok şey vardır, ancak, olgunlaşmamız ve kendimizi denetlememiz çok önemlidir. Denetim dışı davranışlarımızla aramıza sınırlar koymaya başlamak için, Bölüm 8'de kullandığımız kontrol listesinin bir benzerini kullanabiliriz:

1. *Belirtileri nelerdir?* Kendinize hayır diyemediğiniz için ortaya çıkan yıkıcı sorunlara bakın. Depresyon, endişe, fobiler, öfke, ilişkilerle ilgili sorunlar, soyutlanma, işyerinde yaşanan sorunlar veya psikosomatik sorunlar yaşıyor olabilirsiniz.

Bu belirtilerin tümü, davranışlarınızda sınırlar belirleme güçlüğüne işaret etmektedir. Onları bir harita olarak kullanın ve ne tür sınır sorunu yaşadığınızı ortaya çıkarın.

2. *Nelerden kaynaklanır?* Kendinizle ilgili sınır sorunlarınızın nedenlerini belirlediğinizde, sorunun ortaya çıkmasında nasıl etki ettiğinizi, gelişimsel yaralarınızı ve soruna neden olabilecek ilişkilerinizi anlayabilirsiniz.

Kişisel sınır çatışmaları şunlardan kaynaklanabilir:

Eğitim eksikliği. Bazı kimseler sınırları kabul etmeyi, davranışlarının sonuçlarına katlanmayı veya hazzı ertelemeyi hiç öğrenmemiştir. Örneğin çocukken, zamanı boşa harcadıkları için karşılaştıkları sonuçları hiç görmemiş olabilirler.

Yıkıcılığın ödüllendirilmesi. Anne babası alkolik olan kimseler, denetim dışı davranışların ilişkiye katkıda bulunduğunu öğrenmiş olabilir. Alkolik kişi içki içerken tüm aile bir araya gelmiş olabilir.

Çarpıtılmış ihtiyaç. Bazı sınır sorunları kendi haklı ihtiyaçlarınızın kılık değiştirmiş şeklidir. Her insanın cinsel arzusu vardır. Pornografi düşkünlüğü işte bu arzuların saptırılmış halidir, kişi ancak porno izlediğinde kendisini gerçek ve yaşıyor hisseder.

İlişkiden korkma. İnsanlar gerçekten sevilmeyi isterler, ancak denetimsiz davranışları (aşırı yeme, aşırı çalışma) insanları onlardan uzak tutar.

Duygusal açlık. Yaşamın ilk yıllarında hepimiz sevgiye ihtiyaç duyarız. Bu sevgiyi almazsak, yaşamımızın geri kalanında sevgi açlığı çekeriz. Bu açlık öyle etkilidir ki, sevgiyi ilişkilerimizde bulamazsak, yeme, çalışma, cinsel faaliyet veya para harcama gibi başka alanlarda ararız.

Yasalara tabi olmak. Yasal çevrede yetiştirilen insanların küçükken kendileri hakkında karar vermelerine izin verilmemiştir. Kendi kararlarını kendileri vermeye çalıştıklarında, suçluluk duygusu hissederler. Bu suçluluk, yıkıcı yöntemlerle isyan etmelerine neden olur. Yeme bağımlılıkları ve takıntılı bir şekilde para harcama, katı kurallara karşı verilen tepkilerdir.

Duygusal yaraları gizleme. Duygusal olarak yara almış kişiler, çocukken ihmal veya istismar edilmişlerdir ve acılarını aşırı yeme, aşırı alkol kullanımı veya çok çalışma ile gizlerler.

Sevilmeme, istenmeme ve terk edilmişlik duygularının yol açtığı gerçek acıdan kendilerini kurtarmak için madde bağımlılığına başvurabilirler. Çünkü bu şekilde gizlenmeyi bıraksalar, soyutlanmışlıkları dayanılmaz hale gelir.

3. *Sınır çatışması nedir?* Yeme, para, zaman, iş bitirme, dil, cinsellik veya alkol ve uyuşturucu bağımlılığı alanlarındaki kişisel sınır sorunlarınızı ele alın. Bu yedi alan, büyük bir yer kaplar ancak sizi tüketmeyebilir. Yaşamınızda başka hangi alanların denetim dışı olduğunu kendinize sorun.

4. *Sorunu kimin sahiplenmesi gerekir?* Bu noktada, denetim dışı davranışınızın sorumluluğunu üstlenmelisiniz, acı verici olsa da sorunlarınızı çözmek için bunu yapmanız gerekir. Davranış kalıplarınızın nedeni aile sorunları, ihmal edilme, suiistimal edilme veya duygusal travma olabilir. Başka bir deyişle sınır çatışmalarımız, tamamen bizim hatamız olmayabilir, ancak sorumluluğu bize aittir.

5. *Neye ihtiyacınız var?* Başkalarıyla aranızda güvenilir ve gerçek ilişkiler kurmadan önce, sınır çatışmalarınızı çözmeye çalışmanız işe yaramaz. İnsanlarla bağ kurmak, "işleri kendi kendine halleden" kişiler için çoğunlukla sinir bozucudur, çünkü bu kimseler tesisatçılık veya golf öğreten kitapları alıp kendi kendilerine öğrendikleri gibi, denetim dışı davranışlarını da benzer yolla çözmek ve bu sınır oluşturma işini bir an önce halledebilmek isterler.

Burada sorun, kendisiyle arasındaki sınırlar konusunda sorunları olan pek çok kişinin, aynı zamanda derin ilişkilerden soyutlanmış olmasıdır. Bu nedenle başkalarıyla bağlantı kurmayı öğrenmek için geri adım atmaları gerektiğini düşünürler. İnsanlarla bağlantı kurmak zaman alıcı, riskli ve acı veren bir işlemdir. Doğru kişileri bulmak kolay değildir, ancak onlarla ilişkiye girdikten sonra başkalarına olan ihtiyacınızı itiraf etmek, daha da zor olabilir.

Kendi işini kendi yapan insanlar, daha hızlı sonuç verdiği veya daha az riskli olduğu için, bilişsel veya irade yaklaşımına dönerler. Sıklıkla, "İstediğim şey bağlanmak değil. Denetimsiz bir davranışım var ve verdiği acıdan kurtulmak istiyorum!" gibi şeyler söylerler. Bu ikilemleri anlaşılsa da, onlar bir başka çıkmaza doğru ilerlemekten kurtulamazlar. Bir sorunu sadece belirtilerle ilgilenerek çözmeye çalışmak, genellikle daha çok belirtinin ortaya çıkmasına yol açar.

6. *Nereden başlamalıyım?* Sınır sorununu bir kez belirledikten ve sahiplendikten sonra, bu konuda bir şeyler yapabilirsiniz. İşte size, kendinize sınırlar belirlerken uygulayabileceğiniz birkaç yöntem.

Gerçek ihtiyacınızı karşılamaya çalışın. Denetim dışı kalıplar, bir başka şeye olan ihtiyacı gizlemek için vardır. Denetimsiz davranışı ele almadan önce, altında yatan ihtiyacı belirlemeniz gerekir. Örneğin, saplantılı bir biçimde yemek yiyenler, yemenin romantik ve cinsel yakınlıktan uzak durmak için bir yol olduğunu keşfedebilir. Böyle duygusal durumlarla karşılaşma korkusu, yiyecekleri bir sınır olarak kullanmalarına yol açabilir. Onlar karşı cinsle aralarındaki içsel sınırları sağlamlaştırdıkça, yiyecek gibi zarar verici bir sınırdan vazgeçebilirler. Sadece belirtiler için değil, gerçek sorun için yardım istemeyi öğrenebilirler.

Bırakın, başarısız olun. Gerçek ihtiyacınızı belirlemek, denetimsiz davranışınızın ille de kaybolacağı anlamına gelmez. Özel bir sınır sorununun altındaki gerçeği ortaya çıkaran pek çok kişi, sorun tekrar ettiğinde hayal kırıklığına uğrar. "Psikolojik destek grubuna katıldım, ancak hâlâ zamanında yetişme, para harcama ya da gereksiz yere çok konuşma gibi konularda sorunlarım var. Grupla o kadar zaman harcadım, bir hiç için miydi?" diye düşünürler.

Yıkıcı davranış kalıplarının tekrar ortaya çıkması, yaşamın bizleri daha büyük şeyler için hazırladığının bir kanıtıdır. Öğrenmek istiyorsak pratik yapmaya devam etmeliyiz. Araba kullanma, yüzme veya bir yabancı dil öğrenirken pratik yaptığımız gibi, daha doğru kişisel sınırlar edinirken de aynısını yapmalıyız.

İnsanların sizi anladıklarını belirten yorumlarını dinleyin. Kendinize karşı sınırlar belirlemede başarısız oldukça, size bunu nazikçe anlatacak birilerine ihtiyaç duyacaksınız. Genellikle insanlar kendi başarısızlıklarınızın farkına varmazlar. Bazen, sınırların olmayışının önem verdiğiniz kişilerin hayatlarına ne kadar zarar verdiğini anlamayabilirsiniz. Diğer kimseler, size ayrı bir bakış açısı ve destek sağlayabilir.

Keith borç aldığında bunu geri ödemede zorluk çekiyordu. Parasız değildi. Bencil değildi. Sadece unutkandı. Ona borç verenleri ne kadar rahatsız ettiğinin pek farkında değildi.

Bir öğleden sonra, ona birkaç ay önce borç veren bir arkadaşı ofisine uğradı.

"Keith," dedi arkadaşı, "sana borç verdiğim parayı birkaç kez istedim. Hâlâ haber vermedin. Benim isteklerimi, bilerek göz ardı ettiğini sanmıyorum. Üstelik şunu da bil ki unutkanlığın bana pahalıya mal oldu. Param olmadığı için bir tatilimi iptal etmek zorunda kaldım. Senin unutkanlığın bana ve arkadaşlığımıza zarar veriyor."

Keith çok şaşırmıştı. Bu kadar küçük bir şeyin, arkadaşı için bu kadar önemli olabileceği aklından geçmemişti. Arkadaşının kaybından derin bir vicdan azabı duyarak, hemen bir çek yazdı.

Keith'in arkadaşı, suçlamadan, rahatsız etmeden, Keith'in kişisel sınır sorununu görmesini sağlamıştı. Yakın bir arkadaş olarak Keith'in kendisini anlamasından yararlanmıştı. Arkadaşının zarar görmesine neden olduğu için çektiği vicdan azabı, Keith'i daha fazla sorumluluk duymaya itmişti. Destek sistemimizdeki kişiler, sınırlarımızın olmayışının onları nasıl etkilediğini söylediklerinde, korkuyla değil, sevgiyle harekete geçeriz.

Sonuçları bir öğretmen gibi görün ve hoş karşılayın. Ektiğini Biçme Kuralı'nı anlamak önemlidir, bu kural bize, sorumluluklarımızı üstlenmediğimizde zarar gördüğümüzü anlatır. İçgüdülerine boyun eğerek aşırı yiyen kişi, sağlık açısından olduğu kadar sosyal ilişkilerinde de güçlük çeker. Aşırı para harcayan kişi beş parasız kalır. Sürekli geç kalan bir kimse, binmesi gereken uçağı veya önemli bir toplantıyı kaçırır, arkadaşlıklarını kaybeder. Bugünün işini yarına bırakanlar, tatil ve maaş ikramiyelerinden yararlanamaz. Davranışlarımızın pek çok sonucu bulunur.

Daha doğru kişisel sınırları nasıl geliştireceğimizi öğrenmek, belirli adımları içeren bir süreçtir. Öncelikle, davranışımızın yıkıcı sonuçlarını bize karşımızdaki insanlar öğretir. Onların geribildirimlerini dikkate almazsak, sonuçlarına da katlanırız. Kelimeler eylemlerin önünde gider ve acı çekmek zorunda kalmadan yıkıcı davranışlarımızdan vazgeçme şansı elde ederiz.

Etrafınızda sevecen ve destekleyici kişiler olsun. Çevrenizdeki kişilerden geribildirim aldıkça ve davranışlarınızın sonuçlarıyla yüzleştikçe, destek ağınızla yakın ilişkide olmaya devam edin. Karşılaştığınız engeller, tek başına başa çıkamayacağınız kadar zordur. Sevecen ve destekleyici davranan ve sorumluluğunuzu üstlenmeyecek kişilere ihtiyacınız vardır.

Kişisel sınır sorunları olan insanların arkadaşları genelde şu iki hatadan birini yaparlar:

Eleştirel davranırlar, anne babasıymış gibi yaklaşırlar. Kişi başarısızlığa uğradığında, "Ben sana demiştim" tavrını takınır veya "söyle bakalım bundan neler öğrendin?" gibi şeyler söylerler. Bu, kişinin sonuçlardan ders alması yerine arkadaşlıkları başka yerde aramasına ya da eleştiriden kaçmaya çalışmasına neden olur.

Kurtarıcı olurlar. Kişiyi acı çekmekten kurtarma isteklerine hayır diyemezler. Eşleri içip sarhoş olduğunda, patronu arayarak eşlerinin hasta olduğunu söylerler. Yapmamaları gerektiği halde, borç para verirler. Yemeğe başlamak yerine, geç kalan kişi yüzünden tüm davetlileri bekletirler.

Birisini kurtarmak, onu sevmekle eş değildir. Kurtarıcılar, denetimsiz kişiyi kurtardıklarında sevecen, sorumluluk sahibi bir kişiyle karşılaşacaklarını sanırlar. Karşılarındaki kişiyi denetlemeyi umarlar.

Karşısındakine hak vermek ve kendini onun yerine koymak iyidir, ancak güvenlik ağı olmayı reddetmelisiniz: "İşten atılmana üzüldüm, ama önceki borcunu ödemeden sana para veremem. Yine de, destek olmak için seninle konuşmaya hazırım." Bu yaklaşım, kişisel sınırlarını geliştirmesi konusunda ne kadar ciddi olduğunuzu karşınızdakine gösterecektir. Samimi bir arayıcı bu yaklaşıma değer verecek ve sizin destek teklifinizi kabul edecektir. Yönlendirici kişi ise bu sınırlardan haz duymayacak ve hemen daha kolay para isteyebileceği başka birisini arayacaktır.

Kişisel sınırlar geliştirmede bu beş aşamalı formül döngüseldir. Yani siz gerçek ihtiyaçlarla uğraşıp başarısız oldukça, başkalarının size hak vermesiyle güç kazandıkça, sonuçlardan zarar gördükçe ve yeniden eski halinize döndükçe, her seferinde daha güçlü içsel sınırlar inşa edersiniz. Hedefinize ve doğru kişilerle olan ilişkilerinize tutundukça, yaşamınızın bir parçası haline gelebilecek kendini kontrol etme duygunuzu geliştirirsiniz.

Mağdur Olduysanız

Kendiniz için sınırlar oluşturmak her zaman zordur. Çocukluğunuzda sınırlarınız ciddi biçimde ihlal edilmişse, bu daha da zor olacaktır. Çocukken mağdur edilmemiş kimseler, bu bireylerin nasıl zorluklarla karşılaştıklarını anlayamazlar. Mağdur olmak, dayanılacak tüm yaralar arasında, en ciddi ruhsal ve duygusal zararlara yol açar.

Mağdur kimse, çaresiz bir durumda olan ve bir kimsenin kendisini istismar etmesi ile yara almış kişidir. Bazen sözlü, bazen fiziksel, bazen de cinsel anlamda mağdur edilmiş olunabilir. Ancak hepsi, büyüyüp yetişkin haline gelen çocuğun karakter yapısına ruhsal, duygusal ve bilişsel açıdan büyük zararlar verir. Mağdur edilme biçimi ne olursa olsun, üç öğe sabit kalır: çaresizlik, yara alma ve istismar.

Mağdur edilmenin bazı sonuçları vardır:

- Depresyon
- Kompülsif bozukluklar
- Güdüsel bozukluklar
- Soyutlanma
- Başkalarına güvenememe
- Yakın ilişkiler oluşturamama
- Sınırlar belirleyememe
- İlişkilerde kötü sonuçlara varma
- İlişkilerde daha fazla istismar edilme
- Kendini son derece kötü hissetme
- Utanma
- Suçluluk
- İnişli çıkışlı yaşam tarzı
- Anlamsızlık ve amaçsızlık duygusu
- Açıklanamayan korkular ve panik ataklar
- Fobiler
- Öfke nöbetleri
- İntihara sürükleyen duygu ve düşünceler

Mağdur edilme, yetişkinlerin yaşamlarında uzun vadeli ve uzun menzilli etkiler bırakır. Mağdurların çözüm bulması zordur çünkü gelişim süreçleri istismarla zarar görmüş veya kesintiye uğramıştır. Bu kimselerin gördüğü en büyük zarar, güven duygusunu yitirmeleridir. Güvenme, gerektiğinde kendimize ve başkalarına itimat etme yeteneğidir ve ruhsal ve duygusal olarak hayatta kalabilmek için temel bir ihtiyaçtır. Gerçekler hakkındaki algılarımıza güvenebilmemiz ve önemli kişilerin bizim için anlam ifade etmesi gerekir.

Mağdurlar sıklıkla güven hislerini kaybeder, çünkü onları istismar eden kişi çocukken tanıdıkları, onlar için önemli olan birisidir. İlişki onlar için zararlı hale geldiğinde, güven duyguları ortadan kalkmıştır.

İstismar veya tacizin bir başka zarar verici etkisi, mağdurun sahiplenme duygusunun zarar görmesidir. Gerçekten de mağdur edilmiş kişiler, hayatlarını başkalarının kontrol ettiğini hissederler; sahip oldukları kaynaklar, bedenleri ve zamanları, başkalarının kullanımındadır.

Mağduriyete bağlı bir başka sonuç, derin ve baskın bir "her şeyiyle kötü" yanlış, kirlenmiş veya utanç dolu olma duygusudur. İnsanlar, onların sevilmeye layık olduğunu ve niteliklerini ne kadar dile getirirlerse getirsin, mağdur edilmiş kişiler, tüm bunların altında iyilikten eser olmadığı konusunda ikna olmuşlardır. Pek çok mağdur, aşırı geçirgen sınırlara sahiptir. Kendilerinden kaynaklanmayan kötülükleri üstlenirler. Görmüş oldukları muamelenin, bundan sonra görmeleri gereken muamele olduğuna inanmaya başlarlar. Pek çok mağdur, binlerce kez kötü oldukları kendilerine söylenmiş olduğu için, bunun mutlaka doğru olması gerektiğini düşünür.

Mağdurlara Yardım Edecek Sınırlar

Bu kitapta tanımlandığı şekliyle sınırlar üzerinde çalışma, mağdurların eski hallerine dönmelerine ve iyileşmelerine yardım edebilir. Ancak, pek çok durumda mağdur kişi, profesyonel yardım olmaksızın kendi sınırlarını oluşturamaz. Suiistimal edilen kimselerin, uygun sınırlar oluşturmada ve korumada yardım alabilecekleri bir danışmana başvurmalarını tavsiye ederiz.

Üçüncü Kısım

Sağlıklı Sınırlar Geliştirmek

On Üçüncü Bölüm

Sınırlara Direnmek

Şimdiye kadar sınırların gerekliliğinden ve yaşamımıza kattığı muazzam değerden bahsettik. Aslında, sınırları olmayan bir hayatın hayat olmayacağını söylemek dışında her şeyi anlattık. Ancak sınırlar oluşturmak ve onları korumak büyük çaba, disiplin ve hepsinden önemlisi, istek gerektirir.

Sınırların arkasındaki itici güç *istek* olmalıdır. Genelde yaşamda yapılacak en doğru şeyin ne olduğunu biliriz, ancak iyi bir nedenimiz yoksa bunu gerçekleştirecek kadar motive olamayız. Bazen, motive olabilmek için iyi bir nedenimizin olması gerekir, o nedenle bizim için doğru olan şeylerin aynı zamanda yararlı olduğunu görmek isteriz. Ve genellikle bu iyi nedenleri sadece acı çektiğimizde fark ederiz. Duyduğumuz acı, motive olmamıza ve harekete geçmemize neden olur.

Daha iyi bir hayat isteğimiz olsa ve bu isteğimiz sınırlar alanında çalışmamızı teşvik etse bile, başka bir neden yüzünden sınır çalışmalarımızı gerçekleştirme konusunda isteksiz davranabiliriz: Bu neden, savaştır. Çatışmalar ve çarpışmalar olacaktır. Görüş ayrılıkları olacaktır. Kayıplar olacaktır.

Manevi savaşım düşüncesi, yeni bir fikir değildir. Binlerce yıl boyunca insanlara yıkılmış yaşamları sürdürme veya bazı şeyler sahip olma seçeneği verilmiştir, bu her zaman savaşmayı gerektirmiştir.

İyileşmemiz için de savaşmamız, mücadele etmemiz gerekir.

Ancak savaşması gereken yalnızca ve yalnızca bizleriz. Savaşlar iki gruba ayrılır: Dış direniş ve iç direniş, yani başkalarından gördüğümüz direniş ve kendi direnişimiz.

Dış Direniş

Julie, yaşamının büyük kısmında sınırlarını oluşturma konusunda güçlükler çekmişti. Onu baskı altına alan bir baba ve suçluluk duygusunu kullanarak denetleyen bir anne. Onların öfkesi yüzünden bazı insanlara karşı sınırlar belirlemekten korkuyordu, üstelik "onları incitmekten" duyacağı suçluluk duygusu yakasını bırakmıyordu. Kendisi için bir karar almak istediğinde, başkalarının öfkesinin veya asık suratının kendi kararını etkilemesine izin verirdi.

Böyle bir ailede yetişen Julie, evlenmek için onu öfkesiyle kontrol altına alan, son derece bencil bir adam seçti. Gençlik yılları boyunca, kocasının öfkesi ile annesinin suçluluk duygusu yaratan davranışları arasında gidip geldi. Hiç kimseye karşı sınırlar belirleyemez haldeydi. Yıllar sonra depresyona girdi ve kendini hastanelerimizden birinde buldu.

Birkaç hafta süren terapiden sonra, mutsuzluğunun sınırlarının olmayışından kaynaklandığını anlamaya başladı. Sonunda bir riske girdi ve kocasına karşı bazı sınırlar belirlemeye karar verdi.

Bir gün terapisti ve kocasıyla birlikte seanstayken kocasıyla yüzleşti. Destek grubuna döndüğünde ağlıyordu.

"Nasıl geçti?" diye sordu gruptakilerden biri.

"Çok kötü. Bu sınır olayı hiç işe yaramıyor," dedi.

"Ne demek istiyorsun?" dedi grup terapisti.

"Kocama bu şekilde davranmasından bıktığımı ve artık buna katlanmayacağımı söyledim. Kızdı ve bana bağırmaya başladı. Terapistim olmasaydı ne yapardım bilmiyorum. Hiç değişmeyecek."

Haklıydı. Terapistin orada olması iyi olmuştu. Sınırlarını belirlemeyi öğrenmede desteğe ihtiyacı çoktu, çünkü hem kocasının, hem de kendisinin direnciyle karşılaşacaktı.

Sonraki birkaç hafta içinde, başkalarının onun sınırlarına karşı bir mücadele edeceğini ve bu durumla nasıl başa çıkacağını planlaması gerektiğini öğrendi. Bunu yaparsa, o insanların değişme olasılığı oldukça yüksekti. Gerçekten tam da böyle oldu. Kocası nihayet her şeyin "kendi istediği gibi" olmayacağını ve kendi ihtiyaçları kadar, başkalarının ihtiyaçlarını da hesaba katması gerektiğini öğrendi.

Öfkeli Tepkiler

Sınırlarını oluşturmaya çalışan kişilerin en sık gördüğü dış direniş, öfkedir. Sınırlar belirledikleri için başkalarına kızan kimselerin kişilik sorunları vardır. Bencildirler, dünyanın onlar için var olduğunu zannederler. İnsanları kendilerinin uzantısı olarak görürler.

Hayır cevabını duyduklarında, bir şeyden mahrum bırakılan iki yaşındaki çocukların verdiği tepkinin aynısını verirler: "Kötü anne!" Onları istediklerinden mahrum bırakanın "kötü" olduğunu düşünüp, öfkelenirler. Gerçek anlamda bir saldırıya sinirlenmiş değillerdir. "Onlara" bir şey yapılmamıştır. Birisi "onlar için" bir şeyi yapmayacaktır.

Öfkeli bireyde kişilik sorunu vardır. Bu kişilik sorununu gidermezseniz, yarın ve ertesi gün daha başka sorunlar patlak verebilir. Kişiyi öfkelendiren şey içinde bulunduğu durum değil, başkalarının verecekleri üzerinde hak sahibi oldukları duygusudur. Başkalarını denetlemek isterler ve sonuç olarak kendileri üzerinde denetimleri kalmaz. Böylelikle, birisi üzerinde istedikleri denetimi kaybettiklerinde, onu "kaybederler." Öfkelenirler.

Öğrenmeniz gereken ilk şey, sınırlar belirlediğiniz için size öfkelenen kişinin asıl sınır sorunu yaşayan kişi olduğudur. Bunu fark etmediğinizde bir sorununuz olduğunu zannedebilirsiniz. Sınırlarınızı korumanın başkaları için de yararı vardır, ailelerinin onlara öğretmediği bir şeyi öğrenmelerini sağlar: İnsanlara saygı duymak.

İkinci olarak, öfkeye gerçekçi bir gözle bakmalısınız. Öfke sadece kişinin içindeki bir duygudur. Odanın öbür köşesine zıplayıp size zarar veremez. Siz izin vermezseniz "içinize giremez." Bir kimsenin öfkesinden ayrı durmak, büyük önem taşır. Bırakın öfke başkasının içinde kalsın. Kişi iyileşmek için öfkeyi hissetmek zorundadır. Siz onu bundan kurtarır veya duygularını kendi üzerinize alırsanız, öfkeli kimse iyileşmez ve o kişiye bağlanmış olursunuz.

Üçüncüsü, öfkeyi bir şey yapmanızı söyleyen bir ipucu olarak görmeyin. Sınırları olmayan kişiler, başkalarının öfkesine otomatik olarak yanıt verirler; yardıma koşar, onay arar veya kendileri de öfkelenirler. Eylemsizlik güçlü olmaktır. Denetimden çıkmış bir kimsenin yönünüzü değiştirmesine izin vermeyin. Sadece bırakın öfke duysun, ne yapmanız gerektiğine kendiniz karar verin.

Dördüncü olarak, destek sisteminizin bulunduğundan emin olun. Öfkesini kullanarak sizi kontrolü altına almış birine karşı sınırlar belirleyecekseniz, önce destek sisteminizdeki kişilerle konuşarak bir plan yapın. Ne söyleyeceğinize karar verin. Öfkeli kişinin ne söyleyeceğini tahmin edin ve bu doğrultuda vereceğiniz tepkiyi planlayın. Vereceğiniz tepkiyi grubunuzla birlikte prova etmek isteyebilirsiniz. Daha sonra, yüzleşmeden hemen sonra destek grubunuzun yakınlarınızda olacağından ve onlarla görüşebileceğinizden emin olun. Destek grubunuzun bazı üyeleri yüzleşmeye sizinle beraber gidebilir. Ancak yüzleşmeden sonra hissedeceğiniz baskıyı en aza indirmek için grubunuzun üyelerine ihtiyacınız olacaktır.

Beşinci olarak, öfkeli kişinin sizi öfkelendirmesine izin vermeyin. Sevecen tutumunuzu koruyun. Yasaların "dişe diş, kana kan" anlayışına ya da dünyada hüküm süren "kötülüğe kötülükle karşılık ver" düşüncesine takılı kalmayın, yoksa öfkeli kimseye bağlanmış durumda olursunuz. Sınırlarımız varsa, o kimseyi sevebilecek kadar ayrı durabiliriz.

Altıncısı, kendinizi sonuçların meydana çıkmasını sağlayacak öğeleri, yani fiziksel mesafe ve diğer sınırları kullanmaya hazırlayın. Bir kadının hayatı, "Bana bağırılmasına izin vermeyeceğim. Bu konuda bana saldırmadan konuşabileceğinden emin olana kadar yan odada bekleyeceğim. Bağırmadan konuşabilirsen seninle konuşurum" diyebildiğini fark ettiğinde değişmişti.

Bu ciddi adımları öfkeyle atmanız gerekmez. Kendinizi teslim etmeden veya denetlenmeye izin vermeden, sevecen bir şekilde empati kurabilir ve konuşmayı sürdürebilirsiniz. "Üzüldüğünü biliyorum, ama bunu senin yerine yapamam. Böyle hissettiğin için üzgünüm. Sana nasıl yardımım dokunabilir?" Unutmayın ki, karşınızdaki kişiyle empati kurduğunuzda "hayır" cevabınızı "evet" olarak değiştirmeniz etkili olmayabilir. Başka seçenekler sunun.

Sınırlarınızı korursanız, size öfkelenen kişiler ilk defa kendilerine zarar veren "başkasını kontrol etme" yerine kendilerini kontrol etmeyi öğreneceklerdir. Artık sizi kontrol edemediklerinde, sizinle ilişki kurmak için başka bir yol arayacaklardır. Ancak, sizi öfkeleriyle kontrol etmeyi başardıkları sürece değişmeyeceklerdir.

Suçluluk Duygusu Uyandıran Mesajlar

Adam annesini telefonla aramıştı, telefonu açan annesi çok kısık bir sesle konuşuyordu, sesi neredeyse hiç duyulmuyordu. Hasta olmasından endişelen adam merakla sordu, "Anne iyi misin?"

"Galiba artık sesimi pek duyuramıyorum," diye yanıtladı kadın. "Sizler evden gittikten sonra beni kimse aramaz oldu."

Denetleyici kişinin cephaneliğinde suçlayıcı mesajlardan daha güçlü bir silah yoktur. Zayıf sınırları olan kimseler, üzerlerine doğrultulan ve kendilerini kötü hissetmeleri için sarf edilen suçlayıcı mesajları çoğu zaman içselleştirir ve böyle cümlelere boyun eğerler. Şu ifadeleri inceleyelim:

- "Senin için yaptığım o kadar şeyden sonra bana bunu nasıl yapabildin?"
- "İlk defa kendinden başka birini de düşünüyorsun."
- "Beni gerçekten sevsen, şu telefon görüşmesini yaparsın."
- "Bu kadar küçük bir şeyi yapacak kadar aileni seviyorsundur sanırım."
- "Aileni nasıl böyle terk edebilirsin?"
- "Daha önce beni dinlemediğin zaman ne olduğunu iyi biliyorsun."
- "Sonuçta bir gün bile parmağını oynatman gerekmedi. Belki de artık senin de bir şeyler yapmanın vakti gelmiştir."
- "Biliyorsun, olsaydı verirdim."
- "Senin için ne kadar fedakarlıkta bulunduğumuzu bilemezsin."
- "Ben ölüp gidince pişman olursun belki."

Bu ifadeleri kullanan kişiler, seçimleriniz yüzünden suçluluk duymanızı sağlamaya çalıştıkları için böyle konuşurlar. Elinizdeki kaynakları veya zamanı kullanma biçiminizi eleştirirler ya da büyüyüp ailenizden ayrıldığınız veya bir arkadaşınızdan ayrı bir hayat sürmeye karar verdiğiniz için kendinizi kötü hissetmenizi sağlarlar.

Büyük olasılıkla herkes, suçlayıcı mesajları duyduğunda az çok tanıyabilir. Sınırlarınız hakkında kendinizi kötü hissediyorsanız, belki de ailenizin veya başkalarının kullandığı suçlayıcı mesajlara dikkat etmemişsinizdir. İşte bu mesajlarla başa çıkmanın yolları:

1. *Suçluluk duygusu uyandıracak mesajları tanıyın.* Kimileri, suçlayıcı mesajların ne kadar denetleyici olduğunu fark etmez ve bu mesajları yutarlar. Azarlamaya ve geribildirimlere açık olun, bencillik yaptığınızda bunu bilmeniz gerekir. Ancak suçlayıcı mesajlar sizin gelişiminiz ve iyiliğiniz için değil, sizi manipüle etmek ve denetlemek için verilir.

2. *Suçlayıcı mesajlar öfkenin kılık değiştirmiş halidir.* Suçluluk duygusu uyandıracak mesajlar veren kimseler, büyük olasılıkla ne kadar denetleyici oldukları açığa çıkacağı için, size yaptıklarınızdan dolayı duydukları öfkeyi açıkça itiraf edemezler. Kendi duygularından çok, sizin ve davranışlarınızın üzerine odaklanmayı tercih ederler. Kendi duygularına odaklanırlarsa, sorumluluk almaya yaklaşırlar.

3. *Suçlayıcı mesajlar üzüntüyü gizler.* İnsanlar bu duyguları ifade etmek ve sahiplenmek yerine, size ve yaptıklarınıza odaklanırlar. Suçlayıcı mesajların bazen bir insanın üzüntüsünün, kırgınlığının veya ihtiyaçlarının dışavurumudur.

4. *Suçlayıcı mesajlardan etkileniyorsanız, bu başkalarının değil, sizin sorununuzdur.* Gerçek sorunun nerede olduğunu fark etmelisiniz: Sorun içinizdedir. Ancak bunu fark ettiğiniz zaman, sevgi ve sınırlarınızla birlikte dış dünyadan kaynaklı zorlukların üstesinden kolaylıkla gelebilirsiniz. Başkalarını suçlu hissetmenize "yol açtıkları" için hatalı bulmaya devam ederseniz, sizin üzerinizdeki güçlerini korurlar. Bu durumda, onlar bunu yapmaktan vazgeçerse kendinizi iyi hissedeceğinizi ifade etmiş olursunuz. Bu, o kişilere yaşamınızın denetimini verdiğiniz anlamına gelir. O yüzden başkalarını suçlamayı bırakın.

5. *Açıklamada bulunmayın veya mazeret bildirmeyin.* Bunu sadece kabahat işlemiş çocuklar yapar. Kendinizi suçlu hissetmenize yol açan kişilere bir açıklama borçlu değilsiniz. Onlara sadece seçiminizin ne olduğunu söyleyin. Eğer anlamalarına yardımcı olmak için belli bir kararı neden aldığınızı söylemek isterseniz, bunda sorun yok. Ama kendinizi kötü hissetmenize yol açmayı bırakmalarını veya suçluluk duygusundan kurtulmanıza yardım etmelerini isterseniz, size bu duyguyu veren kişilerin tuzağına düşmüş olursunuz.

6. *Haklarınızı savunun ve insanların mesajlarını duyguların ifadesi olarak görün.* "Sanırım bunu yapmayı seçtiğim için bana kızdın." "Sanırım bunu yapmayacağım için üzüldün." "Yapmaya karar verdiğim şey yüzünden mutsuz olduğunu görüyorum. Böyle hissettiğin için üzgünüm." "Bunun seni hayal kırıklığına uğrattığını anlıyorum. Sana nasıl yardımım dokunabilir?" "Başka işlerim olduğunda üzülüyorsun, değil mi?"

Esas kural şudur: İnsanların duyduğu üzüntüyü anlamaya çalışın, ancak bunun onların sorunu olduğunu ifade edin.

Unutmayın ki sevgi ve sınırlar, tek açık ve net sınırlardır. Tepki gösterirseniz, sınırlarınızı kaybetmişsiniz demektir. İnsanlar tepki göstermenizi sağlayabiliyorsa, sınırlarınızı aşmışlar demektir. Tepki vermeyi bırakın. Davranışlarınızın sorumluluğunu üzerinize alın. Kendinizi karşınızdakinin yerine koyun. "Hayat gittikçe güçleşiyor gibi. Bir de bana sor." Suçlayıcı mesaj gönderenler bazen sadece ne güçlük çektiklerini anlatmak isterler. Dinleyin, ancak suçu üstünüze almayın.

Oğlunun suçluluk duymasını sağlamaya çalışan anneyi hatırlayın. Sağlıklı sınırları olan bir kişi, annesine hak verirdi: "Sanırım kendini yalnız hissediyorsun, anne." Suçlayıcı mesajın altında annesinin anlatmaya çalıştığı hislerini anladığını belli edebilirdi.

Sonuçlar ve Karşı Hareketler

Brian'la babasının arasında bazı sorunlar vardı. Babası, parasını hep başkalarını, hatta kendi ailesini bile kontrol etmek için kullanmış zengin bir adamdı. Çocuklarına itaat etmelerini öğretmek için, onları maddi desteğini çekmek veya vasiyetinden çıkarmakla tehdit etmişti.

Brian büyümüştü ve babasından daha fazla özgürlük istiyordu, ancak baba parasına ve bunun sağladığı zevklere alışmıştı. Yaz tatillerinde eşiyle birlikte ailesinin yazlığına gitmekten hoşlanıyordu. Basketbol maçı biletlerini ve şehir kulübüne üye olmayı seviyordu.

Ancak Brian, babasının denetimi altında olmasının ruhsal ve duygusal olarak çok şeye mal olduğunu düşünüyor ve bundan hoşlanmıyordu. Bu nedenle bazı şeyleri değiştirmeye karar verdi. Babasının kendisi ve ailesi için yıkıcı sonuçlar doğuran taleplerine hayır demeye başladı. Çocukları başka şeyler yapmak istediğinde, bazı tatillere katılmaktan vazgeçti. Babası bu durumdan hoşlanmamıştı.

Tahmin edeceğiniz gibi, daha önceleri Brian'a sunduğu olanakları geri çekmeye başladı. Brian'ı kardeşlerine örnek olarak göstermek için kullanıyor, Brian'a hatalı olduğunu göstermek için, diğer çocuklarına daha fazla olanak sunuyordu. Nihayetinde vasiyetindeki maddeleri değiştirdi.

Bunlar Brian'a zor geldi. Yaşam tarzını değiştirip alıştığı bazı şeylerden vazgeçmesi gerekmişti. Üstelik, gelecek için farklı planlar yapması gerekiyordu, çünkü o güne kadar hep babasının mirasından faydalanacağını düşünüyordu. Kısacası, babasının denetiminden kurtulma kararının sonuçlarına katlanması gerekmişti. Gene de, yaşamında ilk defa özgürdü.

Bu, genellikle insanların başına gelen bir olaydır. Tehlikede olan şey aile serveti olmayabilir, bazen bu anne babanın eğitim için sağladığı maddi destek, bir annenin torununa bakıcılık etmesi, bir babanın işyerinde destek vermesi olabilir. Sınırlar oluşturmanın sonuçları, denetleyici kişilerin karşı hareketleri olacaktır. Onlar sınırlarınızı belirleme hareketinize karşılık olarak tepki göstereceklerdir.

Öncelikle, sınırlarınız olmadığında elinize ne geçtiğini ve sınırlarınızı oluşturduğunuzda ne kaybedeceğinizi düşünün. Brian'ın kaybedeceği şey paraydı. Başkaları için, bu para değil de, bir ilişki olabilir; kimileri o kadar denetleyicidir ki, biri onlara karşı sınırlarını belirlemeye başlarsa, ilişkilerini keserler. Pek çok kişi, ailelerinde oynanan oyuna dahil olmadıkları için aile üyelerince dışlanır ve aile bağlarını kaybederler. Anne babaları veya "arkadaşları", yeni sınırlarını oluşturan bu kimselerle konuşmazlar.

Sınırlarınızı oluşturduğunuzda ve yaşamınızı kontrol altına aldığınızda, risk almış olursunuz. Sınırlarınızı ortaya koymanızın sonuçları genellikle ağır değildir, çünkü karşınızdaki kişi sizin ciddi olduğunuzu anlar anlamaz davranışlarını değiştirmeye başlar ve sınırlar çizmenin doğru olduğunu fark eder...

İyi ve dürüst insanlar disipline ihtiyaç duyarlar, ancak sınırlara isteksizce cevap verirler. Diğerlerinde ise, psikologların "karakter bozuklukları" olarak adlandırdığı şeyden vardır, kendi hareket ve yaşamlarının sorumluluğunu üstlenmek istemezler. Arkadaşları veya eşleri onların yerine sorumluluk almayı reddettiğinde, yollarına devam ederler.

İkinci olarak, kaybetme riskini almak isteyip istemediğinize karar verin. Bazıları için bedel fazla ağırdır. İlişkilerini tehlikeye atmak yerine, kendilerini denetleyen anne baba veya arkadaşlarına boyun eğmeyi sürdürürler. Uzmanlar ailelere, alkolik aile bireyi tedavi görmezse daha önceden planladıkları sonuçları uygulama konusunda hazır olup olmadıklarını iyice düşünmelerini söyler. Davranışların sonuçları yoksa, sınırlar sınır olmaktan çıkar. Sınırları oluşturmadan önce, belirli davranışların karşılığında sonuçları uygulamaya istekli olup olmadığınıza karar vermelisiniz.

Üçüncü olarak, kaybettiklerinizi telafi etmek için çaba sarf etmelisiniz. Örneğin Brian, daha çok para kazanmanın bir yolunu bulmak zorundaydı. Bir başkası için bu, yeni bir çocuk bakıcısı bulmak, yeni arkadaşlar edinmek veya yalnızlığa katlanmanın yollarını bulmak olabilir.

Dördüncü kural, "yapmak"tır. Başkalarının güç gösterilerini ve kendi sınırlarınızın sonuçlarını kontrol etmek istiyorsanız, sınırlarınızı belirlemeli ve planınızı izlemeli, yani düşündüklerinizi yapmalısınız.

Beşincisi, işin zor kısmının daha yeni başladığını bilin. Sınırlarınızı belirlediğinizde mücadeleniz sona ermez. Aksine, sınırların belirlenmesi, mücadelenin başladığı anlamına gelir. Destek grubunuza geri dönmeniz, ruhsal olarak aralarına katılmanız ve onları benimsenmeniz, bu sayede ayrı duruşunuzu korumanız gerekir. Sınırlarınızı belirlemenize hazır olmanızı sağlayan plan üzerinde çalışmaya devam edin.

Fiziksel Direnme

Ne yazık ki bu konudan bahsetmek durumundayız, ancak şu da bir gerçek ki bazı kişiler, başkalarının fiziksel açıdan güçlü olmaları nedeniyle sınırlarını koruyamamaktadır. Kendilerini istismar eden eşleri veya erkek arkadaşları hayır yanıtını kabul etmezler ve sınırlarını oluşturmaya çalışan kadınlar genelde fiziksel istismara uğrarlar.

İstismara uğrayan kişilerin yardıma ihtiyaçları vardır. Bu kimseler pek çok nedenden dolayı korkar ve olanları kimseye anlatamazlar. Eşlerinin saygınlıklarına zarar vermekten, böyle bir muameleye izin verdiklerini itiraf etmekten korkarlar. Hatta böyle bir şeyi itiraf ederlerse, daha çok şiddete maruz kalacaklarından korkarlar. Sorunun ciddiyetini anlamaları ve dışarıdan yardım almaları gerekir, çünkü sorun yok olmayacak, büyük olasılıkla daha da kötüleşecektir.

Siz de böyle bir durumdaysanız, istismara uğramanızı engellemek için sınırlarınızı belirlemenize yardım edecek kişilerle temasa geçin. Daha önce böyle vakalarla ilgilenmiş bir danışman bulun. Eşiniz veya arkadaşınızdan istismar görürseniz, destek grubunuzdaki kişileri arayın. Tehdit edilirseniz, her saat gidebileceğiniz ve geceyi geçirebileceğiniz bir yerinizin olduğundan emin olun ve bir polisi veya avukatı arayın. Hiçbir sınıra saygı göstermiyorsa, o kimseye sınırlama emri çıkarttırın. Bunu kendiniz ve çocuklarınız için yapın. Böyle bir durumun sürmesine izin vermeyin. Yardım isteyin.

Başkalarının Acıları

Sevdiğimiz kişilere karşı sınır oluşturmaya başladığımızda gerçekten zor bir durum ortaya çıkar: Bu kimseler acı çekerler. Onların yalnızlığını, düzensizliğini veya mali sorumsuzluğunu bir zamanlar siz telafi ederken, artık orada bir boşluk vardır. Ne olursa olsun, bu kişiler bir kayıp yaşayacaklardır.

Onları seviyorsanız, bu sizin için zor bir durum olur. Ancak, acı çeken biriyle ilişkiniz varsa, sınırlarınızın sizin ve onlar için hem gerekli, hem de yararlı olduğunu unutmayın. Daha önceleri bu kişilerin sorumsuz olmalarına göz yumduysanız, sınırlarınızı belirlemeniz, onları sorumluluk sahibi olmaya itebilir.

Suçlayıcılar

Suçlayıcılar, hayır demeniz onları öldürüyormuş gibi davranır, "Bunu bana nasıl yapabildin?" diyerek tepki gösterirler. Büyük ihtimalle ağlar, surat asar veya öfkelenirler. Suçlayıcıların karakter sorunları olduğunu unutmayın. Üzüntülerinin kaynağının, sizin onlara bir şey vermemeniz olduğunu anlatsalar da, aslında sizin olan bir şeyi talep eder ve sizi suçlarlar. Bu, alçakgönüllü birinin ihtiyaç duyduğu için bir şeyi istemesinden farklıdır. İnsanların şikayetlerini dinleyin, kendi sorumlulukları olması gereken bir şey için sizi suçlamaya çalışıyorlarsa, onlarla yüzleşin.

Susan'ın, yeni araba almak için kendisinden borç isteyen kardeşiyle yüzleşmesi gerekmişti. İkisi de yetişkin insanlardı. Susan sorumluluk sahibiydi ve çok çalışkandı, kardeşi ise sorumsuzdu ve kazandığı parayı asla biriktirmezdi. Yıllarca ablasından borç istedi, o da verdi. Nadiren aldığını geri öderdi.

Susan sonunda, sınırlarla ilgili bir çalışma grubuna katıldıktan sonra neler yapabileceğini gördü ve kardeşinin talebine hayır dedi. Kardeşi, sanki ablası hayatını mahvetmiş gibi davrandı. "Onun yüzünden" iş hayatında ilerleyemeyeceğini, çünkü yeni arabası olmadan işleri kendine çekemeyeceğini söyledi. "Onun yüzünden" eski arabasıyla kaldığını ve kızların ilgisini çekmeyeceğini söyledi.

Suçlanmaya alışkın olan ablası, kardeşiyle yüzleşti. İşlerinin iyi gitmediğine üzüldüğünü, ancak bunun kendi sorunu olmadığını söyledi. Bu yanıtlar hem Susan'a hem de kardeşine iyi gelmişti.

Gerçek İhtiyaçlar

Gerçekten ihtiyaç duyan kişilere karşı sınırlar belirlemek zorunda kalabilirsiniz. Sevgi dolu biriyseniz, ihtiyaç içindeki bir sevdiğinize hayır demek, sizi üzer. Ancak ne verip ne veremeyeceğinizin bir sınırı vardır, buna uygun olarak hayır diyebilmeniz de gerekebilir. Bunlar, "isteksizce veya mecburiyetten" verme durumları değildir. Bunlar, üzülmüş kalbinizin vermek istediği, ancak verirseniz tükeneceğiniz durumlardır.

Sınırlarınızın neler olduğunu öğrenin, vermeye karar verdiğiniz şeyleri verin ve ihtiyaç içindeki kişileri, onlara yardım edebilecek kimselere yönlendirin. Bu kişilerin içinde bulundukları durumları anlamaya çalışın. Onlar genellikle ihtiyaçlarının haklı olduğunu ve gerçekten yardıma ihtiyaçları olduğunu bilmenizi isterler.

Affetme ve Uzlaşma

Pek çok kişi, affedicilikle uzlaşma arasındaki farkın ne olduğunu anlamada zorluk çeker. Dış dirence karşı koyamaz, çünkü karşısındaki kişiye boyun eğmezse, affedici olamayacağını hisseder. Aslında çoğu insan karşısındakini affetmekten korkar, çünkü sınırları ortadan kaldırdığında tekrar yaralanacağını düşünür.

Bu konuda iki kuraldan bahsetmemiz gerekir: (1) Her zaman affedici olmalıyız, ama (2) her zaman uzlaşamayız. Affedicilik yürekten yaptığımız bir şeydir, birisinin bize olan bir borcunu sileriz ve onu suçlamayı bırakırız. Affedicilik için tek bir tarafın olması yeterlidir: Ben. Bana borcu olan kişinin, onu affetmemi istemesi gerekmez. Bu tamamen benim kalbimdeki iyilikten ileri gelir.

Bu anlayış bizi ikinci kurala götürür: Her zaman uzlaşamayız. Affetme için tek taraf yeterliyken, uzlaşabilmek için iki tarafın da varlığı gerekir.

Karşımızdaki kişinin üzerine düşen sorumluluğu alacağından emin değilsek, kalbimizi açmayız. Pişman olmak, sadece "özür dilerim" demekten fazlasıdır. Pişmanlık, davranışların yönünü değiştirmeyi gerektirir.

Karşısınızdaki kişi henüz güvenilir olduğunu kanıtlamadıysa, onu affettiğinizi, ancak ona henüz güvenmediğinizi açık bir şekilde ifade edin. Gerçekten değişip değişmediğini bu kadar kısa bir sürede anlayamazsınız.

İç Direnişler

Bir önceki bölümde gördüğümüz gibi hem dışarıya karşı, hem de kendimize karşı doğru sınırlarımızın olması gerekir, böylelikle insanların üzerimizde egemenlik kurmalarına engel olabiliriz. Şimdi de sınırları, büyümeye karşı gösterdiğimiz iç direnişler açısından inceleyelim.

İnsan İhtiyacı

Jane, zarar göreceği erkekleri seçmemek için terapiye katılıyordu. Aşık olduğu erkekler genelde düzgün ve yakışıklı tiplerdi. Başlangıçta her şey "harika" oluyordu. Hep "istediği" gibi göründüklerini, eksikliğini hissettiği bazı şeyleri tamamlayacaklarını düşünüyordu.

İlişkileri bu şekilde bir süre devam ediyor, sonra aralarındaki bağ giderek zayıflıyor ve istemediği şeyleri yapmaya razı oluyor, vermek istemediklerini vermeye başlıyordu. Aşık olduğu erkeklerin aslında son derece bencil, ihtiyaçlarını gidermekten aciz ve sınırlarına saygı duymaktan uzak oldukları ortaya çıkıyordu. Jane çok geçmeden tekrar mutsuz biri oluyordu.

Konuştuğu arkadaşları zaten bildiği şeyleri söylüyorlardı: "Adam ahmağın teki, defolup gitmesini söylemelisin." Ne var ki Jane bunları uygulamaz, ilişkiye bağlanmış olduğunu hisseder, bırakıp gidemeyeceğini düşünürdü. Sınırları yoktu. Hayır diyemiyordu.

Jane'in davranış biçimine baktığımızda, o erkeklerle birlikte olmaya devam etme nedeninin, ayrılırsa gireceği depresyonu uzak tutma isteğiyle güdülendiğini fark ettik. Üstelik, depresyonunun köklerinin, Jane'in içinde, babası tarafından asla doldurulmamış bomboş bir yerde bulunduğunu keşfettik. Jane'in babası seçtiği erkeklere çok benziyordu, duygusal yönden ulaşılmaz, sevgisini göstermeyen bir adamdı. Babasının doldurması gereken bir boşluğu, bu ihtiyacını asla karşılayamayacak yıkıcı insanlarla ilişki kurarak doldurmaya çalışıyordu. Jane'in sınırlar belirlemeye karşı olan bu iç direnci, çocukluğundan gelen bu karşılanmamış gelişimsel ihtiyaçtı.

Çözümsüz Acı ve Kayıplar

"Karşılanmamış ihtiyaçlar"dan kaynaklanan iç direniş, "iyi"yi elde etme ile ilgiliyse, üzüntü de "kötü"yü terk etme ile ilgilidir. Sınırlar oluşturamamanın nedeni genellikle insanların bağlandıkları kişiyi bırakamamalarıdır. Jane sürekli olarak kendisini seven ve ilgilenen bir babaya olan ihtiyacını karşılamaya çalışıyordu. Ancak, bu ihtiyacının giderilebilmesi için Jane'in, asla sahip olamayacağı bir şeyi bırakması gerekiyordu: Babasının sevgisini. Bu onun için çok büyük bir kayıp olacaktı.

Birine karşı sınırlar belirlemek genelde uzun süredir şiddetle arzuladığınız bir sevgiyi riske atmak anlamına gelir. Denetleyici bir ebeveyne hayır demeye başlamak, onlarla aranızda olmayan şeylere sahip olmaya çabalamak yerine, bu eksikliklerin üzüntüsünü derinden duymaktır. Bu çabalarınız sizi kederden uzak tutar, ancak kim oldukları gerçeğini kabullenme ve değişmelerine dair duyduğunuz isteğin kaybolmasına izin verme, kederin özüdür.

Sınırlara sahip olmak yerine, "Keşke..." ile başlayan cümleler kurarız. Kendi kendimize bilinçsizce şöyle deriz: "Keşke mükemmeliyetçilik arayışlarını yüzüne vurmak yerine, biraz daha çabalasam, o zaman da beni sevecektir." Veya, "Keşke isteklerine boyun eğip onu kızdırmasam, böylece o da beni sever," gibi. Sevgi almak için sınırlardan vazgeçmek, kaçınılmaz olanı ertelemektir: Kişiyle ilgili gerçeği fark etme, bu gerçeğin üzüntüsünü benimseme ve terk edip yoluna devam etme.

Bu iç direnişle yüz yüze gelmek için atmanız gereken adımlara bir bakalım:

1. *Sınırlarınızın olmadığını kabul edin.* Sorununuz varsa, bunu itiraf edin. Denetleniyor, manipüle veya istismar ediliyorsanız sorunun, kötü bir kişiyle birlikteliğiniz veya mutsuzluğunuzun onun suçu olmadığı gerçeğini kabullenin. Sorun, sınırlarınız olmamasıdır. Bir başkasını suçlamayın. Sorunu olan sizsiniz.

2. *Direnci fark edin.* "Bana gereken, yalnızca bazı sınırlar belirlemek" diye düşünebilir ve iyileşme yoluna böylelikle girebilirsiniz. Kolay olsaydı, yıllar önce yapardınız. Korktuğunuz için sınırlar belirlemediğinizi itiraf edin. İç direnciniz nedeniyle, kendi özgürlüğünüzü sabote etmektesiniz.

3. *İyiliği ve gerçeği arayın.* Sürecin diğer tüm adımlarında da olduğu gibi, bu katı gerçeklerle kendiliğinden yüzleşemez-

siniz. İç direncinizi benimsemenize yardımcı olması ve aynı zamanda yas tutmanız konusunda size güç vermesi için başkalarının desteğine ihtiyacınız vardır.

4. *İsteği tanımlayın.* Sınırlar belirlemedeki başarısızlığınızın ardında ilişkinizi kaybetme korkusu yatar. Yaşamayı seçerseniz, kimin sevgisinden vazgeçmek zorunda kalacağınızı belirleyin ve isimlendirin. O kişiye olan sıkı bağlılığınız, sizi alıkoymaktadır.

5. *Bırakın.* Size destek olan ilişkileriniz sayesinde kendinizi güvende hissedin ve o kişiden asla elde edemeyeceğiniz veya onun temsil ettiği şeyle yüzleşin. Bu, bir cenaze töreni gibi olacaktır. Yas tutmanın aşamalarından geçeceksiniz: Yadsıma, pazarlık etme, öfke, üzüntü ve kabullenme. Bu aşamaları muhakkak bu sırayla geçirmeyebilirsiniz, ancak tüm bu duyguları hissedeceksiniz. Bu normaldir.

Size destek olan kimselerle bir araya gelin ve kayıplarınız hakkında konuşun. Kaynağını derinlerden alan bu arzularla yüzleşemiyorsanız profesyonel bir danışmanla görüşme ihtiyacı duyabilirsiniz. Asla sahip olmadığınız bir şeyi bırakmak zordur. Ancak sonunda yaşamınızı kurtaracaksınız.

6. *Geride bırakın.* Kederlenmede son aşama, istediğinizi bulmakla ilgilidir. Asla sahip olamayacaklarınızdan nihayet vazgeçmeye başladığınızda, yaşamınızda ne kadar çok değişiklik olduğunu görecek ve şaşıracaksınız. Eski yaşamı koruma çabalarınızın tümü size çok fazla enerjiye mal olmakta ve sizi istismara ve denetime maruz bırakmaktaydı. İç huzuruna götürecek yol, geride bırakmaktır. Bunun yolu ise yas tutmak ve kederlenmektir.

İçimizdeki Öfke Korkuları

Bir şirketin yönetim kadrosundaki üç ortak, başka bir şirketle büyük bir proje üzerinde çalışıyordu. Görüşmeler sırasında diğer şirketin başkanı, bir isteğini yerine getirmedikleri için bu üçlüye çok kızmıştı.

Üç ortaktan ikisinin uykuları kaçtı, korkuya kapıldılar ve görüşmelerin sekteye uğrayacağı konusunda kaygılandılar, öbür şirketin başkanı onları istemezse ne yapacaklarını düşündüler. Sonunda, strateji saptama için bir toplantı yapmak üzere üçüncü ortağı çağırdılar. Öfkeli adamı yatıştırmak için tüm planlarını değiştirmeye hazırdılar. Üçüncü ortağa, "mağazayı feda etme" planlarından söz ettiklerinde yüzlerine bakıp, "Ne olmuş yani kızmışsa? Gündemimizdeki diğer konular ne?" dedi.

Ne kadar aptalca davrandıklarını fark ederek, gülmeye başladılar. Annesi veya babası öfkelenmiş çocuklar gibi davranmışlardı, sanki psikolojik varoluşları, bu patronun memnun olmasına bağlıymış gibi.

Diğer başkanın öfkesinden korkan ortaklardan her ikisi de, öfkenin denetleme aracı olarak kullanıldığı ailelerde yetişmişlerdi. Üçüncü ortaksa bu taktikle asla karşılaşmamıştı ve sağlam sınırlara sahipti. Diğer firmanın başkanıyla görüşmek üzere o seçildi. Adamla görüşüp, öfkesini yenebilirse ve onlarla çalışmak isterse, memnuniyet duyacaklarını, aksi takdirde başka şirketlere gideceklerini söyledi.

İyi bir ders almışlar, adama bağımlı bir çocuğun bakış açısıyla bakmışlardı. Yeryüzünde güvenecekleri tek insan oymuş gibi davranmış ve onun öfkesinden korkmuşlardı. Üçüncü ortak ise, bir yetişkinin gözüyle bakmıştı ve bu adam doğru harekette bulunmazsa, başka yöne gidebileceklerini biliyordu.

Üç ortaktan ikisi için sorun içseldi. Aynı öfkeli adam, iki farklı tepkiyle karşılandı. İlk iki ortak sınırlar belirlemeye direnmiş, üçüncüsü tam tersini uygulamıştı. Aralarındaki ilişkiyi belirleyecek olan öğe, sınırlarını oluşturabilen adamın içinde yatmaktaydı, öfkeli olanın değil.

Öfkeli kişiler size sınırlarınızı kaybettirebiliyorsa, muhtemelen beyninizin içinde hâlâ korku duyduğunuz öfkeli birisi vardır. Geçmişte yaşadığınız deneyimlerin bir kısmını gözden geçirmeniz gerekecektir. Bu öfkeli ebeveynden vazgeçmek ve şimdi karşınızda bulunan yetişkinlerin önünde durmak için, sevgiye ihtiyacınız bulunmaktadır.

İzlemeniz gereken adımlar şunlardır:

1. Bunun bir sorun olduğunu fark edin.
2. Donup kalmanızın nedeni hakkında bir uzmanla konuşun. Bununla tek başınıza başa çıkamazsınız.
3. Size destek veren ilişkilerinizle korkunun kaynağını bulun ve öfkeli kişinin temsil ettiği kafanızdaki bireyi tanımaya başlayın.
4. Geçmişte kalan bu konularla ilgili acı ve duygularınızı anlatın.
5. Bu kitaptaki sınır oluşturma becerilerini çalışın.
6. Mücadele ederek veya pasif kalarak, otomatik pilota bağlamayın ya da sınırlarınızdan vazgeçmeyin. Yanıt verebilecek hale gelene kadar kendinize zaman ve mekan tanıyın. Fiziksel mesafeye ihtiyacınız varsa, bunu sağlayın. Ancak sınırlarınızdan vazgeçmeyin.
7. Hazır olduğunuzda, yanıt verin. Öz-denetim kurallarına sadık kalın. Kararlarınızdan vazgeçmeyin. Sadece ne yapıp ne yapmayacağınızı tekrarlayın ve bırakın başkaları öfkelensin.

Onların sizin için önemli olduğunu kendilerine söyleyin, gerekirse yapabileceğiniz başka bir şey olup olmadığını sorun. Ancak, "hayır'ınızın geçerli olduğunu belirtin.

8. Yeniden gruplaşın. Destek grubunuzdakilerle etkileşim hakkında konuşarak, ayaklarınızın yere basıp basmadığını veya saldırıya geçip geçmediğinizi öğrenin. Pek çok kere, sinirli olmadığınız halde öyle hissedebilirsiniz, böyle durumlarda gerçekleri kontrol etmeniz gerekir. Sınırlarınızı korumuş olduğunuzu sanıp, önemli bir şeyi kaptırmış olabilirsiniz. Başkalarının yorumlarını dinleyin.

9. Çalışmalarınızı sürdürün. Provalar yapın, işin iç yüzünü anlamaya çalışın ve geçmişi değerlendirmeye devam edin, kayıplarınızın üzüntüsünü yaşayın. Beceriler geliştirmeye devam edin. Bir zaman sonra, "Eskiden öfkeli kişiler beni denetlerdi. Ancak buna izin veren içsel konularla başa çıktım. Özgür olmak güzel," diye düşüneceksiniz.

Bilinmeyenden Korkmak

Sınırlar oluşturmada bir başka güçlü iç direniş, bilinmeyene karşı duyulan korkudur. Başkalarınca denetlenmek, güvenli bir hapishanedir.

Sınırlar belirlemek ve daha bağımsız olmak, bilinmeyene doğru bir adım atmak olduğu için korku vericidir. Değişim, korkutucudur. Korku duyuyorsanız, muhtemelen doğru yoldasınızdır; değişime ve büyümeye doğru hızlı adımlar atıyorsunuzdur. Tanıdığım bir işadamı, her gün bir konuda büyük korku duymazsa bunun yeterince zorlanmadığı anlamına geldiğini söyler. İşinde son derece başarılıdır.

Sınırlar sizi, bildiklerinizden ve istemediklerinizden ayırır. Sizin için her çeşit yeni seçeneğin kapısını aralar. Eski ve bildik olanı terk ettikçe ve yeniye yönelmeye cesaret ettikçe, içinizde karışık duygular hissedeceksiniz.

Önünüze daha büyük ve daha güzel dünyalar açmış yeni ve korkutucu gelişimsel sınır adımlarını bir an için düşünün. İki yaşında anne ve babanızdan uzağa doğru adım atarak, dünyayı keşfe başladınız. Altı yaşında evi terk edip, sosyalleşme ve öğrenme olanaklarını sunan bir okula gittiniz. Yetişme çağına geldiğinizde yeni yetenek ve olasılıklar ortaya çıktı ve anne babanızdan daha da uzaklaştınız. Lise mezunu olduğunuzda üniversiteye gittiniz veya bir iş bularak, kendi başınıza yaşamayı öğrendiniz.

Bu adımlar gerçekten korku vericidir. Ancak siz, korku ile birlikte yeni olanaklara, fırsatlara ve kendinizle yaşam hakkında yeni keşiflere uzandınız. Bu, sınırların iki taraflı doğasıdır. Bir şey kaybedebilirsiniz, ancak huzurlu ve öz-denetiminizin olduğu bir yaşam kazanırsınız.

Birkaç öneri:

1. *Yeteneklerinizi geliştirin.* Sınırlar, işlevsellikte özgürlük yaratır. Beceri ve yetenekler geliştirmezsek, kendi özgürlüğümüzden zevk almayız. Ders alın. Bilgi edinin. Danışmanlık alın. Daha çok eğitim alın. Ve pratik yapın, hem de bol bol. Yetenekleriniz geliştikçe gelecekten daha az korkarsınız.
2. *Destek grubunuza yaslanın.* Tıpkı sınırları öğrenmekte olan bir çocuğun geri dönüp annesine bakmaya gerek duyması gibi büyükler de aynı ihtiyacı hissederler. Destek grubunuzun yaşamakta olduğunuz değişiklikler konusunda rahatlamanıza yardım etmesine ihtiyaç duyarsınız. Onlara yaslanarak güç alın.
3. *Başkalarının deneyimlerinden dersler çıkarın.* Araştırma ve deneyimler, mücadele vermekte olan ve sizin yaşadıklarınızı yaşamış kişilerle bir araya gelmenin çok önemli olduğunu ortaya koymuştur. Bu, destekten de fazlasını sağlar. Bu, sizin geçmekte olduğunuz yerlerden geçen, aynı korkuları duymuş,

ancak sizin yapabileceğinizi yaşayan kanıtları olan kişilerin öykülerini dinlemektir.

4. *Öğrenme yeteneğinize güvenin.* Şu anda yaptığınız her şeyi bir zamanlar öğrenmek zorunda kaldınız. Şimdi yapabildikleriniz, bir zamanlar yabancı ve ürkütücü geliyordu. Bu, yaşamın doğasıdır. Ancak hatırlanması gereken önemli konu, "öğrenebildiğiniz" şeydir. Yeni şeyler öğrenebildiğinizi ve yeni durumları ele alabildiğinizi bir kez fark ettiğinizde, gelecekten korkunuz kalmaz. Bilinmeyene karşı güçlü korkular duyan kişi, önceden "her şeyi bilme" isteği duyar ve hiç kimse, bir işi yapmadan önce onu nasıl gerçekleştirebileceğini bilemez, sadece gidip öğrenir. Bazı insanlar öğrenme yeteneğine güvenir, bazıları güvenmez. Siz de *öğrenebildiğinizi öğrenmeye* başlarsanız, gelecekteki bilinmezler tümüyle başka görünecektir.

Depresyonda olan pek çok kişi, "öğrenilmiş çaresizlik" olarak adlandırılan, ne yaparlarsa yapsınlar sonucu değiştiremeyecekleri düşüncesinin kendilerine öğretildiği bir sendromdan dolayı hastalardır. Yıkıcı davranış kalıplarına hapsolmuş, işlevlerini yerine getiremeyen pek çok aile, bunu çocuklarına empoze eder. Ancak büyüyüp, fark yaratacak diğer fırsatları gördüğünüzde, artık evde öğrendiğiniz çaresizliğin içinde hapis kalmanız gerekmez. İlişki kurmanın yeni yollarını öğrenebilirsiniz, kişisel gücün temeli budur.

5. *Geçmişte yaşadığınız ayrılıkları yeniden inceleyin.* Bir değişiklik yapmanız gerektiğinde veya bir kaybınız olduğunda, korku veya kederinizin sık sık durumu olduğundan çok daha kötüymüş gibi gösterdiğini fark edersiniz. Bu duygulardan bazıları, geçmişteki ayrılıklardan veya değişim anılarından kaynaklanıyor olabilir.

Geçmişte, sık sık taşındığınız için arkadaşlarınızı kaybetme gibi birtakım ciddi kayıplar yaşamışsanız, geçmişte buna benzer halledilmemiş bir konudan etkileniyor olabilirsiniz.

Bilge birini bularak, şimdiki zamanda duyduğunuz bu korku ve acının, geçmişte hallolmamış bir şeyden kaynaklanıp kaynaklanmadığını anlamaya çalışın. Bu, duygu ve sezgilerinize uygun bir bakış açısı yakalamanızı sağlar. Otuz beş yaşında olup, dünyaya altı yaşındaki bir çocuğun gözleriyle bakıyor olabilirsiniz. Geçmişi yeniden inceleyerek, onun gelecek haline gelmesine engel olun.

6. *Yapı.* Yaşamdaki değişiklikler, getirdikleri yapısal kayıplar nedeniyle pek çok kişi için dayanılmazdır. Bu tarz değişikliklerde, genelde hem iç ve hem de dış yapıları kaybederiz. İçimizde daha önce güvendiğimiz şeyler artık orada değildir ve dışarıda bize güven veren insanlar, yerler ve programlar kaybolmuştur. Bu bizi bir karmaşa durumuna sokabilir.

İçsel yapıların yanı sıra dış yapılar oluşturmak yeniden yapılanma süreçlerine fayda sağlar. İçsel yapılar, sınırlar oluşturmak ve bu kitaptaki adımları atmakla gerçekleşir. Ayrıca, yeni değerler ve inançlar edinme, yeni ruhsal ilke ve bilgiler öğrenme, yeni disiplin ve planlara sahip olarak bunlara sadık kalma ve başkalarına acılarınızı anlatma uygulamalarının tümü, yapı oluşturmaktır. Ancak bunları yaparken, güçlü bir içsel yapıya da ihtiyacınız olacaktır.

Her gün bir arkadaşınızı aramak için zaman ayırın, destek grubunuzla haftalık toplantılar programlayın veya düzenli bir destek grubuna veya on iki adımlık bir alkol bırakma grubuna katılın. Kargaşa yaşadığınız zamanlarda, etrafınızda değişimlerinizi destekleyebileceğiniz bir yapıya ihtiyacınız olabilir. Büyüdükçe ve değişiklikler yorucu gelmemeye başladıkça, yapınızı terk etmeye başlayabilirsiniz.

Affedici Olmamak

Affedici olmak çok zordur. Affetmek, birinin size "borçlu" olduğu bir şeyden vazgeçmek demektir. Affetmek, geçmişinizden, sizi inciten ve istismar eden kişiden kurtulmanız anlamına gelir.

Size borçlu olduğunu düşündüğümüz kimselerden almak istediklerimizi pek çok şekilde alabilirsiniz. Size ödemede bulunmalarına yardımcı olmak üzere onları hoşnut etmeye çalışabilirsiniz. Onlar için biraz daha fazla şey yapacak olursanız, onların borçlarınızı ödeyeceğini, üstelik size borçlanmış oldukları sevgiyi de vereceklerini düşünürsünüz. Ya da onlarla yüzleşirseniz, hatalı yönlerini göreceklerini ve bunu düzelteceklerini düşünebilirsiniz. Yeterince çok insanı, ne kötü olaylar yaşadığınıza ve anne babanızın ne kadar kötü olduğuna inandırırsanız, bunun bir şekilde hesabı kapatacağını düşünebilirsiniz. Veya başka birinden veya size borçlu olduğunu düşündüğünüz kişiden bunun "acısını çıkarır," durumu eşitlemek için onların size karşı yaptığı hatayı siz de başkasıyla olan ilişkinizde tekrarlayabilirsiniz. Ya da onları ne kadar kötü oldukları konusunda ikna etmeye çalışmayı sürdürebilirsiniz. Sizi anlarlarsa, daha iyisini yapacaklarını ve borçlarını ödeyeceklerini düşünürsünüz.

Sorunların çözülmesini istemenin yanlış bir tarafı yoktur. Fakat buradaki sorun, problemlerinizin sadece tek bir şekilde giderilebileceği gerçeğini anlamaktır: İyilik ve affedicilikle. Dişe diş, kana kan kuralı ilişkilerde sorunların çözülmesini sağlamaz. Yapılan hataları geri alamazsınız. Sadece bağışlayabilir ve böylelikle bugününüzü etkilemesini engelleyebilirsiniz.

Birisini affetmek, silmek, vazgeçmek, hesabı yırtmak demektir. Affetmek, birisinin borcunu bize ödemesini kabul etmemek demektir. İşte bundan hiç hoşlanmayız, çünkü bu, asla olmayacak bir şey için yas tutacağımız anlamına gelir: Geçmiş, asla değişmeyecektir.

Bazıları için bunun anlamı, hiç yaşanmamış çocuklukları için yas tutmaktır. Bir başkası için farklı anlam ifade eder, ancak borcunuzun ödenmesi talebinize yapışıp kalmak, affetmemek anlamına gelir, bu da kendimiz için en zarar verici harekettir.

Sizi bir konuda uyarmak istiyorum: *Affedicilik ile istismara daha açık olmak, aynı şeyler değildir.* Affedicilik geçmişle ilgilidir. Uzlaşma ve sınırlar ise gelecekle ilgilidir. İnsanlar hatalarını sahipleniyorsa, başarısızlıktan ders alıyorlar demektir. Bunu kabullenebiliriz. Daha iyi olmak istemektedirler ve affedici olmamız bu amaçlarını gerçekleştirmelerine yardımcı olur. Ancak birisi bir şeyi inkar ediyorsa veya daha iyi olma çabaları sadece lafta kalıyorsa, bir şeyleri değiştirmeye çalışmıyor veya yardım istemiyorsa, o kişiyi affetsem dahi sınırlarımı korumam gerekir.

Affedici olmak bana sınırlarımı verir, çünkü beni yaralayan kişiden kurtarır ve ancak o zaman sorumluluk duygusuyla ve akıllıca davranabilirim. Onları affetmiyorsam, onlarla olan yıkıcı ilişkimi sürdürüyorum demektir. İnsanları affetmemek, sınırlarınıza zarar verir. Affedicilik ise sınırlarınızı oluşturmanızı sağlar, çünkü ödenmemiş borçları mülkünüzün ve sorumluluğunuzun dışında tutar.

Unutmayın ki affedicilik, inkar etmek değildir. Karşınızdaki kişiyi affedebilmek için, yaptığı hatayı biliyor olmanız gerekmektedir. Geçmişte kalmanızı isteyen, asla gerçekleşmeyecek şeyleri toplamaya çalışan iç direncinize dikkat etmelisiniz.

Dışarıya Odaklanma

İnsanlar sorunu kendilerinde değil dışarıda aramaya meyillidirler. Bu bakış açısı mağdur olmanıza neden olur, çünkü bir kimse değişmezse, asla güvende olamayacağınızı söyler. Güçsüz suçlamanın özü budur. Bu, ahlaki yönden o kişiden üstün olduğunuzu gösterebilir (kendi düşüncenize göre, asla gerçekte değil), ancak asla sorunu çözmez.

Değişmesi gereken kişinin siz olduğunu görmeye karşı içinizde oluşan dirençle yüzleşin. Kendinizle yüzleşmeniz çok önemlidir, çünkü bu sınırların başlangıcıdır. Sorumluluk, içsel itiraf ve pişmanlık ile başlar. Hangi nedenlerden ötürü sınırlarınızın olmadığını hakkındaki gerçeği kendi kendinize itiraf etmeli ve bu nedenlerden uzaklaşmalısınız. Kendinize bakmalı ve sorunun sizin dışınızda olmasını istemeye yönelik iç direncinizle yüzleşmelisiniz.

Suçluluk Duygusu

Suçluluk zor bir duygudur, çünkü üzüntü, öfke veya korku gibi gerçek bir duygu değil, bir çeşit içsel kınamadır.

Suçluluk duygusu temel olarak, hayatımızın ilk sosyalleşme dönemlerinde nasıl bir eğitim gördüğümüzle ilgilidir. Bu nedenle suçluluk duygularımız yanılmaz değildir. Hiçbir şeyi yanlış yapmadığımızda, ancak öğretilmiş birtakım içsel kurallara karşı geldiğimiz zamanlarda ortaya çıkabilir. Nerede hata yaptığımızı söyleyen suçluluk duygularına kulak verirken dikkatli olmamız gerekir, çünkü çoğu zaman *suçluluk duygularının kendileri* hatalıdır. Üstelik, suçluluk duyguları güdümleyici değildir. Kınandığınızı ve dışlandığınızı hissettiğinizde sevme eylemini gerçekleştirmeniz zorlaşır. Kınandığımızı hissetmememiz gerekir, yoksa ne kadar "kötü" olduğumuz yerine, bir başkasında yol açtığımız incinmeyle ilgilenen "üzüntü"yü hissedemeyiz. Suçluluk gerçekliği çarpıtır, bizi doğruluktan ve karşımızdaki kişi için en iyi olanı yapmaktan uzaklaştırır.

Ancak sınırlarımızı oluşturduğumuzda, vicdanımız kötü olduğumuzu veya acımasızca davrandığımızı söyleyebilir. Kendilerine karşı sınırlar oluşturmakta olduğumuz kişiler, sıklıkla bizim suçlu vicdanımızı körükleyecek şeyler söyleyeceklerdir. Sınırlarınızın kötü olduğunu açıkça veya üstü kapalı biçimde söyleyen bir ailede yetişmişseniz, neden bahsettiğimi anlarsınız. Bir isteğe hayır derseniz suçluluk duyarsınız. Birinin sizden yararlanmasına izin vermezseniz suçluluk duyarsınız. Kendinize özgü bir yaşam oluşturmak için aileden ayrılırsanız suçluluk duyarsınız. Sorumsuz birinin yardımına koşmazsanız suçluluk duyarsınız. Bu liste uzayıp gider.

Suçluluk duygusu kişiyi doğru olanı yapmaktan ve doğru biçimde hareket etmekten alıkoyar. Pek çok kişi, kafalarının içindeki içsel anne babaya karşı gelmekten korktuğu için sağlıklı sınırlara sahip değildir. Bu suçluluk duygusundan uzaklaşmak için atabileceğiniz birkaç adım bulunmaktadır, ancak öncelikle şunu anlamanız gerekir: Suçluluk duygusu, sizin sorununuzdur. Sınırları olmayan pek çok kişi, "hayır" dediği zaman karşısındaki kişinin kendisini suçlu hissetmesine yol açtığından şikayet eder, sanki o kişi onun üzerinde bir çeşit güce sahipmiş gibi. Bu yanılsama çocukluktan, anne babanızın size çok güçlü göründüğü zamandan gelmektedir.

Kimsenin size kendinizi "suçlu hissettirmeye" gücü yetmez. Bir yanınız bu ifadeye hak verir, çünkü bu, sizin duygusal beyninizdeki anne babaya ait güçlü mesajlardan faydalanır. Ve bu da sizin sorunuzdur, sizin mülkünüz üzerindedir ve denetimini de sizin üstlenmeniz gerekir. Manipüle edilmenin sizin sorununuz olduğunu görürseniz, ipleri elinize alabilirsiniz.

1. Suçluluğu sahiplenin.
2. Destek sisteminize girin.
3. Suçluluk mesajlarının nereden geldiğini incelemeye başlayın.
4. Öfkenizin farkına varın.
5. Denetleyiciyi bağışlayın.
6. Destekleyici arkadaşlarla prova ettiğiniz durumlarda sınırlar oluşturun, sonra yavaş yavaş sınırlarınızı daha zor durumlarda kullanın. Bu sayede hem güç kazanacak hem de vicdanınız üzerinde çalışırken ihtiyaç duyduğunuz destekleyici "sesler"i duyabileceksiniz.

7. Vicdanınız için yeni bilgiler edinin, kitap okuyun.
8. Suçluluk duygusu edinin. Bu garip gelebilir, ancak iyileşmek için anne babanıza benzeyen vicdanınıza itaatsizlik etmek zorunda kalacaksınız. Doğru olan, ancak suçluluk duymanıza yol açan bazı şeyler yapmanız gerekecek. Artık suçluluğun sizi kontrol etmesine izin vermeyin. Sınırları belirleyin ve sonra yeni destekleyicilerinizle bir araya gelerek suçluluk konusunda size yardım etmelerini sağlayın.
9. Destek grubunuzdan ayrılmayın. Suçluluk sadece zihninizi eğitmekle halledilecek bir sorun değildir. Kafanızdaki yeni sesleri içselleştirmek için yeni bağlantılara ihtiyacınız vardır.
10. Yas tutmak sizi şaşırtmasın. Bu üzücü olacaktır, ancak bu süreçte izin verin sizi sevsinler. Yas tutanlar teselli edilebilir.

Terk Edilme Korkuları

4. Bölüm'de açıkladığımız gelişimsel kısımdan hatırlayacağınız gibi sınırlar, bağlanmadan sonra ortaya çıkar. Bebekler sınırları öğrenmeden önce güvenlikte olmalıdır, böylelikle ayrılığı öğrenmek korkutucu olmak yerine heyecan verici bir hal alır. Sağlıklı bağlantıları olan çocuklar kendiliğinden sınırlarını oluşturmaya ve başkalarından uzaklaşmaya başlar. Sınırlarını oluşturma ve bağımsızlıklarını elde etme riskini göze alacak kadar sevgileri vardır.

Ancak kişi güvenli bağlara sahip değilse, sınırlar oluşturmak oldukça korkutucu bir durumdur. Pek çok kişi terk edilmekten korktuğu için yıkıcı ilişkilere bağlı kalmaktadır. Kendilerini savunacak olurlarsa, dünyada yalnız kalacaklarından korkar. Sınırları olup yalnız kalmaktansa, hiç sınırları olmayıp bazı bağlantılarının bulunmasını tercih ederler.

Sınırlar, kendiliğinden oluşmaz. Güvenli kişilere sağlam bağlarla tutunarak desteklenmeleri gerekir, yoksa yıkılırlar. Sevdiğiniz birine karşı sınırlar oluşturduktan sonra gideceğiniz sağlam bir destek grubunuz varsa, yalnız olmazsınız.

Hastane programımızda, birden çok yıkıcı davranış kalıbı olan ve kendi dünyalarından çıkamadıkları sürece sınırlar oluşturamayan insanlarla karşılaştık. Bu kişiler, program çerçevesinde gördükleri anlayışlı destek ile, daha önce asla yapamadıkları şeyleri başarabildiklerini pek çok kez ifade etmişlerdir.

Kolay Olsaydı, Şimdiye Kadar Yapardınız

Dirençle karşılaşmak, yapmanız gerekeni yapmakta olduğunuzun iyi bir göstergesidir. Buna değecektir. Direnişler gelecektir, sizi temin ederim. Eğer gelmeselerdi, zaten uzun zaman önce sınırlarınızı oluşturmuş olurdunuz. Ama şimdi direnişlerle karşılaşacağınıza göre, onlara doğru bir bakış açısıyla yaklaşın.

On Dördüncü Bölüm

Sınırlar Konusunda Başarıyı Ölçmenin Yolları

Jean elinde çay fincanıyla mutfak masasının yanında oturmuştu, şaşkın görünüyordu. Çok bilindik bir duygu değildi bu, ama güzeldi. O sabah olanları düşünmeye başladı.

Sekiz yaşındaki oğlu Brian uyanmış ve her zamanki sabah saçmalıklarıyla güne başlamıştı. Kahvaltı sofrasına gelirken yüzünü ekşitmiş, "Okula gitmeyeceğim, kimse beni zorlayamaz!" diyordu.

Normalde Jean, ya Brian'ı okula gitmeye ikna etmeye çalışır ya da öfkelenip ona bağırırdı. Ancak bu sabah, diğerlerinden farklıydı. Jean sadece şöyle dedi, "Haklısın, hayatım. Kimse seni okula gitmeye zorlayamaz. Bu senin vereceğin bir karar olmalı. Ancak okula gitmezsen, bütün gün televizyon izlemeden odanda oturmak zorunda kalacaksın. Geçen hafta olduğu gibi, seçim senin."

Öfke nöbeti geçiren Brian tereddüt etti. Sofrayı kurmayı reddettiğinde annesinin odasından dışarı çıkmamasını söylediği ve akşam yemeği için bile odasından çıkamadığı akşamı hatırladı. Sonunda dedi ki, "Peki, gideceğim, ama okulu sevmek zorunda değilim!"

"Aynen öyle," diye onayladı Jean. "Okul gibi pek çok şeyi sevmek zorunda değilsin. Ama doğru seçimi yaptığından eminim." Brian'ın paltosunu giymesine yardım etti ve servise yürümesini seyretti.

On dakika geçmemişti ki, işe erken giden eşi Jerry'den telefon geldi. "Tatlım," dedi. "Demin işten sonra bir toplantım olacağını öğrendim. Geçen akşam eve geç geldiğimde yemek kalmamıştı. Bu sefer bana biraz yemek ayırır mısın?"

Jean güldü. "Geçen sefer arayıp haber vermemiştin ki. Önceden söylemen hoşuma gitti. Çocuklara yediririm, geldiğinde de birlikte yeriz."

Oğlum huysuzluk yapsa da okula gidiyor. Kocam beni arayıp, programındaki değişiklikleri bildiriyor. Rüya mı görüyorum acaba?

Hayır, bu bir rüya değildi. Hayatında ilk defa, belirgin sınırlar oluşturmanın ve korumanın mükafatını alıyordu. Bunun için çok çalışması ve pek çok risk alması gerekmişti. Ancak bütün çabaları, bu sonuçlara değerdi. Masadan kalktı ve işe gitmek üzere hazırlanmaya başladı.

Jean, sınırlar konusunda yaptığı çalışmaların elle tutulur, gözle görülür meyveler verdiğini görüyordu. Hayatı değişmişti. Peki ama, A noktasından (sınırları bulunmamak), B noktasına (olgun sınırlara sahip olmak) nasıl gelmişti? Sınır gelişimimizi ölçebilir miyiz?

Evet, ölçebiliriz. Hayatımızda gördüğümüz belirli ve sıralı değişiklikler, olgun sınırlarımızın ortaya çıktığının habercisidir. Bu değişikliklerin farkında olmak bize yarar sağlar. Aşağıdaki on bir adım sayesinde, büyümenizi ölçebilecek ve gelişiminizin hangi evresinde olduğunuzu görebileceksiniz. Bu bölümde anlatılanları, büyümenizde bir sonraki adıma geçişte rehber olarak kullanın.

1. Adım: Gücenme: Erken Uyarı Sinyalimiz

Randy en yakın arkadaşı Will'in alaycı sözlerinden hiç bu kadar rahatsız olmamıştı. İlk defa gücendiğini hissediyordu. Espri konusu olmayı hiçbir zaman kafasına takmamıştı. "Yumuşak huylu Randy," şaka kaldırırdı.

Ancak bir gün, Will yanına yaklaşıp başkalarının önünde, "Bilerek mi dar kıyafetler seçiyorsun yoksa kilo mu aldın?" dediğinde, Randy hiç gülmedi. Arkadaşına bir şey demedi, ancak sözleri içine oturdu. Hem utanmış, hem de kırılmıştı. Bu sefer, o kadar yıldır yaptığı gibi boş veremedi.

Hiç böyle olmazdım, diye düşündü Randy. *Bu sefer neden böyle etkilendim? Belki de hassaslaşmaya başlıyorum.*

Sınırlar oluşturmaya başladığınızın ilk göstergelerinden biri, yaşamınızdaki belirgin veya belli belirsiz ihlallere gücenmek, öfke veya kızgınlık duymaktır. Tıpkı bir radarın yabancı bir cismin yaklaştığını bildirmesi gibi, öfkeniz de yaşamınızdaki sınır ihlallerinin varlığını size bildirebilir.

Randy, çatışma ve fikir ayrılığından olabildiğince uzak durmaya çalışan bir aileden geliyordu. Ailesindeki insanlar tartışmak yerine uzlaşmaya çalışırlardı. Randy otuzunu geçtikten sonra, uzun süren bir yeme bozukluğu nedeniyle tedaviye gitmişti. Terapisti diyet ve egzersiz programı vermek yerine, yaşamındaki denetleyici kişilere karşı nasıl tepki verdiğini sorunca Randy oldukça şaşırmıştı.

İlk başta Randy'nin aklına denetleyici biri gelmedi. Ama biraz düşününce, Will'i anımsadı. Randy'ye takılan Will. Randy'yi arkadaşlarının önünde küçük düşüren Will. Randy'ye saygı göstermeyen Will. Randy'den yararlanan Will.

Bu anılar sadece Randy'nin zihnindeki resimler değildi. Bu görüntüler acı, öfke ve gücenme taşıyorlardı. Bu anılar, Randy'nin yaşamındaki sınırların tohumlarıydı.

Sınırları ihlal edildiğinde, manipüle edildiklerinde veya kontrol altına alındıklarında öfkelenemeyen kişilerin gerçek anlamda büyük bir eksiklikleri vardır. Sınır sorunları olduğunda onları uyaran bir "ikaz lambaları" yoktur. Bu lamba sorunsuz çalışıyorsa, saldırıya uğradığınızda hemen yanması gerekir. Öfke, yüreğinizde parlayan bir ateş gibidir ve yüzleşmeniz gereken bir sorun olduğunu gösterir.

Öfkelenememe genellikle, doğruyu söylemenin yol açtığı ayrılıktan korktuğumuzu gösterir. Birisinden hoşnut olmadığımızı ifade ederek ilişkimize zarar vermekten korkarız. Ancak gerçeklerin hep dostumuz olduğunu kabul ettiğimizde, kendimize öfkelenme izni veririz.

O halde birisiyle yüzleşmek için bir şey demeden önce, hatta ilk sınırlarınızı oluşturmadan önce duygularınızı inceleyin. Kendinize şunu sorun, "Başkaları tarafından denetlendiğimde, öfkelenmeye hakkım var mı? Ne zaman ihlal edildiğimin farkında mıyım? Erken uyarı sinyalimi duyabiliyor muyum?" Yanıtınız evetse, doğru yoldasınız demektir. Değilse, gerçekleri söyleyebileceğiniz güvenilir bir yer bulmak için çalışmaya başlamanın tam zamanıdır. Farklılıklar ve fikir ayrılıkları hakkında daha dürüst olmayı başardıkça, öfkenizin size yardımcı olmasına izin vermeyi de öğreneceksiniz.

2. Adım: Zevklerin Değişmesi: Sınırseverlerin Çekiciliği

Tammy ve Scott birlikte gittikleri tiyatro kursunu değiştireli tam on iki ay olmuştu. Geçen yıl gittikleri kursu anımsadılar.

Bundan önce gittikleri kursa, birkaç yıl önce evlendiklerinde başlamışlardı. Ancak grubun üyelerinin faaliyetlere katılım konusundaki tutumları sorun oluşturuyordu. Her çalışmaya katılmaya önem veriyorlar, her etkinlikte bulunuyorlardı.

Scott ve Tammy bazı çalışmalara gelemediklerinde çatışmalar ortaya çıktı. Şehir dışından arkadaşlarının ziyarete geldiği geceyi hatırladılar. Tammy, dramaturji çalışma grubu yöneticisi Jenny'yi aramış ve o geceki çalışmaya katılamayacaklarını söylemişti.

"Galiba burada bir bağlılık sorunumuz var, Tammy, " diye yanıtlamıştı Janice. "Sizin için gerçekten önemliyse burada olmanız gerekir. Ama siz yine de gidin ve ne yapmanız gerekiyorsa onu yapın."

Tammy çok kızmış ve kırılmıştı. Arkadaşlarıyla birlikte bir gece geçirmek istediği için Janice onu ayıplamıştı. Grup üyelerinin hayır kelimesini anlayamaması, Tammy ve Scott çiftinin daha sonra başka bir tiyatro grubuna geçmesine neden olmuştu.

Şimdi Tammy ve Scott bir yıl geriye bakıyorlar ve bu kararlarından ötürü memnun olduklarını düşünüyorlardı. Şu anda üye oldukları grubun üyeleri de son derece aktif olduğu ve devamlı katılım gerektirdiği halde, üyeler herhangi bir sebepten ötürü gelemeyeceklerini söyleyip izin istediklerinde eleştirilmiyor veya yargılanmıyorlardı.

"Bu zıtlığa ne diyeceksin?" dedi Scott Tammy'ye. "Dünkü kahvaltı toplantısının yöneticisi Mark'ı aradım. Uçaktan yeni inmiştim, gözlerim uykusuzluktan kıpkırmızı olmuştu. Kahvaltıya gidersem yorgunluktan öleceğimi söyledim. Sence ne dedi bana? 'O zaman telefonda işin ne?' dedi. 'Eve gidip biraz uyu!' İşte bu yaklaşım, bir sonraki toplantıya mutlaka katılmamı sağlıyor."

Bir zamanlar hem Scott, hem de Tammy eski kurslarının tutumunun doğru olduğunu sanıyorlardı. Kurs arkadaşlarının onların "hayır"ını anladığından bile emin değildiler. Şimdi bir yıl sonra, bu duruma yeniden dönmeyi düşünemezlerdi.

Olgun sınır belirleme yetenekleri olmayan kişiler çoğu zaman "sınır yıkıcılar" ile ilişki içine girerler. Bu kişiler aile bireyleri, iş arkadaşları, eşler, kulüp üyeleri veya arkadaşlar olabilir. Onlar için sınır karışıklıkları son derece normaldir, o nedenle kendileri ve başkaları için yıkıcı bir etkisi olduğunu fark etmezler.

Ancak, sınırları zarar görmüş kimseler kendi sınırlarını geliştirmeye başladıkça değişiklikler meydana gelir. "Hayır" cevaplarını duyduklarında eleştirel olmayan kişiler bu kimseleri çeker. İncinmeden. Kişiselleştirmeyen. Manipüle ederek veya denetleyerek sınırlarını ezmeyen. Sadece, "Tamam, sizi özleyeceğiz. Bir dahaki sefere görüşürüz" diyen kişiler.

Sınırlar belirleme özgürlüğüne sahip olduğumuz ilişkiler bulduğumuzda, hayatımızı değiştiren harika bir şey olur. "Hayır" deme özgürlüğümüzün yanı sıra, içten, samimi, çatışmalardan arınmış, minnet dolu "evet"leri dile getirme özgürlüğüne sahip oluruz. Sınır sevenler bizi çeker, çünkü onlar dürüst, gerçek, sevecen kişiler olmamıza izin verirler.

Açıkça hayır diyebilen bir kişi, sınırları zedelenmiş birine sert ve soğuk gelebilir. Ancak sınırları sağlamlaştıkça, aksi ve soğuk kişiler sevecen, rahat ve dürüst kişiler haline gelir.

Sınır sevenlerle kaynaşmalı ve anlamlı birliktelikler oluşturmalıyız. Sınırlar kendiliğinden gelişmezler. Sınır sevenlerin desteğini istemeli ve onlarla ilişkiler kurmalıyız.

3. Adım: Aileye Girmek

Zevklerimizin değişip, sınırları belirsiz ilişkilerden daha açık sınırları olan kişilere doğru gittiğini gördüğümüzde, açık belirgin sınırları olan kimselerle daha yakın ve anlamlı ilişkiler geliştirmeye başlarız. Ya şu anda hayatımızda bulunan ilişkilerimizde sınırlar geliştirmeye başlarız ya da yatırım yapacak yeni ilişkiler buluruz veya her ikisini birden yaparız. Bu, sınır geliştirmede çok önemli bir aşamadır.

Sınırları olan bir aileye katılmak neden bu kadar önemlidir? Özellikle, diğer manevi disiplinlerde olduğu gibi, sınırlar diğer insanlar olmadan çalışılabilecek bir konu değildir. Sınırlar belirlemede ve sorumluluk almada bizimle aynı değerlere sahip kişilerin bizi cesaretlendirmesine, bizimle çalışmasına ve bizimle kalmasına ihtiyaç duyarız. Wayne de işte bunu keşfetmişti.

Wayne, yaşadığı değişikliklere inanamıyordu. Geçen birkaç ay, işyerindeki sınır eksikliklerinin farkına varmıştı. Diğer çalışanlar eve zamanında gittiği halde, Wayne'in sık sık mesaiye kalması isteniyordu. Patronunun karşısına geçip, işle ilgili sınırlarının daha sıkı ve gerçekçi olacağını söylemek istiyordu. Ancak patrona her yaklaştığında, duyduğu endişe yüzünden konuşamıyor ve sessiz kalıyordu.

Wayne işyerinde asla olgunlaşmış sınırlar geliştiremeyeceğini düşünüyor ve umutsuzluğa kapılıyordu. O sıralar bir destek grubuna katıldı. Grup içindeki insanlarla daha derin ilişkiler kurdu ve üyelere güven duymaya başladı. Nihayet, patronuyla oturup fazla mesai konusunu konuştuğu gün, duygusal olarak "onları yanında taşıyıp" işe götürmeyi başardı. Bu grubun verdiği destek ve güven, Wayne'e işyerinde olanları anlatma gücü vermişti.

4. Adım: Zenginliklerinizin Değerini Bilmek

İnsanlara yeteri kadar uzun bir süre eşya muamelesi yapıldığında, kendilerini bir başkasının malı olarak görmeye başlarlar. Kendini yönetmeye değer vermezler, çünkü önemli kişilerin onlarla kurduğu ilişkiye benzer olarak, onlar da kendileriyle ilişkiler kurarlar. Pek çok kişiye defalarca ruhlarını beslemenin ve ona iyi bakmanın bencilce ve yanlış olduğu söylenir. Bir zaman sonra o kimseler bunun doğru olduğuna inanmaya başlarlar. Ve bu noktada kendilerine ait duygulara, yeteneklere, düşüncelere, tutumlara, davranışlara, bedenlere ve kaynaklara bakmaya çok az değer verir.

Sevildiğimiz için sevmeyi öğreniriz. İyilik dışarıdan gelmelidir, böylelikle biz de onu alıp içimizde geliştirebilelim. Diğer yandan, sevilmezsek sevemeyiz. Bu düşünceyi geliştirirsek, bizlere değer ve önem verilmediğinde, biz de başkalarına değer ya da önem veremeyiz.

Bu, temel kuraldır. Kendimizi algılayışımız, bizim ile ilgili olarak neyin doğru ve neyin gerçek olduğu hakkındaki temel düşüncelerimiz, birincil ilişkilerimizden gelir. Bu nedenle çocukluğunda sevilmemiş pek çok kişi, yetişkinlik yıllarında kendisine ilgi gösteren insanlar tarafından sevilip, başkaları sevilmeye değer olduklarını göstermeye çalışsalar da, değersiz oldukları, sevgiye layık olmadıkları duygularını unutamazlar.

Helen küçük yaşta babasından cinsel taciz görmüştü. Bu olaydan dolayı korkunç bir travma geçirmiş, ancak ailesinin üzülmesini engellemek için bu sırrı korumuştu. Ancak gençlik yıllarında doğrudan kelimelerle olmasa da ima yollu olarak, ailesine "gerçeği" anlattı. Çok genç yaşta cinsel açıdan ayırım yapmamaya başlamıştı.

Helen yetişkin bir kadın olduğunda terapiye gelmeye başlamıştı. Bir kargaşa içinde geçen ergenlik yıllarını anlattı. "Çocukların yüzünü dahi hatırlayamıyorum. Tek bildiğim, benden bir şeyler istedikleri ve benim de onlara vermek zorunda olduğum! Bu konudaki fikirlerimi söyleme hakkım olmadığını düşünüyordum."

Helen, kendisine en çok değer vermesi gereken kişilerden değer görmemişti. Sonuçta, o da kendisine değer vermemişti. Neredeyse her talep edene cinsel hizmet sunmuştu.

"Değerlerinizin" bir listesini çıkarmaya başlayın: Zamanınız, paranız, duygularınız ve inançlarınız. İnsanların onlara nasıl davranmasını istersiniz? İnsanların onlara nasıl davranmamasını istersiniz?

5. Adım: Küçük "Hayır"lar

Terapi grubu sessizdi. Shareen birçok seans boyu bu bakış açısını düşünmüştü ve şimdi, yaşamında ilk kez bir başka grup üyesiyle arasına bir sınır koyacaktı.

Shareen'in son birkaç seans içinde hoşlanmadığı bir şey yapan bir arkadaşını göstermesini istedim. Çok korkuyordu ama denemek istedi. Başta hiçbir şey söylemedi, cesaretini topluyordu. Sonra, yavaşça yanında oturan kadına döndü ve "Carolyn, nasıl söyleyeceğimi bilmiyorum ama... En iyi sandalyeyi hep senin alman beni rahatsız ediyor." Başını eğip karşı taraftan gelecek itirazı bekledi.

Ancak itiraz gelmedi, en azından Shareen'in beklediği gibi değil.

"Bir şey söylemeni bekliyordum," diye cevap verdi Carolyn. "Bana mesafeli davrandığının farkındaydım, ama nedenini bilmiyordum. Bilmem iyi oldu, artık kendimi sana daha yakın hissediyorum. Benimle yüzleşme riskini aldın. Kim bilir, belki de sandalye için seninle bilek güreşine bile girerim!"

Önemsiz gibi mi görünüyor? Hayır, önemsiz değil. Sınırlar belirlediği için onu suçlayan bir annesi ve aynı fikirde olmamaya cesaret ettiğinde öfke nöbeti geçiren bir babası olan Shareen, gerçekten büyük bir gelişme gerçekleştirmekteydi. Ona göre, endişe ve depresyon yaşamını kontrol altına alana kadar, sınırlar söz konusu bile olamazdı. Bu nedenle Shareen'in sınırları üzerinde çalışmaya başlaması için en uygun yer grup terapisiydi.

Duygusal sınırlar oluşturmada ilerleme her zaman, geçmişteki yaralanmalarınızı dikkate alan bir hızla gerçekleşmelidir. Yoksa sağlam sınırlarınız oluşmamış olur ve büyük bir başarısızlık yaşayabilirsiniz.

"Sınırları öğrenmeye çalışmak işe yaramıyor," diye yakındı Frank bir terapi seansında.

"Neden?" diye sordum.

"İnsanlarla aramda doğru sınırlar olmadığını anlar anlamaz, aynı gün babamı aradım ve ona hak ettiklerini söyledim. Ne yaptı biliyor musunuz? Telefonu yüzüme kapattı! Bu harika, gerçekten harika. Sınırlar bir şeyleri yoluna koyacağına, daha da kötü hale getirdi."

Frank, yeni bisikletinin yan tekerleklerini bir an önce çıkarmak isteyen sabırsız, aşırı hevesli çocuklara benziyor. Ancak birkaç kere düşüp dizini kanattıktan sonra, eğitimindeki bazı basamakları atlamış olabileceği ihtimali aklına geliyor.

Bu adımı rahatlıkla atlamanız için bir fikrim var. Destek grubunuza veya arkadaşlarınıza, sınırlar üzerinde birlikte çalışıp çalışamayacağınızı sorun. Doğruyu söylemeniz karşılığında, verdikleri cevaplarla size gerçek değerlerini göstereceklerdir. Ya onlarla fikir ayrılığına düşmeyi ve yüzleşmeyi başardığınız için sizi sıcak karşılayacak, ya da direnç göstereceklerdir. Her iki durumda da bir şey öğrenirsiniz. Destekleyici iyi bir ilişki her iki tarafın da "hayır"larına değer verir. "Hayır"ınızı onurlandıracak ve sizi sevecek kişilerle ilişkiler kurmaya başlayın.

6. Adım: Suçluluk Duyarak Sevinmek

Garip gelse de, sınırları olan bir kişi haline geldiğimizin bir göstergesi de, kendini suçlama duygusu, sınırlar belirlerken bazı önemli kuralları çiğnediğiniz duygusudur. Sorumlulukların ne olduğu ve ne olmadığı konusunda gerçekleri söylemeye başlayan pek çok kişi, yoğun şekilde ve eleştirel biçimde kendini yargılamaya başlar. Bunun nedeni nedir? Gelin bu soruyu, kölelik ve özgürlük açısından yanıtlayalım.

Sınırları incinmiş bireyler, kölelerdir. Kendileri değerlerine dayalı kararlar vermeye çalışır, ancak, bu kararlara genellikle etrafında bulunanların arzularını yansıtırlar. Etraflarında destekleyici sınırsevenlerle olsa bile, sınırlarını belirlemede güçlük çekerler.

Burada suçlu, zayıf vicdan veya içimizdeki aşırı faal ve haşin davranan yargıçtır. Doğruyu yanlıştan ayırmada içimizdeki "değerlendirici"nin yardımına ihtiyaç duysak da, pek çok kişi son derece eleştirel ve haklı olmayan vicdanlarını beraberinde taşır. Sınırları ihlal etmeseler bile, öyle olduğunu zannederler.

Bu fazla faal yargıç yüzünden, sınırları incinmiş kişi sınırlarını belirlemede büyük zorluklar yaşar. "Fazla acımasız davranmıyor musun?" ve "Partiye nasıl katılamazsın? Ne kadar bencilce bir düşünce!" gibi sorularla karşılaşır.

Mücadele eden kişi bir ya da iki sınır belirlediğinde meydana gelecek hasarı tahmin edebilirsiniz. Vicdan daha da hızlanmaya başlar, çünkü gerçekçi olmayan taleplerine uyulmamaktadır. Dürüst sınırlara karşı olan bu başkaldırı, vicdanın anne babalara benzer denetimine bir tehdittir. Kişiyi yapması gerekenler ve yapmaması gerekenler konusunda zorlama isteği, ruhuna hızla saldırır.

O halde, ne kadar tuhaf görünse de, saldırgan vicdanı harekete geçirme manevi büyümenin bir işaretidir. Bu, doğru olmayan kısıtlamalara karşı geldiğinizin de göstergesi olabilir. Vicdanınız sessiz kalsa ve "nasıl yapabildin?" sorusunu sormayan suçluluk mesajları oluştursa, bu, içinizdeki ebeveynin kölesi olarak kaldığınız anlamına gelebilirdi. Bu nedenle, suçluluk duyarak sevinç duymanızı destekliyoruz, bu ilerlediğiniz anlamına gelir.

7. Adım: Yetişkin Hayır'ları

Bir düşünün: Hayatınızdaki bir numaralı "sınır yıkıcı" kim? Çevrenizde, kendisine karşı sınır belirlemesi en zor kişi kim? Aklınıza birden çok kişi gelebilir. Bu adım, çok karmaşık, çelişkili, korkutucu ilişkileri içermektedir. Bu ilişkileri yoluna koymak, sınırlara sahip bir kişi olmak için en önemli hedeflerinizden biridir.

Bu adımın ikinci değil yedinci adım olması, bu ana kadar ev ödevimizi ve çalışmalarımızı tamamladığımızdan emin olmanın önemini vurgulamaktadır. Önemli kişilere karşı sınırlar belirlemek, çok çalışmanın ve olgunlaşmanın meyvesidir.

Burada, hedeflerimizi birbirine karıştırmamak çok önemlidir. Sıklıkla, sınırları zedelenmiş kişiler amaçlarının bu önemli alanlarda sınırlarını belirlemek olduğunu, böylelikle hayatlarını yeniden istikrara kavuşturabileceklerini düşünürler. "Anneme hayır diyebilirim" veya "Kocamın içki içmesi ile ilgili sınırlar belirleyebilirim" diyecekleri gün için yaşıyor olabilirler. Bu tarz yüzleşmeler çok önemlidir ama sınırları öğrenmenin asıl amacı bunu sağlamak değildir.

Gerçek amacımız, olgunlaşmaktır – başarılı biçimde sevmek ve başarılı şekilde çalışmak.

Sınırlar belirlemek, olgunlaşmanın büyük bölümünü oluşturur. Sınırlarımız olmadıkça, gerçekten sevemeyiz, çünkü diğer türlü mecburiyetten ötürü veya suçluluk duyarak severiz. Sınırlarımız olmadığında işte de gerçekten verimli olamayız; başkalarının işlerini yetiştirmek için o kadar meşgul oluruz ki, beynimiz devamlı çift taraflı çalışır, kolayca yıkılırız. Hedefimiz, sınırları olan ve gerektiği zamanlarda hem kendine, hem de başkalarına karşı sınırlar belirleyebilen bir karakter yapısına sahip olmaktır.

Doğru tanımlanmış, dürüst ve hedefe yönelik bir karakter yapısı geliştirmek, bu adımı meydana getirir. Bu ana kadar, o korkutucu temel "hayır"lar için hazırlanılmış, sıkı bir çalışma ve denemelerle hazırlık yapılmıştır.

Bazen büyük bir hayır, bir krize yol açabilir. Sizin için önemli olan birisi öfkelenebilir, incinebilir, sizi suiistimal edebilir. Gerçek, ilişkilerdeki ayırımları ortaya çıkaracaktır. Çelişki ve anlaşmazlıklar hep vardır. Sınırlar onları yüzeye çıkarır.

Önemli ilişkilerinizin bir listesini yapınız. Bu ilişkilerde hangi belirli değerlerin ihlal edildiğini ekleyiniz. Bu değerleri korumak için, hangi belirli sınırların oluşturulması gerekir?

8. Adım: Suçluluk Duyguları Olmadan Sevinmek

Altıncı adım, sınır oluşturmaya giden ilk adımlarınızın, muhtemelen aşırı faal ve zayıf bir vicdandan gelecek şiddetli bir dirençle karşılanacağını anlamamızı konu alıyordu. Ancak, tutarlı çalışma ve iyi destekle bu suçluluk duygusu azaltılabilir.

Artık ruhsal ve duygusal sadakatinizi kaydırdığınıza göre, bu adımı atabilirsiniz. İçinizdeki anne babayı dinlemek yerine artık sevgi, sorumluluk ve affediciliğin değerlerine yanıt vermeye geçtiniz. Kalbiniz bu değerleri, onları anlayan kişilerle kurduğunuz pek çok ilişkinin deneyimiyle içselleştirdi. Kalbiniz, kendini değerlendirmek için eleştirel vicdandan başka bir yere gidebilir. Kalbiniz gerçek sevgiyi hak eden, dürüst kişilere ait duygusal anılara yönelir.

Evelyn, eleştirel konuşmaları hakkında kocasıyla yüzleştiğinde bir şeylerin farklı olduğunu anladı. "Yeter artık, Paul," dedi sesini yükseltmeden. "On saniye içinde ses tonunu düzeltmezsen, geceyi arkadaşım Nad'in evinde geçiririm. Seçimini yap, çünkü blöf yapmıyorum."

Yeni bir sözlü saldırıya hazırlanan Paul sustu. Evelyn'in bu kez ciddi olduğunu hissetmişti. Koltukta oturup bir sonraki hareketini bekledi.

Evelyn'i şaşırtan şey, kendi sınırlarını belirledikten sonra suçluluk duygusunun sona ermiş olmasıydı. Genellikle kendi kendine, "Paul'e yeterince fırsat vermedin" veya "Bu kadar hassas olmayı bırakman lazım" ya da "Ama çok çalışıyor, üstelik çocuklarla arası da iyi" diye düşünürdü.

Grup işe yaramıştı. Çalışması sonuçlarını veriyordu. Ve vicdanı olgunlaşmaya başlamıştı.

9. Adım: Başkalarının Sınırlarını Sevmek

Bir gün bir hastam bana, "Ben eşime karşı sınırlar oluşturmak istiyorum, ama onun bana karşı sınırlar oluşturmasını da istemiyorum. Bunun bir yolu var mı?" diye sormuştu. Her ne kadar açıksözlülüğüne hayran kalsam da, yanıt tabii ki hayırdı. İnsanların sınırlarımıza saygı duymasını bekliyorsak, biz de pek çok sebepten ötürü onların sınırlarına saygı duymalıyız.

Başkalarının sınırlarını sevmek, kendi bencilliğimiz ve her şeye gücümüz yettiği duygusuna karşı durur. Başkalarının değerlerini korumaya önem verdiğimizde, düşkün doğamızın bir yanı olan bencilliğimize karşı çalışır, başkalarını daha çok düşünürüz.

Başkalarının sınırlarını sevmek, başkalarına ilgi duymamızı artırır. Başkalarının hoş yönlerini sevmek zor değildir. Ancak bir başkasının direnmesi, yüzleşmesi veya ayrılığıyla karşılaştığımızda, sevmek o kadar kolay olmayabilir. Kendimizi çelişkide veya bir başkasından istediğimiz bir şeyi elde edememiş bulabiliriz.

Başkalarının sınırlarını sevmeyi ve onlara saygı göstermeyi başardığımızda, iki şeyi elde etmiş oluruz. Birincisi, o kişiye gerçekten ilgi duyarız, çünkü birinin bize hayır demesine yardım etmekle hiçbir şey kazanmayız. Bu sadece bizi daha çok şeyden mahrum etmesine yardımcı olur!

Ayrıca, başkalarının sınırlarını sevmek, kendimizi onların yerine koymayı öğretir. Başkalarına, bize davranılmasını istediğimiz şekilde davranmamız gerektiğini öğretir. Başkalarının "hayır"ı için de, tıpkı kendi "hayır"ımız için olduğu gibi mücadele etmeliyiz.

10. Adım: Özgürce "Hayır" ve "Evet" Diyebilmek

Yemeğe otururlarken Sylvia, "Seni seviyorum, Peter," dedi erkek arkadaşına. Önemli bir andı. Peter kısa süre önce Sylvia'ya evlenme teklif etmişti. Sylvia da Peter'ı beğeniyordu, pek çok yönden birbirleriyle uyumlu görünüyorlardı. Ancak bir sorun vardı: Sadece birkaç haftadır flört ediyorlardı. Peter'in ani teklifi Sylvia'nın tarzına biraz ters düşmekteydi.

"Ve seni sevmeme rağmen," diye devam etti, "yüzük takmadan önce bir süre daha beraberliğimizi devam ettirmemiz gerektiğini düşünüyorum. O yüzden de, evet diyemediğim için, hayır diyorum."

Sylvia, olgunlaşan sınırların meyvesini göstermektedir. Emin değildir, o yüzden hayır demiştir. Sınır oluşturma yetenekleri gelişmemiş kişiler bunun tam tersini yapar, emin olmadıklarında evet derler. Sonra bir başkasının programına kendilerini adadıklarında, aslında orada olmak istemediklerini fark ederler. Ancak o zaman, iş işten geçmiştir.

Bir çocuk yurdunda gözetmen veli olarak bir süre çalışmıştım. Ergenlik çağındaki birkaç çocukla aynı evde kalmadan önce eğitim veren deneyimli bir uzman bize, "Çocuklarla iki şekilde işe başlayabilirsiniz: Önce, her şeye evet dersiniz. Sonra, sınırlar koymaya başladığınızda, size gücenir ve isyan ederler. Ya da açık ve kesin sınırlarla işe başlayabilirsiniz. Onlar sizin tarzınıza alıştıktan sonra, ipleri biraz gevşetebilirsiniz. Böylelikle sizi hep severler," demişti.

İkinci yöntem elbette daha çok işe yaradı. Hem çocuklara sınırlarımı açıklamamı sağladı, hem de "hayır"larımı serbest bırakmayı öğretti. Böylelikle "hayır"larımız "evet"lerimiz kadar özgür olur. Başka bir deyişle, bir talep karşısında rahatlıkla evet diyebildiğiniz gibi hayır da diyebiliyorsanız, sınırların olgunlaşması açısından iyi yoldasınız demektir. Çelişkiler yoktur, sonradan akla gelen düşünceler yoktur, iki kelimeden birini kullanma tereddüdü yoktur.

En son birisinin sizden bir şey istediğini düşünün. Belki de vermek zorunda olduğundan emin olmadığınız vaktinizi istemişlerdi. İsteyen kişinin bencil, yönlendirici veya denetleyici olmadığını varsayın. Mantıklı kişiler bazen mantıklı isteklerde bulunabilirler.

Sizde verecek kadar çok olduğunu düşünmediğiniz bir şeyi vermeniz istendi. İstenen şeyi mutlu mesut verebileceğinizi düşünmüyorsunuz. Bundan sonra olanlar, tamamen sınır kuralı ile ilgili. Muhtemelen iki şeyden birini yaptınız:

1. Emin olmadığınız için evet dediniz.
2. Emin olmadığınız için hayır dediniz.

Bunlardan hangisi daha olgun bir davranıştır? Çoğu durumda ikincisi. Neden? Çünkü belki de veremeyeceğimiz şeyler için söz vermektense, kaynaklarımızdan ödün vermek daha olgun bir hareket olur.

Sınırları zarar görmüş kişiler söz verir ve sonra iki şeyden birini yapar: (1) Kızarak yerine getirir veya (2) sözlerinde durmazlar. Ancak sınırları gelişmiş kişi, ya sözlerini isteyerek ve severek yerine getirir ya da hiç söz vermez.

Suçluluk duygusuyla ortaya çıkan veya uyumlu olmak için üstlenilen sorumluluklar, acı verici veya uygunsuz olmakla birlikte, pahalıya mal olabilir. Almanız gereken ders, manevi ve duygusal hesaplamalarınızı yapmadan fazla söz vermemektir.

11. Adım: Olgun Sınırlar – Değerlere Dayalı Hedef Belirleme

Ben, kalemini masanın üzerine bırakarak, hoşnut gözlerle karısı Jan'a baktı. Günü, geçen yılı gözden geçirip ve gelecek yılı planlamakla geçirmişlerdi. Her yıl tekrarladıkları bu yıllık rutin, son birkaç yılda geliştirilmişti. Böylelikle, yaşamlarının bir yöne doğru gittiğini, bir amaçları olduğunu hissedebiliyorlardı.

Birlikte hedefler belirlemeye başlamadan önce, Ben ve Jan için hayat tam bir kargaşaydı. Ben denetleyiciydi ve duygularıyla hareket ediyordu. Harcama alışkanlıkları yüzünden pek fazla para biriktirememişlerdi. Karısı Jan tutumluydu, ancak, uyumlu olduğu ve eşiyle yüzleşemediği için Ben'in bu kötü alışkanlığının önüne geçememişlerdi. Böylelikle Ben daha fazla harcadıkça, Jan da daha çok uzaklaşıyordu, sosyal hizmetler vermek için gönüllü olup ev dışında daha fazla meşguliyet bulmaya başladı.

Sonunda, bir evlilik danışmanıyla sınırlar üzerinde uzun süre çalıştıktan sonra Jan, Ben'in denetim dışı davranışlarına karşı sınırlar geliştirmeye başladı. Daha dürüst, daha az suçlayıcı oldu ve çok daha az kırılmaya başladı. Ben de ailesi için daha fazla sorumluluk duymaya başladı. Hatta karısına daha yakın hissediyordu, sorumsuzluğundan ötürü birkaç kez biletini kesmiş olsa bile!

Ben gülümsedi. "Tatlım," dedi, "bu yıl, geçen yıla göre yüz seksen derecelik bir değişim yaşadık. Biraz para biriktirdik. Bazı mali hedeflerimize ulaştık. Birbirimize karşı daha dürüstüz. Birbirimizden daha çok hoşlanıyoruz. Sen de şehirde gönüllülere ihtiyaç duyan bütün yardım merkezlerine koşa koşa gitmiyorsun!"

Jan yanıtladı, "Artık buna ihtiyacım yok. Benim istediğim burada, sen, çocuklar, destek grubumuz ve dostlarımız. Bak sana ne diyeceğim. Kendimiz, paramız, arkadaşlarımız ve hayatımızla ilgili olarak ne yapmak istediğimizi planlayalım ve önümüzdeki yılı daha da başarılı bir yıl yapalım!"

Ben ve Jan, yıllar süren çalışmanın meyvesini topluyordu. Sınırlar belirlemede olgunlaşan yetenekleri her anlamda iyi sonuçlar sağlıyordu. Sınırlar oluşturmak olgun olmayı, ileriyi görmeyi ve girişimci olmayı gerektirir. Sınırlar koymak, hayatlarımızın denetimini ele alabilmek demektir.

Olgun sınırları olan bireyler çılgın, telaşlı veya denetimsiz değildir. Yaşamlarında bir yön, kişisel hedeflerine doğru devamlı bir ilerleme vardır. Planlarını önceden yaparlar.

On Beşinci Bölüm

Sınırların Olduğu Yaşamda Bir Gün

Birinci bölümdeki Sherrie'yi hatırlıyor musunuz? Gün boyu kontrolsüz bir şekilde sendeleyip duruyordu. Şimdi, Sherrie'nin bu kitabı okuduğunu hayal edin. Sherrie ana hatlarıyla anlattığım şekilde net sınırlar belirleyerek hayatını yeniden düzenlemeye karar verir. O artık hayatında özgürlük, kontrol ve samimiyet dolu günler geçirmektedir. Gelin sınırların olduğu hayatını inceleyelim:

06:00

Saatin alarmı çaldı. Sherrie uzanıp saati susturdu. *Eminim çalar saatsiz olmadan da uyanabilirim,* diye düşündü. Zaten beş dakikadır uyanığım. Yedi-sekiz saat uyuyabilmek uzun süredir hayal olmuştu – ailesi olan biri için asla gerçek olamayacak bir hayaldi bu.

Ama gene de eskisine göre daha çok uyuyabiliyordu artık. Walt'la saat sınırları belirlemeye başladıklarından beri çocuklar daha erken yatıyorlardı. Hatta yatmadan önce rahatlamak için Walt'la birkaç dakikaları bile oluyordu.

Ancak, daha çok uyuyabilme isteğinin bir karşılığı olmuştu mutlaka. Geçen gece annesinin yine beklenmedik şekilde geldiğinde olduğu gibi. Bu kez, Sherrie Todd'un fen bilgisi sergisi için bir ödev üzerinde çalışırken geldi.

Sherrie'nin o zamana dek söylemek zorunda kaldığı en zor şeylerden biriydi bu. "Anne, seninle ilgilenmeyi çok isterim, ama gerçekten de uygun bir zaman değil. Todd'a güneş sistemi projesinde yardım ediyorum ve tüm dikkatimi ona vermem gerekiyor. İstersen gel bizi seyret, ya da yarın seni arayayım ve başka bir zaman planlayalım."

Annesinin verdiği tepki yine tatsızdı: "Her zaman söylediğim gibi canım. Benim gibi yaşlı ve yalnız bir kadınla kim vakit geçirmek ister? Eh, ben de eve gider tek başıma otururum. Her gece olduğu gibi."

Eskiden olsaydı Sherrie bu saldırı karşısında kendini savunmasız hisseder, suçluluk duygusuna "yenik" düşerdi. Ancak Sherrie, destek grubu ile pek çok kez alıştırma yaptıktan sonra annesinin çat kapı ziyaretlerine nasıl tepki vereceğini öğrenmişti. Artık kendini eskisi kadar suçlu hissetmiyordu. Annesi ertesi sabaha düzelmiş olurdu, Sherrie de iyi bir akşam geçirmiş olacaktı.

06:45

Sherrie yeni elbisesini giydi. Tam üzerine olmuştu – birkaç ay öncesine göre iki beden küçülmüştü. *İyi ki yeni sınırlarım var,* diye geçirdi içinden. Rejim ve egzersiz programı nihayet başarılı olmuştu. Yemek ve spor konusunda yeni bir şey öğrendiği için değildi bu, kendine bakmayı bencillik yerine, yöneticilik olarak gördüğü için değişmişti. İşlerden zaman ayırıp bedeni için bir şeyler yapmayı artık bencillik olarak görmüyor, kendini suçlu hissetmiyordu. Forma girmek onu daha iyi bir eş, anne ve arkadaş yapmıştı. Ve artık daha mutluydu.

07:15

Amy ve Todd kahvaltıyı bitirmiş, tabakları sudan geçirip bulaşık makinesine yerleştirmek için götürüyorlardı. Ev işlerini paylaşmak tüm aile bireylerine rahatlık sağlıyordu ve bunu alışkanlık haline getirmişlerdi. Başlarda Walt ve çocuklar elbette ki direnmişlerdi, ancak Sherrie yardım almadan kahvaltı hazırlamayı kesince, çocuklar ve Walt mucizevi bir şekilde değişmişlerdi. Sanki birileri, üzerinde "çalışmazsam yemek yiyemem" yazan bir ışığın düğmesine basmıştı.

Bundan da güzeli, çocukların okul servisine zamanında bindiğini, hatta bir-iki dakika önceden evden çıktıklarını görmekti. Yataklar toplanmış, öğle yemekleri hazırlanmıştı. İnanılır gibi değildi.

Sherrie elbette bu noktaya kolay gelmemişti. İlk başlarda servis şoförünü arayıp çocuklar altmış saniye içinde görünmezlerse, onları beklemeden gitmesini söylemişti. Ve çocuklar geç kaldıklarında servisin gittiğini görmüşler, kendileriyle alay ettiği için annelerini suçlamışlardı. "Ne hissettiğimiz umurunda bile değil!" demişti Sherrie. Sınırları keşfetmeye çalışan sevecen bir anne için çok sert sözlerdi bunlar.

Yine de Sherrie, destek grubu sayesinde sınırlarına sadık kaldı. Birkaç gün okula yürüyerek gitmek zorunda kalan ve derse geç giren çocuklar, kendi çalar saatlerini kurmaya başladılar.

07:30

Sherrie aynanın önünde makyajını yaptı. Göz kalemini yıllardır arabanın dikiz aynasında çektiği için buna hâlâ alışamamıştı. Ancak sabahları sakin hareket edebilmek hoşuna gidiyordu. Evden birkaç dakika erken çıktı.

08:45

Sherrie, moda danışmanı olarak çalıştığı ("üstün lider" özellikleri nedeniyle terfi edilmişti) McAllister'a girerken saatine baktı. Oturum başkanı olarak katılacağı toplantı başlamak üzereydi.

Odada etrafına bakındı ve önemli isimlerden üçünün henüz gelmediğini fark etti. Bu iş arkadaşlarıyla konuşması gerektiğini zihnine kaydetti. Belki de sınır sorunları vardı ve o yardımcı olabilirdi.

Sherrie gülümsedi. Çok da uzun olmayan bir süre önce, kendisi de aynı sorunlardan mustaripken, başkaları ona yardım edebilirdi. *İyi ki bana sınırları öğreten bir destek grubum var,* diye düşündü ve toplantıyı başlattı. Tam vaktinde.

11:59

Sherrie'nin dahili telefonu çaldı. Telefonu açıp "Sherrie Philips," dedi ve karşı tarafın konuşmasını bekledi.

"Sherrie, çok şükür oradasın! Yemeğe çıkmış olsaydın ne yapardım bilmiyorum!"

Bu sesi tanıyordu, yanılmasına imkan yoktu. Lois Thompson'ın sesiydi bu. Lois Thompson bu aralar pek aramıyordu aslında. Hatta, Sherrie ilişkilerindeki dengesizliklerden söz etmeye başladığından beri neredeyse hiç aramaz olmuştu. Kahve içerlerken Lois'e hislerini anlatmıştı:

"Lois, sanki benimle sadece bir şey için üzüldüğünde konuşmak istiyorsun. Bunda sorun yok. Ancak benim bir sorunum olduğunda, ya yoksun, ya dikkatin başka yerde ya da ilgisizsin."

Lois arkadaşına karşı çıkmış, bunun hiç de doğru olmadığını söylemişti. "Ben senin gerçek dostunum, Sherrie," demişti.

"Sanırım bunu anlayabiliriz. Arkadaşlığımızın senin için yaptıklarıma mı yoksa gerçek dostluğa mı dayalı olduğunu bilmek istiyorum. Seninle olan ilişkimiz hakkında belirlediğim bazı sınırları bilmeni istiyorum. Öncelikle, elimdeki bir şeyi senin için bir kenara bırakmayacağım, Lois. Seni seviyorum, ama senin çektiğin acıların sorumluluğunu ben yüklenemem. İkinci olarak, benim de gerçekten sorunlarımın olduğu zamanlar olabilir – öyle zamanlarda seni arayarak desteğini isteyeceğim. Benim hayatımdan ve sorunlarımdan haberdar olup olmadığından hiç emin değilim. İkimiz de zaman içinde göreceğiz."

Bu konuşmanın üzerinden birkaç ay geçti ve Sherrie bu süre zarfından Lois ile olan arkadaşlığı hakkında pek çok şey öğrendi. Anladı ki, Lois'e kriz zamanlarında destek olamadığında, arkadaşı inciniyor ve kendini geri çekiyordu. Ve anladı ki, Lois Sherrie'yle yalnızca sorunlarını paylaşıyor ve onu asla iyi olup olmadığını sormak için aramıyordu. Sorunları olduğunda ve Lois'i aradığında, arkadaşı sadece kendisi hakkında konuşabiliyordu.

Çocuklukta kurdukları bağın hiçbir zaman gerçek bir ilişkiye dönüşemediğini fark etmek üzücüydü. Lois bencil tavırlarından sıyrılıp Sherrie'nin dünyasını anlamaya çalışmıyordu.

Sherrie'nin yanıtladığı telefona geri dönelim: "Lois! Aradığına sevindim. Tam da çıkıyordum. Seni daha sonra arayayım mı?"

"Ama seninle şimdi konuşmam gerekiyor," diye somurtkan bir yanıt geldi.

"Lois, istersen sonra ara. Şu saatlerde arayabilirsin."

Birbirlerine hoşça kal deyip kapattılar. Lois belki tekrar arayacaktı, belki de aramayacaktı. Büyük ihtimalle Lois'in diğer arkadaşları meşguldü ve sırada Sherrie'nin adı vardı. *Lois'in benimle mutlu olmamasına üzüldüm*, diye düşündü Sherrie kendi kendine. *Lois'in duyguları için sorumluluk almaya kalkışmak aslında hiçbir zaman benim olmayan bir şeyi üstlenmeye çalışmaktı*. Bu düşüncelerle yemeğe gitti.

16:00

Sherrie'nin öğleden sonrası gayet olaysız geçti. Tam ofisten çıkıyordu ki, asistanı Jeff Moreland işaret etti.

Sherrie hızını kesmeden, "Selam Jeff, ne söyleyeceksen mesaj bırakabilir misin? Otuz saniye içinde yola çıkmam gerekiyor," dedi. Sinirlenen Jeff, mesajını yazmak üzere gitti.

Son birkaç ayda neler değişmişti. Sherrie patronunun asistanı olmasını hiç beklemiyordu, fakat işinde sınırlarını belirlemeye başlayıp Jeff'in kendi rezilliklerini örtbas etmeyi bıraktığında, Jeff'in verimliliği keskin bir düşüşe geçmiş, sorumsuzluğu ve iş takibindeki yetersizliği ortaya çıkmıştı. Böylelikle Jeff'in patronları sorunun Jeff'ten kaynaklandığını ilk kez fark etmişlerdi.

Jeff'in patronları, Sherrie'nin tasarım bölümündeki itici güç olduğunu anlamışlardı. İşleri yoluna koyan ve asıl "iş bitirici" Sherrie'ydi. Bütün işleri Sherrie'ye yaptırıp tüm gün telefonda arkadaşlarıyla konuşurken, tüm takdiri Jeff alıyordu.

Sherrie'nin sınırları görevini yerine getirmiş, Jeff'in sorumsuzluğunu, nerede haksızlık yapıldığını ortaya çıkarmıştı. Ve Jeff de değişmeye başlamıştı.

İlk başlarda öfkeli ve incinmiş oluyordu. İşten ayrılmakla tehdit etmiş, sonunda işler biraz durulmuştu. Jeff daha dakik olmaya başlamıştı. İşine dört elle sarılmıştı. Alt pozisyona indirilmesiyle uyanmış, başkalarına yüklendiğini anlamaya başlamıştı.

Sherrie ile Jeff'in arasında hâlâ birtakım sorunlar vardı. Sherrie'den "hayır" yanıtı almak Jeff'e zor geliyordu. Ancak Sherrie de, Jeff'in incindiğini görmeye dayanamıyordu, ancak eskiden yaşadığı, sınırlarının olmadığı zamanlarda çektiği zorluklar yerine bu sorunları tercih ederdi.

16:30

Dördüncü sınıfa giden Todd'un öğretmeniyle yaptıkları görüşme iyi geçti. En azından, Walt da Sherrie ile birlikte görüşmeye katılmıştı, kocasının destek olduğunu bilmek Sherrie için çok büyük fark yaratıyordu. Ama daha da önemlisi, Sherrie'yle Walt'un evde Todd ile sürdürdükleri zor sınır çalışması iyi sonuç vermeye başlamıştı.

"Bayan Phillips," dedi öğretmen, "itiraf etmem gerekiyor, oğlunuzun geçen yılki öğretmeni Bayan Russell'la görüştükten sonra, Todd'a dair bazı önyargılarım vardı. Ancak oğlunuz kurallara yanıt verme konusunda büyük ilerleme kaydetti."

Walt ve Sherrie birbirlerine bakıp gülümsediler. "İnanın ki," dedi Walt, "bunun sihirli bir formülü yok. Todd ödev yapmaktan, dediklerimizi yapmaktan ve ev işlerinde sorumluluk almaktan nefret ediyordu. Fakat olumlu davranışlarını devamlı olarak övmek ve olumsuz davranışlarının sonuçlarından sorumlu tutmak işe yaradı sanırım."

Todd'un öğretmeni de aynı şekilde düşünüyordu. "Evet, işe yaramış. Todd her şeye itaat eden bir melek değil – ne düşünüyorsa her zaman dile getiriyor – bence çocuklar için iyi bir şey. Ancak hiç zorluk çekmeden iyi davranmasını sağlayabiliyorum. Şimdiye kadar sorunsuz bir yıl geçirdik. Ailesi olarak beni desteklediğiniz için teşekkür ederim."

17:15

Sherrie akşam trafiği ile cebelleşirken, trafik olduğu için garip bir şekilde mutluluk hissetti. *Trafiğin açılmasını beklerken ailemle birlikte geçireceğimiz güzel bir hafta sonu planlayabilirim.*

18:30

Amy tam zamanında oturma odasına girdi. "Anne-kız saatimiz, anne," dedi. "Hadi dışarı gel."

Evden çıktılar ve yemek öncesi mahallede kısa bir yürüyüşe başladılar. Kendilerine ait bu sürede genellikle Amy okulundan, kitaplardan ve arkadaşlarından bahsediyor, Sherrie de kızını dinliyordu. Kızıyla konuşabilmek istediği her şeyi konuşuyorlar, yürüyüş hep çok kısa geliyordu.

Aralarındaki ilişki her zaman böyle değildi. Amy'nin içe kapanıklığı için bir terapistle görüşmüşler, terapist Todd'un yaramazlığı yüzünden tüm ilginin oğullarında toplandığını belirtmişti. Amy mızmızlanan bir bebek değildi, o yüzden Sherrie ile Walt'tan daha az ilgi görüyor, anne babası kızlarına daha az vakit ayırıyordu. Böylece, yavaş yavaş içine kapanmıştı. Evde bir şey alabileceği birisi kimse işte. Odası tüm dünyası olmuştu.

Sorunu fark eden Sherrie ve Walt, Amy'nin kendisini ilgilendiren konular hakkında konuşmasını sağlamak istemişler ve özel olarak çaba sarf etmişlerdi, Todd'un yaşadığı sorunlardan konuşmasalar bile buna çok önem veriyorlardı.

Zamanla, güneşe doğru dönen çiçekler gibi Amy de yeniden anne ve babasıyla iletişim kurmaya başladı. Yaşıtı normal bir kızın yapacağı gibi anne babasıyla bağlantı kurmaya başlamıştı. Sherrie ve Walt'un Todd'la ilgili olarak yaptığı sınır çalışmaları aynı zamanda Amy'nin iyileşme sürecinin bir parçasıydı.

19:00

Yemeği henüz yarılamışlardı ki telefon çaldı. Üç kere çaldıktan sonra telesekreter devreye girdi. "Sherrie, ben Phyllis. Gelecek ay toplanacağımız yer için yardımcı olabilir misin?"

Telesekreter, akşam yemeklerinin kesintiye uğraması sorununu çözmüştü. "Yemek bitene kadar telefonla konuşmak yok," bir aile sınırıydı. Böylelikle ailece oturdukları masada daha keyifli vakit geçirebiliyorlardı.

Sherrie daha sonra Phyllis'i arayacak ve üzgün olduğunu ancak yardımcı olamayacağını söyleyecekti. Aynı günlerde Walt'la birlikte baş başa vakit geçireceklerdi, böylelikle ilişkilerini tazeleyeceklerdi.

İşin ilginç tarafı ise, Sherrie'nin sınırlarını geliştirmeye başladığında dağınık hayatını düzene sokabilmek için bazı sosyal sorumluluklarından uzaklaşmaya başlamasıydı, ama şimdi kendisine ihtiyaç duyulduğunu hissettiği bir iki gruba katılmayı çok istiyordu. *Kendim huzur buldum, şimdi de başkalarına huzur veriyorum,* diye düşünüyordu, fakat hiçbir zaman Phyllis'in istediği kadar boş vakti olamayacağını biliyordu. Ancak bu Phyllis'in sorunuydu ve Sherrie'yi ilgilendirmezdi.

19:45

Walt ve çocuklar masayı kaldırdılar. Kahvaltıyı kaçırdıkları gibi bir sonraki akşam yemeğini de kaçırmak istemiyorlardı!

21:30

Ödevlerini bitiren çocuklar yatmışlardı. Yatmadan önce biraz oyun bile oynamışlardı. Walt'la Sherrie birer fincan kahve alıp birlikte oturdular. Birbirlerine günlerinin nasıl geçtiğini anlattılar. Yaptıkları aptalca hatalara güldüler, dertlerini paylaştılar, hafta sonu için plan yaptılar ve çocuklar hakkında konuştular. Konuşurken birbirlerinin gözlerinin içine bakıyorlar ve birlikte oldukları için mutluluk duyuyorlardı.

Tam bir başarı. Hem de en zor kazanılanından. Sherrie bu uğurda terapiye gitmiş, onunla birlikte bir destek grubuna katılmıştı. "Walt'u

Severek Öfkesini Uzaklaştırmak" yöntemini bırakması uzun zaman almıştı. Kocasıyla yüzleşmeden önce hazır olması ve güvendiği kişilerle sınırlarının pratiğini yapması gerekmişti.

Korkutucu ve zor bir dönem geçirmişti. Walt sınırları olan ve "Haberin olsun. Beni insanların önünde acımasızca eleştirdiğinde kırılıyorum ve bu senden uzaklaşmama neden oluyor. Böyle yapmaya devam edersen gözümü karartır, hemen bir taksiye atlar ve eve dönerim. Artık yalanlarla yaşamak istemiyorum. Bundan sonra kendimi savunacağım," diyen bir eşle ne yapması gerektiğini bilmiyordu.

Artık Walt'un huysuzluklarından ve kendiye geri çekmelerinden kaynaklanan sonuçları üstlenmeyecek bir eş vardı karşısında ve bu kadın "bana neden mutsuz olduğunu anlatmayacaksan, ben de kendimi çekerim ve senden uzaklaşırım. Şimdi çıkıyorum, arkadaşlarımla birlikte olacağım, konuşmak istersen arayabilirsin," diyordu. Buna uyum sağlamak zor olmuştu, çünkü Walt, Sherrie'nin onu ikna edip konuşturmasına, olanları düzeltmesine ve mükemmel olmadığı için özür dilemesine alışkındı.

Artık duygusal mesafesiyle yüzleşip, "Sen benim yakınlık kurmak isteyeceğim ilk kişisin. Seni seviyorum ve seni kalbimde en yüksek yere koymak istiyorum. Ama benimle yakınlaşmak için vakit ayırmazsan, ben de o vaktimi destek gruplarında, ya da çocuklarla geçiririm. Artık oturma odasında oturup televizyonu izlemeni seyretmeyeceğim. Bundan sonra kendi mısırını kendin patlatırsın," diyebilen bir eşi vardı.

Tehdit etmişti, somurtmuştu, kendini geri çekmişti. Ama Sherrie elindeki silahları bırakmadı. Arkadaşlarının, terapistinin ve destek grubunun yardımıyla Walt'un tehditlerine karşı durdu. Artık Walt, Sherrie'nin etrafında olmayınca nasıl bir hayatı olduğunu görmeye başlamıştı. Ve karısını özlüyordu.

Walt ilk defa sırtını Sherrie'ye yasladığını, ona ne kadar ihtiyacı olduğunu ve ne kadar eğlenceli bir eşi olduğunu gerçek anlamda fark etti. Yavaş yavaş eşine tekrar aşık olmaya başlamıştı – ama bu sefer sınırları olan bir kadındı eşi.

Sherrie de değişti. Mağdur hissetmiyordu artık. Kocasını daha az suçlamaya başladığını fark etti. Üstelik, artık daha az güceniyordu. Sınırları, Walt'un eskisi gibi mükemmel olmasını gerektirmeyen dopdolu bir yaşama kavuşmasını sağladı.

Belki ideal bir evlilikleri yoktu, ama artık ilişkileri daha sağlamdı, fırtınalara direnmelerini sağlayan bir demir gibiydi. Artık daha bir takım gibilerdi, birbirlerini karşılıklı olarak seviyorlar ve saygı duyuyorlardı. Çatışmalardan korkmuyorlar, birbirlerinin hatalarını affediyorlar ve birbirlerinin sınırlarına saygı duyuyorlardı.

22:15

Yatağa yatıp eşine sarılan Sherrie, sınırlarını belirlemek için harcadığı aylarını düşündü. Elde ettiği bu ikinci şans için çok mutluydu.

Her zaman eksiklerim olacak, diye düşündü. *Ama sınırlar mutluluğa ulaşmama yardımcı olacak. Hayatımdaki kayıpların ardından belki acı çekeceğim ama sınırlarım ihtiyaç duyduğum rahatlamayı bana sağlayacak. Her zaman nazik ve uysal biri olacağım. Bir birey olarak sahip olduğum gücü asla kaybetmeyeceğim. Umut hep var olacak.*

Sınırların size sevgi, özgürlük ve sorumluluklarla dolu bir yaşam sağlaması dileğiyle.

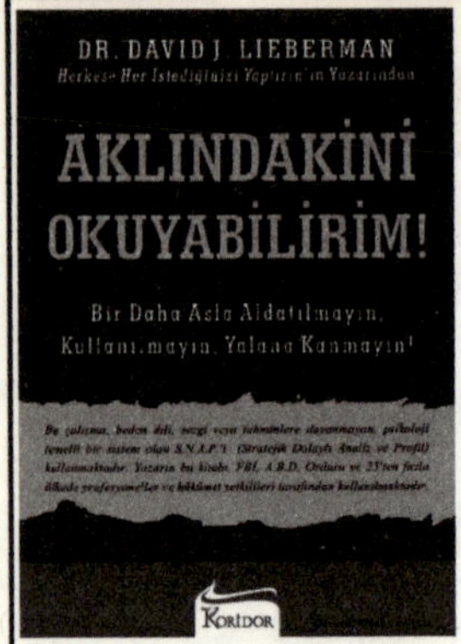

AKLINDAKİNİ OKUYABİLİRİM!

Hemen her durumda, herhangi bir kişiye kolayca uyarlanabilecek, belirgin, kanıtlanmış ve pratik psikolojik teknikleri içermektedir.

Dr. Lieberman, bu tekniklerin kolaylığını ve tutarlılığını yüzlerce televizyon ve radyo programında sergiledi. FOX News ile çalışan program yapımcısı Jeff Rosin, şöyle demişti: "Kesinlikle inanılmaz! Onun yanındaydım ve hiç yanıldığını görmedim... Bir kez bile! Nasıl yapılacağını ben bile öğrendim ve bu gerçekten önemli bir buluş." Aslında, Dr. Lieberman, hassas yalan makineleriyle canlı televizyon programlarında yarıştı ve berabere kaldı; hem de her seferinde! *Aklındakini Okuyabilirim*, gerçek yaşam ortamlarında birinin ne düşündüğünü ve neler hissettiğini anlamak için neler yapabileceğinizi adım adım açıklıyor. Örneğin, patronunuzun sizi gerçekten sevip sevmediğini, bir pazarlamacının güvenilir olup olmadığını, biriyle ilk kez buluştuğunuzda ilişkinin istediğiniz yönde mi, yoksa aksi yönde mi gittiğini kesinlikle ve kolayca anlayabileceksiniz. Risk yüksek olduğunda – pazarlıklar, soruşturmalar, taciz konuları, hırsızlık veya sahtekarlık – kendinize zaman, para, enerji kazandırmak ve hayal kırıklığından kurtulmak için kimin sizin tarafınızda, kimin karşınızda olduğunu kolayca fark etmeyi öğrenin.

AMERİKA'DA POLİS OKULLARINDA DERS KİTABI

Ne kadar sıklıkla kendinizi yanlış anlaşılmış, hayal kırıklığına uğramış ve bir tartışmanın kaybeden tarafında buluyorsunuz? Zaman zaman mı? Çoğu zaman mı? Her zaman mı? Eğer yaşamınızdaki başarının büyük bir çoğunluğu diyaloglardaki başarınıza bağlıysa cevabınızın "hiçbir zaman" olmasını siz de istemez misiniz?

Kendinizi işteki bir rakibin karşısında bulduğunuzda hazır bir planınız var mı? Peki ya evde? Gece karanlık bir sokakta? Yoksa yalnızca alışkanlıklarınız ya da duygularınızla mı tepki veriyorsunuz? Dr. George Thompson'un da dediği gibi, "Tepki verdiğinizde olay sizi kontrol eder. Oysa karşılık verdiğinizde kontrol sizdedir."

İster evde olun isterse ofis salonunda; *Sözlü Dövüş* size her türlü sözlü karşılaşmada nasıl hazırlıklı olacağınızı gösteriyor. Nasıl daha etkili bir biçimde dinleyip konuşacağınızı, (İngilizce'deki en güçlü sözcük olan) empati ile insanları kendinize nasıl bağlayacağınızı, en yaygın diyalog felaketlerinden nasıl kaçınacağınızı ve bakış açınızı ifade ederek pek çok anlaşmazlıkta üstün gelmenizi başarıyla sağlayacak kanıtlanmış ve kolaylıkla akılda kalan bir stratejiye nasıl sahip olacağınızı Dr. Thompson'dan öğreneceksiniz.